U0617814

DIFANG BENKE GAOXIAO
KUAIJIXUE ZHUANYE GUIFAN YU RENCAI PEIYANG MOSHI YANJIU

地方本科高校
会计学专业规范与人才培养模式研究

主编 杨 颖 张玉红

西南财经大学出版社

山东省
基于四位一体理念的创业教育创新实验区系列教材
编 委 会

主 任：季桂起

副主任：相子国　郑晓燕

委 员（按姓氏笔画排序）：

卜庆娟　王　能　王艳芹　左　力　刘士全

任天晓　吕志轩　张玉红　李玉霞　武　兵

杨　颖　杨淑萍　彭　萍　霍爱英

总 序

　　人才培养质量是大学的生命线，人才培养模式改革是大学发展永恒的主题。一所地方性、应用型本科院校，人才培养的优势和特色，决定着学校的发展方向、前途和命运。自 2007 年 3 月起，德州学院组织全体教授认真学习研究了《教育部、财政部实施高等学校本科教学质量与教学改革工程的意见》和《教育部关于进一步深化本科教学改革，全面提高教学质量的若干意见》两个重要文件，先后出台了《德州学院关于深化教学改革，全面提高教学质量的意见》《德州学院关于人才培养模式改革的实施意见》和《德州学院人才培养模式创新实验区建设与管理办法（试行）》三个执行文件。2009 年年初，德州学院决定集全校之力，开展经管类创业型人才培养模式创新实验区建设工作。

　　德州学院于 2011 年 3 月 17 日制定了《关于培养创新性应用型人才的实施意见》，提出了创新性应用型人才的教育改革思路。2011 年 10 月，德州学院决定以经管类创业型人才培养模式创新实验区建设为试点，集全校之力，开展创新创业型人才培养模式创新工作。同时明确经管类创业型人才培养模式创新实验区的任务：扎实开展经管类创业型人才培养模式的理论研究和实践探索，总结培养创新性应用型人才的经验和教训，为创建山东省应用型人才培养特色名校提供理论支撑和工作经验。

　　从国家与山东省经济发展战略来看，急需培养经管类创新性应用型人才。目前，我国经济正在从工业化初期向工业化中后期转变，以培养基础扎实的专业型人才为主要目标的人才培养模式暴露出了不能满足社会多元化需求的缺陷，造成了大量经管类学生的就业困难。经管类人才培养模式的改革，首先，需要转变教育理念。教育不能局限于知识的传授，教师的作用应该是培养学生的自学能力，注重发掘学生的特长，促使学生形成良好的个性品质，培养学生创新与创业精神。其次，要调整培养目标。应该以适应地方经济和社会发展变化的岗位工作需要为导向，把培养目标转向知识面宽、能力强、素质高、适应能力强的复合型创业人才上来。同时，把质量标准从单纯的学术专业水平标准变成了社会适应性标准。最后，要改变培养方式。培养要与社会对接和交流，要从封闭式走向开放式。同时，应该加快素质教育和能力培养内容与方法的改革，全面提升学生的社会适应能力和在不同环境下的应变能力。把学生培养成为具有较高的创新意识，长于行动、敢担风险、勇担责任、百折不挠的创新创业型人才。

人才培养方案的改革是人才培养模式改革的首要工作。创新实验区课题工作小组对德州学院经管类创业型人才培养目标从政治方向、知识结构、应用能力、综合素质、就业岗位、办学定位、办学特色七个方面进行了综合描述，从经管类人才培养的知识结构、能力结构和综合素质三个方面进行了规格设计，针对每一项规格制定了相应的课程、实验、实习实训、专业创新设计、科技文化竞赛等教学环节培养方案，构建了以能力为主干，创新为核心，知识、能力和素质和谐统一的理论教学体系、实践教学体系和创新创业教学体系。

　　人才培养内容与方法的改革是人才培养模式改革的核心内容。创新实验区课题工作小组提出，要以经管类创业型人才培养模式创新系列教材编写与使用为突破口，利用3~5年时间初步实现课堂教学从知识传授向能力培养的转型。这标志着德州学院人才培养模式改革进入核心和攻坚阶段，既是良好的机遇，更面临巨大的挑战。

　　这套经管类创业型人才培养模式创新系列教材的编写基于以下逻辑过程：德州学院经济管理系率先完成了创新性应用型人才培养理论教学体系、实践教学体系和创新创业教学体系的框架构建。其中，理论课程内容的创新在理论教学体系改革中居于核心和统领地位。该人才培养内容与方法的创新把专业课程划分为核心课程、主干课程、特色课程和一般课程四类，不同类型课程采取不同的建设方案与建设措施，其中，核心课程建设按照每个专业遴选3~5门课程作为专业核心课程进行团队建设。例如，会计学专业确定了管理学、初级会计、中级财务会计、财务管理和审计学五门专业核心课程。每一门核心课程按照强化专业知识、培养实践能力和提高教学素质的要求，划分为经典课程教材选用、案例与实训教程设计和教师教学指导设计三个环节进行建设。而特色课程也是在培养知识、能力、素质和创新精神四位一体的创业型人才培养中专门开设的课程，目的是增强创业型人才培养的针对性和可操作性。

　　这套经管类创业型人才培养模式创新系列教材是在许许多多的人，包括部分学生家长的共同努力下完成的，凝聚了大家的智慧和心血。希望这套教材能为德州学院的人才培养模式创新工作探索出一条成功的道路。

季桂起

2011 年 10 月

序 言

为贯彻党的教育方针，遵循高等教育和人才成长规律，立足"一切为了学生成才、为了一切学生成才"的理念，服务区域经济社会发展，体现学校办学优势与办学特色，实现"厚基础、强实践、求创新、高素养、重责任"的创新性应用型人才培养目标，根据《教育部 财政部关于"十二五"期间实施"高等学校本科教学质量与教学改革工程"的意见》教育部高等教育司《关于启动实施"本科教学工程""专业综合改革试点"项目工作的通知》《国家中长期教育改革和发展规划纲要（2011—2020 年)》《山东省中长期教育改革和发展规划纲要（2011—2020 年)》的文件精神，德州学院启动并实施了"专业综合改革试点"项目。

德州学院会计学专业规范与人才培养模式研究组承担了地方本科院校会计类专业规范和人才培养模式的研究工作。研究组依据《全国普通高等学校本科工商管理类专业育人指南》，按照"顶层设计、系统优化、分步实施、持续发展"的改革思路，组织多位一线教师和教育管理人员积极探索适应地方经济的高等教育背景下的创新性应用型人才培养途径，制定了以课程体系改革为核心的地方本科院校会计学专业人才培养方案、育人指南和专业规范，并形成《德州学院会计学专业规范与人才培养模式研究》丛书。该研究成果的主要特点如下：

1. 坚持以人为本的原则，在全面发展的基础上，突出个性化培养特色

科学构建"平台＋模块"的课程体系，精心设计基础课程平台，坚持在注重传授知识的基础上，着力培养学生的能力与素质，特别是创新能力、实践能力、人文素养和科学素质，促进学生知识、能力、素质协调发展和综合素质全面提高，为学生继续学习和终身学习打下良好基础。同时，根据人才成长规律和经济社会发展对人才的不同需求，根据学生个性特长或特色（如应用型、基础型、国际型、创业型、特长型、复合型等），制定个性化人才培养方案，以适应学生个性发展对培养方案多类型、个性化的需求，指导学生自觉规划学业目标和人生发展目标并实现自己的职业生涯规划。

2. 坚持适应需求的原则，突出地方本科院校服务于地方经济的特色

根据学校的人才培养目标定位，立足区域经济社会发展需要，从高等教育发展理论和地方经济发展理论两个纬度研究探讨，提出现阶段地方本科教育与地方经济协调发展的策略，构建与地方经济协同发展的会计学专业人才培养模式，突出强调"创新"

理念，充分反映相关产业和行业对专门人才的实际需求，加强人才培养与社会职业需求的有效对接，增强社会适应性。

3. 坚持"创新性应用型"人才培养目标，构建地方本科院校会计学专业校内培养和校外培养相结合的"双导师制"互动培养模式

校内"专业认知、专业技能、专业创新"+校外"职业素养、职业能力"的"双导师制"培养模式，是指校内对学生按照"专业认知、专业技能、专业创新"三方面进行阶梯型培养，同时在校外聘请企事业单位会计主管或中级会计师职称以上企事业单位的"精英会计人员"作为校外兼职实践导师，由社会兼职实践教师在其所任职企事业单位对学生进行"一对一"的"职业素养、职业能力"培养。其中，"专业认知"包括学科基础认知和会计专业认知；"专业技能"包括专项会计岗位运作能力和综合财务管理能力；"专业创新"包括创新、创业能力两部分；"职业素养、职业能力"是指会计职业道德素养和会计职业能力素质。这种校外真实情景教学模式使学生可直接从社会优秀会计人才身上汲取到校内教学无法传递的技能和素质，从而缩短或消除学生从学校进入社会的适应过程，达到学生成长和满足企业需求的双赢效果。

本书对于深化教育教学改革、优化人才培养过程、提高人才培养质量等具有重要的参考价值，尤其是对于地方本科高校会计学专业规范的研究具有一定的指导意义。本书可供高等教育者参考。

山东财经大学　王爱国

2012 年 7 月 10 日

前 言

　　会计学专业隶属于社会学科，既明显有别于自然学科，也不同于人文学科。会计学专业的主干学科是会计学。本专业知识由会计理论与会计系统设计、会计反映系统操作（会计实务）和会计控制系统操作（会计决策与控制）三部分构成。现代会计是会计管理者通过使会计信息系统和会计控制系统协同运作，对市场经济中产权关系、价值运动及其经营成果进行全面系统的控制的一项具有社会意义的控制活动。这一观点代表了本专业教育的研究方向。

　　作为一所地方型、应用型、新建本科院校，会计学专业如何准确定位，决定了培养什么样的人和怎样培养人的根本问题。2009 年以来，德州学院会计学教研室认为，德州学院的会计学专业应当以学生综合素质教育为核心，以知识教育为主线，以能力培养为重点，以精神养成为突破口，加强实践教学改革，探索基础教育与专业教育相结合、知识传授与技能培养相结合的"高素质、厚基础、宽口径、重应用、强能力、多选择"的人才培养模式。培养目标是熟练掌握财务与会计知识的创新性应用型复合管理人才。这种人才包括两类：一类是在一个组织中脱颖而出的中、高层管理者；另一类是自主创业者。而绝大多数成功者是在经过管理岗位多年训练之后成长起来的，大学毕业就创业成功的案例并不具有规律性。基于这两点认识，高等学校尤其是新建地方本科高校在制订和修订人才培养方案和专业规范之前，有必要认真思考经济管理类人才的特征与培养理念。

　　我们的观点，会计学专业人才应具备以下几个方面的基本特征：①具有独特的观察问题视角和分析问题的能力；②具有专门的服务领域和工作性质；③具有应用型的专业能力和复合性的思维方法；④具有创新性的冒险精神和综合性的人格素质；⑤深悟合作才能共赢的内涵，具备诚实守信的个人品德；⑥坚守义利兼顾的经营管理理念，具有勇于承担责任的人格品质；⑦工于精打细算的思维习惯，敏于抢抓机遇的触觉和意识；⑧既有发散思维的超脱，又有理性思维的稳重。

　　本书按照顶层设计的方法，把会计学专业教育内容分为普通教育内容、专业教育内容和综合教育内容三个类别，重点研究专业教育内容。

　　第一，通过本专业知识规范研究，明确本专业的知识领域、知识单元和知识点；第二，通过本专业核心课程教学规范研究，对专业核心课程做出外延和内涵的界定；

第三，勾勒出专业核心课程教学大纲；第四，形成适合德州学院创新创业型人才培养模式的会计学人才培养方案；第五，对这一方案的实行做出育人指南设计。本书的创新点主要在以下五个方面：①对会计学本质、目标和基本职能的认识进行了专业化解释；②构建了"四基础、三领域、三方向、一特色"的专业教育知识体系；③界定了会计学专业核心课程，并对核心课程进行了规范化研究；④人才培养方案通过学分替代设计，有效地落实了学分制、个性化培养和弹性教学管理模式；⑤育人指南按照强实践、重能力培养的要求，强化了课程实验、专业实习和创新设计的教学环节。

《会计学专业规范与人才培养模式研究》由杨颖副教授、张玉红副教授为主编，并分别负责专业核心课程教学规范和教学大纲研究、人才培养方案和育人指南研究编写工作；相子国教授负责编辑组的组织工作和全书总纂，并负责专业规范研究的编写工作。其他参编人员具体分工如下：丁晓莉负责经济法课程教学规范与教学大纲的编写工作；王杰志负责税法课程教学规范与教学大纲的编写工作；杨淑萍负责管理学课程教学规范与教学大纲的编写工作；冯天忠负责管理经济学课程教学规范与教学大纲的编写工作；孙志胜负责初级会计学课程教学规范与教学大纲的编写工作；彭萍负责中级财务会计课程教学规范与教学大纲的编写工作；张玉红负责高级会计学和会计信息系统课程教学规范与教学大纲的编写工作；杨颖负责财务管理学和 Financial Accounting 课程教学规范与教学大纲的编写工作；王艳芹负责管理会计学课程教学规范与教学大纲的编写工作；姜英华负责成本会计学课程教学规范与教学大纲的编写工作；宫爱萍负责审计学课程教学规范与教学大纲的编写工作。

由于水平有限，加之时间仓促，《会计学专业规范与人才培养模式研究》如有不当之处，欢迎广大读者和同行给予我们指导、批评和帮助。

编写组
2013 年 1 月

目 录

第一部分　会计学专业规范研究

第一节　本专业教育的历史、现状及发展方向

一、本专业的主干学科概况

本专业的主干学科是会计学。

会计学是在商品生产的条件下，研究如何对再生产过程中的价值活动进行计量、记录和预测；在取得以财务信息（指标）为主的经济信息的基础上，监督、控制价值活动，促使再生产过程有效进行，不断提高经济效益的一门经济管理学科。它是人们对会计实践活动加以系统化和条理化，而形成的一套完整的会计理论和方法体系。会计学的研究对象包括会计的所有方面，如会计的性质、对象、职能、任务、方法、程序、组织、制度、技术等。会计学用自己特有的概念和理论，概括和总结它的研究对象。

会计学理论产生与发展经历了五个主要阶段：①会计理论产生阶段（1494—1860年），称为近代会计时期。近代会计完成了两大任务：一是复式簿记的方法体系和理论体系；二是确立了簿记在公司管理中的地位和作用。②会计理论形成阶段（1860—1930年），即簿记发展为会计阶段，主要标志是会计循环实务的形成和会计循环理论出现。③会计理论深化阶段（1930年至第二次世界大战结束）。主要标志：一是财务会计账务处理向标准化、规范化、通用化和理论化方向发展，二是形成了主要服务于企业内部日常管理的成本会计理论和实务。这一阶段注重成本计算、成本控制和预算管理方法的研究。④会计理论向技术、管理深度渗透阶段（第二次世界大战以后至1960年代中后期）。形成了以内向会计为主的管理会计体系，会计工作向事前的预测、决策转化。⑤会计理论由微观向宏观转化阶段（1970年以后）。主要标志是社会会计的产生。这一阶段注重把现代经济学理论和信息论、系统论原理与会计实务相结合，出现了向理论深度发展的趋势。

从发展历史上看，我国会计学专业教育归纳起来大体有四种类型。①有独立会计系、科设置，系统开设会计课程。在1921年前后，上海复旦大学商学院便有会计系设置，这是中国最早设置会计系的一所综合大学。1939年，在国民政府教育部公布的《大学及独立学院学系名称》中，对会计系科的设置又有进一步的规定，其中第六条讲："商学院设银行、会计、统计、国际贸易、工商管理、商学及其他各系。"自此，会计系科设置走向正规化。截至1948年，在综合大学中设置会计系的共有20余所学

校。其中著名的有复旦大学、南开大学、暨南大学、厦门大学、湖南大学、光华大学以及大夏大学等。在中央政治大学财政系，亦设有会计组，并由中国唯一的计政学院设置，培养了不少高级会计人才。在独立学院中设置会计系科的也有 21 所。其中著名的有上海商学院、天津工商学院、广东省立法学院、华侨工商学院、立信会计专科学校等。以上院校会计系科的设置，大体是仿照欧美国家的做法，是以商学院作为培养会计专门人才的基地。②在法学院或法商学院中设置经济系，而在经济系中系统开设会计课程的院校。属于这类院校的，其中著名的有清华大学、北京大学、武汉大学等。③在文学院或文法学院，或文理学院中设置经济系、商学系、商学经济系、工商管理系，而在这些系中比较系统地开设会计课程的院校，其中著名的有辅仁大学、云南大学、中法大学等。④在理工科院校中设置管理学院，而在管理学院中分设财务管理系、工业管理系、实业管理系，并在这些系科中开设会计课程的院校。属于这种类型的院校有上海交通大学、西北工学院及北平铁道管理学院等。

目前，会计学国家重点学科包括 8 所。①会计学二级学科国家重点 5 所：上海财经大学（1995，2002，2007 三届重点）、中南财经政法大学（2002，2007 两届重点）、东北财经大学（2002，2007 两届重点）、中央财经大学（2007 新科重点）、西南财经大学（2007 新科重点）。②工商管理一级学科国家重点覆盖会计学 3 所：厦门大学（1995，2002 会计学二级重点，2007 一级覆盖）、中国人民大学（2002 会计学二级重点，2007 一级覆盖）、中山大学（2007 新科一级覆盖）。③教育部人文社科重点研究基地（2 个）：上海财经大学、厦门大学。

会计学学科由会计理论与会计系统设计、会计信息系统操作（会计实务）和会计控制系统操作（会计决策与控制）三部分构成。会计理论反映了会计实务的本质和特征，揭示了会计信息系统运行发展的规律。美国财务会计准则委员会（FASB）指出：会计理论（也称财务会计概念框架）是由会计目标、会计概念和特定的方法程序所构成的逻辑体系。这个体系可以引导会计准则，并对财务报告作出规定。会计理论研究是为了达到四个目的：①确定会计的概念和范围；②建立会计准则；③指明会计实务的缺陷；④建立一个会计学科框架。会计实务就是在会计准则指导下，对现实发生的各种经济事务进行会计处理的过程。其最终结果表现为财务报告。企业投资者（包括潜在投资者）、债权人、管理层（主要是总会计师）运用财务报告数据进行决策和控制。

目前我国对会计的认识也存在不同的观点。①会计管理活动论。20 世纪 80 年代初，我国会计学家杨纪婉、阎达伍两位教授为代表提出的这一观点。观点认为：会计本质是一种管理活动，它是通过收集、处理和利用经济信息，对经济活动进行组织、控制、调节和指导，促使人们权衡利弊、比较得失、讲求经济效益的一种管理活动。②会计信息系统论。1966 年美国会计学会发布的《会计基本理论说明书》指出："从本质上讲，会计是一个信息系统。"这一观点于 20 世纪 80 年代引入我国。观点认为：会计首先是一个系统，会计的功能是将输入的数据转换为信息，这种信息论让货币表现为财务信息。这是一种侧重于会计程序而得出的结论。③会计控制系统论。1988 年，美国会计学家莫德姆·拉曼和莫里斯·海拉迪提出，会计是一种利用会计信息对既定目标进行控制的控制系统。这一观点得到杨时展教授、郭道扬教授等专家的认可。这一观点认为：现代会计是会计管理者通过使会计信息系统和会计控制系统协同运作，对市场经济中产权关系、价值运动及其经营成果进行全面系统地控制的一项具有社会意义的控制活动。这一观点代表了本专业教育的发展方向。

二、本专业主干学科的方法论介绍

会计学专业本科教育致力于培养适应企事业单位会计专业技术岗位的高级会计应用型人才，包括跨国公司和上市公司等大型企业的专业性较强的会计岗位人员、中型企业会计主管人员、政府和事业单位核心会计岗位人员直至会计主管人员、会计师事务所一般审计人员、金融企业专业岗位会计人员、中专教师等。会计学专业本科毕业生知识和技术能力要求是：①掌握系统完整的会计学基本理论、会计准则，并能够熟练掌握和运用；②具有会计职业判断能力、综合分析能力和社会沟通能力；③能够熟练运用英语，把握国内外会计发展最新动态；④熟悉大型企业整个会计核算体系。

会计学是以研究财务活动和在成本资料的收集、分类、综合、分析和解释的基础上形成协助决策的信息系统，以有效地管理经济的一门应用学科。可以说它是社会学科的组成部分，也是一门重要的管理学科。会计学的研究对象是资金的运动。

会计学由阐明会计制度、会计准则赖以建立的会计理论，以及会计工作如何组织和进行的会计方法组成。会计学主要分支：从大的分类来看可分为盈利会计和非盈利会计。在盈利会计中，又可分为财务会计、管理会计。

会计提供财务报告。财务报告对于经理、监管者、股东，员工等利益相关者是有用的。会计的核心是复式记账，这种复式记账法要求每一项业务至少要有两个经济实体，在一个账户计借方，在另一个账户相应地计贷方，所有的借方发生额应该等于所有的贷方发生额，即有借必有贷，借贷必相等。如果借贷不等，那么一定有错误，这样复式记账自身就提供了一种简单的检验错误的方法。

三、本专业相关学科及影响本专业教育的因素

根据教育部 2007 年披露的信息，全国高校中 382 所开设有会计专业（占 57%），在开设最多的 10 个专业中排名第六。其中，"211 工程"与"985 工程"高校开设会计学专业的有：北京大学光华管理学院、对外经济贸易大学商学院、中国科学技术大学、北京师范大学经济与工商管理学院、清华大学经济管理学院会计系、中国农业大学经济管理学院财务与会计系、中国人民大学商学院会计系、中央民族大学管理学院会计学专业、北京航空航天大学、北京理工大学、重庆大学经济与工商管理学院会计系、厦门大学管理学院会计学系、兰州大学管理学院会计学专业、兰州交通大学经济管理学院会计学专业、华南理工大学工商管理学院会计系、中山大学管理学院会计学系、哈尔滨工业大学管理学院会计系、武汉大学经济与管理学院会计系、华中科技大学、湖南大学会计学院、中南大学、吉林大学商学院会计学系、东南大学经济管理学院会计系、南京大学商学院会计学系、大连理工大学管理学院会计学专业、东北大学工商管理学院会计学专业、山东大学、中国海洋大学、西安交通大学管理学院会计与财务

管理系、西北工业大学、西北农林科技大学、复旦大学管理学院会计学系、上海交通大学安泰经济与管理学院会计系、同济大学经济与管理学院会计系、四川电子科技大学、四川大学、南开大学商学院会计系、天津大学管理学院会计与财务管理系、浙江大学管理学院会计与财务管理系等。

随着我国市场经济的不断发展和进一步规范，一方面现代财务制度的建立，使会计业务越来越复杂；另一方面，财会电算化的发展和应用日新月异、迅猛无比，如电子结算、电子对账、电子商务的支付等。所以，未来的会计人员必须具有较好的综合素质：第一，必须具有敬业精神；第二，要有过硬的专业知识和掌握现代化技术；第三，要有良好的职业道德，诚实守信。

目前我国的会计行业按照严格意义上的工作性质可以分为三种：第一种是"做会计的"，即从事会计核算、会计信息工作的会计人员；第二种是"查会计的"，包括注册会计师、政府和企业事业单位审计部门的审计人员、资产清算评估人员；第三种是"管会计的"，也就是总会计师。会计专业的本科毕业生主要面向企事业单位和经济组织，从事基层会计核算、会计分析、会计事务管理等工作。

随着经济发展步伐的不断加快，新时代对会计人才的要求也越来越高，具有普通会计技能的专业人员已开始无法适应快捷的企业发展，而"管理型"的会计人才却属于极度紧缺的人才行列。如何在社会中定位，找到自身的坐标成了许多高校师生关注的问题。有关专家说，目前会计行业处于低端人才不缺，高级人才告急的阶段。在人才市场上，初级会计人才已相对饱和，甚至过剩，再加上企业多通过内部员工推荐一般会计人员，所以人才市场招聘的数量就更少了。中高级会计人员一直是企业人力资源竞争的对象，就目前每年的供需比来看，中级会计人才需求的缺口很大，高级会计人才的缺乏就更严重了。尤其是随着对外开放的力度不断加大，跨国企业及一些外国企业纷纷在华设立公司，这就需要大量熟悉国际会计准则的本土高级财会人才。这一点也让我们充分看清市场需求的变化方向。

根据本专业办学指导思想和专业定位，结合会计学专业自身的特点，本专业教育应当以学生综合素质教育为核心，以知识教育为主线，以能力培养为重点，以精神养成为突破口，加强实践教学改革，探索基础教育与专业教育相结合、知识传授与技能培养相结合的"高素质、厚基础、宽口径、重应用、强能力、多选择"的人才培养模式。一是增加人文社科课程比例，全面提升学生的人文素养和个人修养。二是通过调整知识结构，构建通识教育及公共基础课、学科基础课和学科方向及特色课三大课程体系平台，夯实会计基础课及专业课教学内容，使学生具有扎实的专业功底。三是通过改革教学方法，推行启发式教学和趣味性教学，倡导学生开展研究性学习和自主式学习；通过课堂讨论、大作业和传统笔试相结合的方式，检测和考评学生求知能力和水平；通过推行现代化教学手段，灵活应用多媒体及软件系统平台教学。四是组织学生参加丰富多彩的课外科研训练和课外社会实践活动，激发学生的学习热情和提高他们的综合能力，以确保专业知识的应用落到实处。

第二节 本专业培养目标与规格

一、本专业培养目标

本专业培养适应国家和区域经济社会发展需要，掌握系统的管理学、经济学基本理论和会计学专业知识，具备较强的自信心、独立性和组织协调能力以及熟练的会计工作能力，具有高度的社会责任感、较高的科学与人文素养、突出的创业精神和团队精神，能够在企事业单位及政府部门从事核心会计岗位、会计主管直至财务总监工作的创新性应用型复合人才。

二、本专业的培养规格

(一) 人才培养通用规格

人才培养通用规格从思想政治素质、道德素质、身心素质、基本知识、基本能力、科学与人文素养、创新精神等七方面描述，并有相应课程或实践环节支撑，由学校负责。包括：

(1) 思想政治素质：掌握马克思主义、毛泽东思想和中国特色社会主义理论体系，具有以爱国主义为核心的民族精神，树立正确的世界观、人生观、价值观。

支撑课程和实践环节是形势与政策、马克思主义基本原理、毛泽东思想和中国特色社会主义概论、中国近现代史纲要必修课程及相关选修课，征文活动、演讲比赛、社会调研等社会实践活动。

(2) 道德素质：具备良好的思想品德、职业道德、社会公德和法律意识。

支撑课程和实践环节是思想品德与法律基础、大学生公民素质教育必修课程，综合教育学分制度，具有我校特色的服务民生、重大赛事、西部计划、扶危济困、社会公共事务管理、低碳环保新能源、社区服务、涉农涉医、教育帮扶等大学生志愿服务项目。

(3) 身心素质：具备健康的身体素质和乐观向上的心理素质。

支撑课程和实践环节是大学体育系列课程、大学生心理健康教育系列课程和相应的实践环节。

(4) 基本知识：掌握扎实的外语、计算机及信息技术应用、文献检索等工具性知识，并能在本专业学习中熟练应用。

支撑课程是大学外语系列课程、计算机及信息技术应用系列课程和文献检索公共选修课。

(5) 基本能力：具有较强的学习能力、语言文字表达能力，较好的社会适应和交流合作能力。

支撑课程和实践环节包括大学生就业指导与生涯规划系列课程，大学语文与应用写作类、人际交往类与身心健康类公共选修课程，就业创业培训系列课程和相应实践活动。

(6) 科学与人文素养：掌握一定的人文社会科学、自然科学、工程技术、经济管理等基础知识，具备良好的人文素质和严谨的科学素养。

支撑课程和实践环节包括大学语文与应用写作类，传统文化、西方文明与文学艺术修养类、经济管理与法律类，科学技术、环境保护与可持续发展类公共选修课程和相应实践活动。

(7) 创新精神：具有强烈的创新意识，掌握一定的创新方法并在专业学习中得到较好应用。

支撑课程和实践环节是拓展提高与创新教育类公共选修课，大学生科技创新训练和一系列大学生科技文化竞赛活动。

(二) 人才培养专业规格

1. 熟练掌握本专业基本的理论、方法及专业知识

支撑课程为 7 门理论课程加 1 项实践课程：初级会计学、中级财务会计学、高级会计学、成本会计学、财务管理学、管理会计学、审计学、专业认知实习。

2. 掌握本专业相关知识体系

支撑课程为 6 门理论课程：应用统计学、经济法、税法、会计理论、资产评估学、Financial Accounting。

3. 熟练掌握本专业岗位操作技能，具备较强的岗位实践工作能力

支撑课程为 5 项实践课程：计算技术、会计信息系统、课程实验、ERP 沙盘模拟实训、企业会计综合模拟实训。

4. 具有分析和解决企（事）业单位专业问题及参与本单位经营管理决策的能力

支撑课程从方向模块中任选 1~2 个模块：每个模块 4 门课程。

5. 具有一定的获取知识、运用知识和发展创新的能力

支撑课程为 2 项实践课程和系列学术活动：毕业论文与设计、专业创新设计、系列学术报告。

6. 达到专业岗位工作需求的其他能力和素质

支撑课程为 2 项实践课程：企业会计岗位实训、调查报告。

7. 熟悉文献检索、资料查询的基本方法，具备经济管理文案写作能力

支撑课程为 1 项实践课程和 1 门写作课程：毕业论文与设计、经济应用写作。

第三节　本专业教育内容

一、本专业教育内容的总体框架

(一) 本专业内容及总体框架设计理论依据

会计学专业隶属于社会学科，既明显有别于自然学科，也不同于人文学科。培养

目标是熟练掌握财务与会计知识的创新性应用型复合管理人才。这种人才包括两类：一类是在一个组织中脱颖而出的中、高层管理者；另一类是自主创业者。而绝大多数成功者是在经过管理岗位多年训练之后成长起来的，大学毕业就创业成功的案例并不具有规律性。基于这两点认识，高等学校尤其是新建地方本科高校在制订和修订经济管理类人才培养方案和专业规范之前，有必要认真思考经济管理类人才的特征与培养理念。

我们的观点，会计学专业人才应具备以下几个方面的基本特征。①具有独特的观察问题视角和分析问题工具。系统接受经济学和管理学理论训练是一个经济管理类人才不同于其他专业人才的本质区别，也是鉴别真假经济管理类人才的试金石。②具有专门的服务领域和工作性质。"经济管理"是以社会经济领域为研究和服务对象，以环境营造和制度设计为手段，通过激励来实现提高组织资源利用效率的一项活动。按照组织范围的不同，可以把经济管理划分为宏观经济管理（国民经济管理）、中观经济管理（产业经济管理和区域经济管理）和微观经济管理（企业管理和组织管理）。③具有应用型的专业能力和复合性的思维方法。扎实、科学、创造型的专业能力，对于一个经济管理人才来讲，是立身之本、创业之基、成功之母；沟通能力则是成为一名中层经济管理者的重要因素；而包含抽象思维、分析决策、把握重点的管理能力则是高层经济管理人员必须具备的能力。④具有创新性的冒险精神和综合性的人格素质。经济管理类人才应具备的综合、健康的人格素质，分别表现为：①深悟合作才能共赢的内涵，具备诚实守信的个人品德；②坚守义利兼顾的经营管理理念，具有勇于承担责任的人格品质；③长于敬业乐群的工作风格，善于人际交往的个人魅力；④工于精打细算的思维习惯，敢于尝试风险的魄力和勇气；⑤永葆思想活跃的青春和朝气，敏于抢抓机遇的触觉和意识；⑥既有发散思维的超脱，又有理性思维的稳重。

（二）本专业教育内容的总体框架

按照顶层设计的方法，会计学专业教育内容由普通教育内容、专业教育内容和综合教育内容三个类别构成。

普通教育内容包括人文社会科学、自然科学、计算机信息技术、外语、体育等教学模块。

专业教育内容包括管理学基础、经济学基础、法律基础、会计信息系统、会计控制系统、会计技术、ERP实训等教学模块。

综合教育内容包括思想教育、学术与科技活动、文体活动、自选活动等教学模块。

二、本专业教育内容知识体系

本专业的教育内容由普通教育内容、专业教育内容和综合教育内容组成，教育内容由若干个教学模块组成，每一个教学模块可以直接描述，也可以用知识体系描述。

知识体系由若干个知识领域构成，一个知识领域可以分解为若干个知识单元，一个知识单元又包含若干个知识点，因此知识体系由知识领域、知识单元和知识点三个层次组成。

知识体系结构的最高层是知识领域（Area），代表特定的学科子领域。每个领域由英文的缩写词表示。例如，ARS 代表会计反映系统领域，ACS 代表会计控制系统领域。

知识体系结构的中间层是知识单元（Unit），代表知识领域中独立的主题模块，用知识领域缩写词加一个数字后缀来表示。例如，ARS_1 就代表会计反映系统领域的知识单元"复式记账原理"，ACS_1 就代表会计控制系统领域中的知识单元"财务管理基础"。知识单元又分为核心知识单元和选修知识单元。核心知识单元提供的是知识体系的最小集合，是本专业在本科教学中必要的、最基本的知识单元；选修知识单元是指不在核心知识单元内的那些知识单元。核心知识单元的选择是最基本的、共性的教学规范，选修知识单元的选择则体现各校的不同特色。

知识体系结构的最底层是知识点（Topic）。

本规范所给的每个知识单元、知识点所需要的学时，表示采用传统方式在课堂上授课的学时（含实验、上机学时），不包括课外时间，本教学规范中所列出的学时为参考学时数，可以根据因材施教的原则适当增加或减少学时数。

（一）专业教育知识体系

知识领域 1：数学基础（Mathematics Basis，MB）。

知识领域 2：法律基础（Law Basis，LB）。

知识领域 3：管理学基础（Management Science Basis，MSB）。

知识领域 4：经济学基础（Economics Basis，EB）。

知识领域 5：会计反映系统（Accounting Reflects the System，ARS）。

知识领域 6：会计控制系统（Accounting Control System，ACS）。

知识领域 7：会计理论（Accounting Theory，AT）。

知识领域 8：行业会计（Industry Accounting，INA）。

知识领域 9：国际会计（International Accounting，IA）。

知识领域 10：会计分析（Accounting Analysis，AA）。

知识领域 11：ERP 实训（Enterprice Resource Planning，ERP）。

知识领域与课程对照表见表 1-1。

表 1-1　　　　　　　　　　知识领域与课程对照表

知识领域	核心课程	普通课程
知识领域 1：数学基础 （MB）		高等数学 线形代数 概率论与数理统计 应用统计学 计算技术
知识领域 2：法律基础 （LB）	经济法 税法	
知识领域 3：管理学基础（MSB）	管理学	

表1-1(续)

知识领域	核心课程	普通课程
知识领域4：经济学基础（EB）	管理经济学	
知识领域5：会计反映系统（ARS）	初级会计学 中级财务会计 高级会计学 会计信息系统	
知识领域6：会计控制系统（ACS）	财务管理学 管理会计学 成本会计学 审计学	
知识领域7：会计理论（AT）		会计理论 资产评估学 会计制度设计
知识领域8：行业会计（INA）		银行会计 医院会计
知识领域9：国际会计（IA）	Financial Accounting	国际会计 国际财务管理
知识领域10：会计分析（AA）		财务报表分析 证券投资 税务会计 税务筹划
知识领域11：ERP实训（ERP）		ERP实训

（二）专业教育知识体系描述（附录A）

（三）专业教育知识体系表，见表1-2

表1-2 　　　　　　　　　专业教育知识体系表

知识领域	核心知识单元（参考学时）	选修知识单元（参考学时）
知识领域1：数学基础（MB）	MB_1、MB_2、MB_3、MB_4、MB_5、MB_6、MB_9、MB_{10}、MB_{11}、MB_{14}、MB_{15}、MB_{18}、MB_{19}、MB_{20}、MB_{21}、MB_{23}、MB_{24}、MB_{25}、MB_{26}、MB_{27}、MB_{28}、MB_{29}、MB_{32}、MB_{33}、MB_{38}	MB_7、MB_8、MB_{12}、MB_{13}、MB_{16}、MB_{17}、MB_{22}、MB_{30}、MB_{31}、MB_{34}、MB_{35}、MB_{36}、MB_{37}
知识领域2：法律基础（LB）	LB_4、LB_5、LB_6、LB_7、LB_8、LB_9、LB_{10}、LB_{11}、LB_{12}、LB_{16}、LB_{17}、LB_{18}、LB_{19}、LB_{20}、LB_{21}	LB_1、LB_2、LB_3、LB_{13}、LB_{14}、LB_{15}、LB_{22}、LB_{23}
知识领域3：管理学基础（MSB）	MSB_1、MSB_2、MSB_3、MSB_4、MSB_5、MSB_8、MSB_9、MSB_{11}、MSB_{12}	MSB_6、MSB_7、MSB_{10}

知识领域	核心知识单元（参考学时）	选修知识单元（参考学时）
知识领域4：经济学基础 （EB）	EB_3、EB_4、EB_5、EB_6、EB_7、EB_8、EB_9	EB_1、EB_2
知识领域5： 会计反映系统 （ARS）	ARS_1、ARS_3、ARS_4、ARS_5、ARS_6、ARS_7、ARS_8、ARS_9、ARS_{10}、ARS_{12}、$ARS13$、ARS_{14}、ARS_{15}、ARS_{16}、ARS_{17}、ARS_{19}、ARS_{20}、ARS_{21}、ARS_{24}、ARS_{25}、ARS_{26}、ARS_{27}、ARS_{28}、ARS_{29}、ARS_{30}、ARS_{32}、ARS_{34}、ARS_{36}、ARS_{37}、ARS_{38}、ARS_{42}、ARS_{43}、ARS_{44}、ARS_{45}、ARS_{46}	ARS_2、ARS_{11}、ARS_{18}、ARS_{22}、ARS_{23}、ARS_{31}、ARS_{33}、ARS_{35}、ARS_{39}、ARS_{40}、ARS_{41}
知识领域6： 会计控制系统 （ACS）	ACS_1、ACS_2、ACS_3、ACS_4、ACS_5、ACS_6、ACS_7、ACS_8、ACS_9、ACS_{10}、ACS_{11}、ACS_{14}、ACS_{15}、ACS_{17}、ACS_{18}、ACS_{19}、ACS_{23}、ACS_{25}、ACS_{26}、ACS_{27}、ACS_{28}、ACS_{29}、ACS_{32}、ACS_{33}、ACS_{34}、ACS_{35}、ACS_{36}、ACS_{37}、ACS_{38}、ACS_{39}、ACS_{40}、ACS_{41}、ACS_{42}、ACS_{43}、ACS_{44}、ACS_{45}	ACS_{12}、ACS_{13}、ACS_{16}、ACS_{20}、ACS_{21}、ACS_{22}、ACS_{24}、ACS_{30}、ACS_{31}、ACS_{46}、ACS_{47}、ACS_{48}
知识领域7：会计理论 （AT）	AT_1、AT_2、AT_3、AT_4、AT_5、AT_9、AT_{10}、AT_{11}、AT_{12}、AT_{13}、AT_{14}、AT_{15}、AT_{16}、AT_{20}、AT_{21}、AT_{22}、AT_{23}、AT_{24}、AT_{25}、AT_{26}、AT_{27}、AT_{28}、AT_{29}	AT_6、AT_7、AT_8、AT_{17}、AT_{18}、AT_{19}、AT_{30}、AT_{31}、AT_{32}、AT_{33}
知识领域8：行业会计 （INA）	INA_2、INA_3、INA_4、INA_5、INA_6、INA_7、INA_8、INA_9、INA_{14}、INA_{15}、INA_{16}、INA_{17}	INA_1、INA_{10}、INA_{11}、INA_{12}、INA_{13}、INA_{18}、INA_{19}、INA_{20}、INA_{21}、INA_{22}
知识领域9：国际会计 （IA）	IA_1、IA_2、IA_3、IA_4、IA_5、IA_6、IA_7、IA_8、IA_9、IA_{10}、IA_{11}、IA_{12}、IA_{17}、IA_{18}、IA_{19}、IA_{20}、IA_{21}、IA_{26}、IA_{27}、IA_{28}、IA_{29}、IA_{30}、IA_{31}、IA_{32}	IA_{13}、IA_{14}、IA_{15}、IA_{16}、IA_{22}、IA_{23}、IA_{24}、IA_{25}
知识领域10：会计分析 （AA）	AA_3、AA_4、AA_5、AA_6、AA_7、AA_8、AA_9、AA_{12}、AA_{13}、AA_{14}、AA_{15}、AA_{16}、AA_{17}、AA_{21}、AA_{22}、AA_{23}、AA_{24}、AA_{25}、AA_{27}、AA_{32}、AA_{33}、AA_{34}、AA_{35}、AA_{36}	AA_1、AA_2、AA_{10}、AA_{11}、AA_{18}、AA_{19}、AA_{20}、AA_{26}、AA_{29}、AA_{30}、AA_{31}、AA_{37}、AA_{38}
知识领域11：ERP实训 （ERP）	ERP_4、ERP_5、ERP_6、ERP_7、ERP_8、ERP_9、ERP_{10}	ERP_1、ERP_2、ERP_3

三、专业教育课程设置

（一）专业教育核心课程，见表 1-3

表 1-3　　　　　　　　　　　　　专业教育核心课程

序号	课程名称	学时/学分（实验学时/学分）	实验项目	核心知识单元	选修知识单元	说明
1	管理学	64/3（16/1）	案例与实训	MSB_1：管理活动与管理理论（8学时） MSB_2：决策原理与方法（6学时） MSB_3：计划与计划工作（6学时） MSB_4：战略性计划（4学时） MSB_5：组织设计（6学时） MSB_8：领导（8学时） MSB_9：激励（6学时） MSB_{11}：控制的基础（4学时） MSB_{12}：组织中的控制系统（4学时）	MSB_6：人力资源管理（2学时） MSB_7：组织变革与组织文化（2学时） MSB_{10}：管理沟通（2学时）	适应会计学各专业方向
2	管理经济学	64/3（16/1）	案例与实训	EB_3：市场定位决策分析（8学时） EB_4：市场供求机制分析（8学时） EB_5：生产与成本决策分析（8学时） EB_6：市场结构与企业行为分析（8学时） EB_7：企业风险决策分析（8学时） EB_8：市场失灵与政府政策分析（8学时） EB_9：企业投资决策分析（8学时）	EB_1：经济管理与管理经济比较分析（2学时） EB_2：管理经济学的学科界定（2学时）	适应会计学各专业方向
3	经济法	64/3（0/0）	案例与实训	LB_4：公司法（6学时） LB_5：个人独资企业法（2学时） LB_6：合伙企业法（4学时） LB_7：外商投资企业法（4学时） LB_8：反垄断法（2学时） LB_9：反不正当竞争法（2学时） LB_{10}：消费者权益保护法（2学时） LB_{11}：产品质量法（2学时） LB_{12}：合同法（6学时）	LB_1：经济法的概念（2学时） LB_2：经济法的体系和渊源（2学时） LB_3：经济法律关系（2学时） LB_{13}：税法（2学时） LB_{14}：证券法（4学时） LB_{15}：票据法（4学时）	适应会计学各专业方向
4	初级会计学	96/4（32/1）	案例与实训	ARS_1：总论（12学时） ARS_3：会计科目与账户（6学时） ARS_4：复式记账原理及其应用（22学时） ARS_5：会计凭证（8学时） ARS_6：会计账簿（8学时） ARS_7：成本计算（4学时） ARS_8：编制报表前的准备工作（8学时） ARS_9：财务会计报告（6学时） ARS_{10}：会计核算组织程序（18学时）	ARS_2：会计处理方法（2学时） ARS_{11}：会计工作组织（2学时）	适应会计学各专业方向

表1-3（续）

序号	课程名称	学时/学分（实验学时/学分）	实验项目	核心知识单元	选修知识单元	说明
5	中级财务会计	128/6（16/1）	案例与实训	ARS_{12}：总论（4学时） ARS_{13}：货币资金（4学时） ARS_{14}：存货（12学时） ARS_{15}：金融资产（16学时） ARS_{16}：长期股权投资（16学时） ARS_{18}：固定资产（10学时） ARS_{19}：投资性房地产（6学时） ARS_{20}：资产减值（6学时） ARS_{21}：负债（14学时） ARS_{24}：收入和利润（14学时） ARS_{25}：财务报告（14学时） ARS_{26}：会计调整（6学时）	ARS_{17}：无形资产（2学时） ARS_{22}：所有者权益（2学时） ARS_{23}：费用（2学时）	适应会计学各专业方向
6	高级会计学	32/2（0/0）	案例与实训	ARS_{27}：企业合并（8学时） ARS_{28}：合并会计报表（6学时） ARS_{29}：外币核算（4学时） ARS_{30}：租赁会计（4学时） ARS_{32}：股份支付（4学时） ARS_{34}：企业重组与清算会计（2学时）	ARS_{31}：衍生金融工具（选修）（2学时） ARS_{33}：物价变动会计（选修）（2学时）	适应会计学各专业方向
7	财务管理学	64/3（16/1）	TE_1、TE_2、CE_1	ACS_1：财务管理学总论（2学时） ACS_2：财务管理的价值观念（2学时） ACS_3：财务分析（10学时） ACS_4：财务战略与预算（4学时） ACS_5：长期筹资方式（2学时） ACS_6：资本结构决策（14学时） ACS_7：投资决策原理（4学时） ACS_8：投资决策实务（14学时） ACS_9：短期资产管理（4学时） ACS_{10}：短期筹资管理（4学时） ACS_{11}：股利理论与政策（2学时）	ACS_{12}：公司并购管理（2学时）	适应会计学各专业方向
8	管理会计学	64/3（0/0）	案例与实训	ACS_{14}：变动成本法（8学时） ACS_{15}：本—量—利分析（6学时） ACS_{17}：经营决策常用的概念和基本方法（8学时） ACS_{18}：经营决策（8学时） ACS_{19}：存货决策（6学时） ACS_{23}：全面预算（6学时）	ACS_{13}：管理会计绪论（2学时） ACS_{16}：经营预测（4学时） ACS_{20}：投资决策（6学时） ACS_{21}：标准成本法（2学时） ACS_{22}：作业成本法（4学时） ACS_{24}：业绩考核与评价（4学时）	适应会计学各专业方向

表1-3(续)

序号	课程名称	学时/学分（实验学时/学分）	实验项目	核心知识单元	选修知识单元	说明
9	成本会计学	64/3 (16/1)	TC_1、TC_2、TC_3	ACS_{25}：总论（2学时） ACS_{26}：工业企业成本核算概述（4学时） ACS_{27}：工业企业成本核算各个环节费用的核算方法（13学时） ACS_{28}：产品成本核算的基本方法（32学时） ACS_{29}：产品成本核算的辅助方法（8学时） ACS_{32}：成本预测、决策及控制（10学时） ACS_{33}：成本报表与分析（10学时）	ACS_{30}：其他行业成本会计（6学时） ACS_{31}：成本会计前沿理论（3学时）	适应会计学各专业方向
10	审计学	64/3 (16/1)	案例与实训	ACS_{34}：审计概论（2学时） ACS_{35}：注册会计师执业准则（4学时） ACS_{36}：执业责任与法律责任（2学时） ACS_{37}：审计目标与审计过程（4学时） ACS_{38}：审计证据与审计工作底稿（4学时） ACS_{39}：计划审计工作（4学时） ACS_{40}：风险评估（5学时） ACS_{41}：风险应对（4学时） ACS_{42}：审计抽样（2学时） ACS_{43}：审计报告（2学时） ACS_{44}：销售与收款循环审计（6学时） ACS_{45}：购货与付款循环审计（4学时）	ACS_{46}：生产与服务循环审计 ACS_{47}：筹资与投资循环审计 ACS_{48}：验资和财务报表审阅	适应会计学各专业方向
11	税法	64/3 (16/1)	案例与实训	LB_{16}：税收基础知识（4学时） LB_{17}：流转类税（18学时） LB_{18}：所得类税（16学时） LB_{19}：资源类税（8学时） LB_{20}：行为目的类税（10学时） LB_{21}：财产类税（4学时）	LB_{22}：税收征管法（4学时） LB_{23}：税收行政法（4学时）	适应会计学各专业方向
12	Financial Accounting	64/3 (0/0)	案例与实训	IA_1：Introduction to Accounting and Business（6学时） IA_2：Analyzing Transactions（4学时） IA_3：The Matching Concept and the Adjusting Process（4学时） IA_4：Completing the Accounting Cycle（4学时） IA_5：Accounting Systems and Internal Controls（6学时） IA_6：Accounting for Merchandising Business（10学时） IA_7：Cash（4学时） IA_8：Receivables（6学时） IA_9：Inventories（6学时） IA_{10}：Fixed Assets and Intangible Assets（8学时） IA_{11}：Current Liabilities（2学时） IA_{12}：Corporations：Organization，Capital Stock Transaction and Dividends（2学时）	IA_{13}：Financial Statement Analysis（2学时）	适应会计学各专业方向

表1-3（续）

序号	课程名称	学时/学分（实验学时/学分）	实验项目	核心知识单元	选修知识单元	说明
13	会计信息系统	64/3（32/2）	案例与实训	ARS_{36}：系统管理与企业应用平台(2学时) ARS_{37}：总账管理（12学时） ARS_{38}：UFO报表管理（4学时） ARS_{42}：供应链管理（4学时） ARS_{43}：采购管理（8学时） ARS_{44}：销售管理（8学时） ARS_{45}：库存管理（4学时） ARS_{46}：存货核算（4学时）	ARS_{35}：系统应用基础（选修）（2学时） ARS_{39}：薪资管理（ARS_5）(选修)（4学时） ARS_{40}：固定资产管理（选修）（4学时） ARS_{41}：应收应付款管理（选修）（4学时）	适应会计学各专业方向

（二）专业教育普通课程，见表1-4

表1-4　　　　　　　　　　　　　　专业教育普通课程

序号	课程名称	学时/学分（实验学时/学分）	实验项目	核心知识单元	选修知识单元	说明
1	高等数学	128/6（0/0）		MB_1：初等函数 MB_2：极限与连续 MB_3：导数与微分 MB_4：不定积分 MB_5：定积分 MB_6：常微分方程	MB_7：向量与空间解析几何 MB_8：多元函数微分	适应会计学各专业方向
2	线形代数	48/2（0/0）		MB_9：行列式 MB_{10}：矩阵 MB_{11}：线性方程组	MB_{12}：矩阵的特征值 MB_{13}：二次型	适应会计学各专业方向
3	概率论与数理统计	48/2（0/0）		MB_{14}：随机事件及其概率 MB_{15}：随机变量及其分布 MB_{18}：数理统计的基础知识 MB_{19}：参数估计 MB_{20}：假设检验 MB_{21}：方差分析与回归分析	MB_{16}：多维随机变量及其分布 MB_{17}：随机变量的数字特征	适应会计学各专业方向
4	应用统计学	64/3（0/0）		MB_{23}：数据收集 MB_{24}：统计整理 MB_{25}：数据的度量 MB_{26}：时间序列 MB_{27}：统计指数 MB_{28}：抽样调查 MB_{29}：相关分析与回归分析	MB_{22}：统计学概述 MB_{30}：SPSS在多元统计分析中的应用 MB_{31}：统计实验	适应会计学各专业方向

表1-4(续)

序号	课程名称	学时/学分 (实验学时/学分)	实验项目	核心知识单元	选修知识单元	说明
5	会计理论	32/2 (0/0)		AT_1：会计准则理论 AT_2：财务会计概念框架 AT_3：会计计量理论 AT_4：财务报表要素的确认和计量 AT_5：财务会计报告理论	AT_6：构建我国的会计理论体系 AT_7：资本市场中的会计研究	适应会计学各专业方向
6	资产评估学	64/2 (0/0)		AT_9：资产评估的基本方法 AT_{10}：机器设备评估 AT_{11}：房地产评估 AT_{12}：流动资产评估 AT_{13}：金融资产和递延 AT_{14}：无形资产评估 AT_{15}：企业价值评估 AT_{16}：资源性资产评估	AT_8：资产评估总论 AT_{17}：资产评估报告 AT_{18}：资产评估准则	适应会计学各专业方向
7	计算技术	32/2 (0/0)		MB_{32}：珠算的基础知识 MB_{33}：珠算加减法 MB_{38}：手工点钞与传票算法	MB_{34}：珠算乘法 MB_{35}：珠算除法 MB_{36}：珠算差错与检查方法 MB_{37}："一口清"乘除法	适应会计学各专业方向
8	银行会计	64/2 (0/0)	案例与实训	INA_2：负债业务的核算 INA_3：资产业务的核算 INA_4：转账结算业务的核算 INA_5：联行往来的核算 INA_6：外汇业务的核算 INA_7：信贷调控业务的核算 INA_8：货币发行与现金出纳业务的核算 INA_9：黄金业务的核算	INA_1：银行会计核算概述 INA_{10}：经理国库业务的核算 INA_{11}：财务收支与损益的核算 INA_{12}：资本金和股票的核算 INA_{13}：会计报表	适应会计学各专业方向
9	医院会计	30/2 (0/0)	"患者满意——利润"链案例	INA_{14}：医院成本核算的账务体系 INA_{15}：医院费用的归集与分配 INA_{16}：医院预算管理 INA_{17}：医院成本分析	INA_{18}：医院责任会计 INA_{19}：医院成本决策 INA_{20}：医院战略成本管理 INA_{21}：医院人力资源成本 INA_{22}：医院质量成本	适应会计学各专业方向

表1-4(续)

序号	课程名称	学时/学分（实验学时/学分）	实验项目	核心知识单元	选修知识单元	说明
10	财务报表分析	32/2 (0/0)	案例:泛海建设(2009) 案例:格力电器(2009)	AA_3：资产质量分析 AA_4：资本结构质量分析 AA_5：利润质量与所有者权益变动表分析 AA_6：现金流量质量分析 AA_7：合并报表分析 AA_8：财务报告的其他重要信息分析 AA_9：财务报表的综合分析方法	AA_1：财务报表分析概论 AA_2：财务报表分析基础 AA_{10}：综合案例分析	适应会计学各专业方向
11	证券投资	32/2 (0/0)	双目投资股份有限公司实战案例:组建、运作和管理	AA_{12}：证券基础知识 AA_{13}：证券市场基础知识 AA_{14}：股票价格知识 AA_{15}：股票投资基本面分析法 AA_{16}：股票投资技术分析理论 AA_{17}：股票投资技术分析方法	AA_{11}：证券与投资基础知识概述 AA_{18}：证券投资组合方法	适应会计学各专业方向
12	税务会计	32/2 (0/0)	案例与实训	AA_{21}：增值税会计 AA_{22}：消费税会计 AA_{23}：出口货物退（免）税会计 AA_{24}：营业税会计 AA_{25}：企业所得税会计 AA_{27}：流转环节其他税种会计	AA_{19}：纳税基础知识 AA_{20}：税务会计概述 AA_{26}：个人所得税会计 AA_{29}：财产税和行为税会计	适应会计学各专业方向
13	税务筹划	32/2 (0/0)	案例与实训	AA_{32}：税务筹划的基本技术 AA_{33}：税务筹划的基本步骤 AA_{34}：增值税的税务筹划 AA_{35}：消费税的税务筹划 AA_{36}：营业税的税务筹划	AA_{30}：税务筹划概述 AA_{31}：税务筹划的基本原理 AA_{37}：企业经济活动的税务筹划 AA_{38}：国际税务筹划	适应会计学各专业方向
14	国际会计	32/2 (0/0)	案例与实训	IA_{17}：物价变动会计的基本模式 IA_{18}：企业合并与合营的会计处理 IA_{19}：合并财务报表的编制 IA_{20}：外币交易折算 IA_{21}：国际税务	IA_{14}：国际会计的形成与发展 IA_{15}：会计惯例和财务报表的国际比较 IA_{16}：国际会计准则委员会及国际会计准则	适应会计学各专业方向

表1-4(续)

序号	课程名称	学时/学分（实验学时/学分）	实验项目	核心知识单元	选修知识单元	说明
15	国际财务管理	32/2 (0/0)	案例与实训	IA_{26}：外汇风险管理 IA_{27}：国际信贷融资 IA_{28}：国际证券融资 IA_{29}：国际投资概述 IA_{30}：国际证券投资管理 IA_{31}：国际营运资金管理 IA_{32}：国际税收管理	IA_{22}：国际财务管理概述 IA_{23}：外汇市场 IA_{24}：货币期货与期权市场 IA_{25}：外汇汇率预测	适应会计学各专业方向
16	会计制度设计	32/2 (0/0)	案例与实训	AT_{20}：会计制度的总体设计 AT_{21}：会计组织系统设计 AT_{22}：会计科目和账务处理程序设计 AT_{23}：会计核算系统设计 AT_{24}：内部控制系统设计原理 AT_{25}：货币资金管理会计制度设计 AT_{26}：实物资产管理会计制度设计 AT_{27}：采购业务管理会计制度设计 AT_{28}：销售业务管理会计制度设计 AT_{29}：成本核算与管理会计制度设计	AT_{19}：会计制度设计概论 AT_{30}：投资与筹资内部控制制度设计 AT_{31}：工程项目内部控制制度设计 AT_{32}：会计信息化系统制度设计 AT_{33}：责任会计制度设计	适应会计学各专业方向
17	ERP 实训	32/2 (32/2)	案例与实训	ERP_4：模块初始化设置 ERP_5：总账 ERP_6：应收款管理系统 ERP_7：应付款管理系统 ERP_8：固定资产管理系统 ERP_9：存货核算 ERP_{10}：UFO 报表系统	ERP_1：会计信息系统及用友软件概述 ERP_2：系统管理 ERP_3：基础信息设置	适应会计学各专业方向

　　本规范给出的核心课程学分不可替代。建议规定了每门课程的学时，包括这些单元获得学位时必须具备的相应学时，在构建课程的时候，应注意核心知识单元并不一定是课程全部，但核心知识单元是学生必须掌握的。

　　本规范给出的普通课程学分可由相近课程、研究论文或者科技文化竞赛获奖成绩替代。能否替代，应当由专业教师和任课教师组成的专业委员会论证确定。

　　专业教育课程描述（附录 B）。

四、本专业实验教学内容及组织

（一）本专业实验教学目标

　　会计学专业实验教学目标有两个层次，分别是会计岗位能力实验和综合财务管理能力实验。

（1）会计岗位能力实验：通过初级会计学、中级财务会计、成本会计学、财务管理学、会计信息系统、税法、审计学等课程实验，使学生了解每个会计工作岗位的工作流程、业务操作内容，并能熟练模拟每个工作岗位的实际操作，掌握必备的专业知识和实务操作能力。

（2）综合财务管理能力实验：通过对制造、服务、商业等基本行业中一个典型企业会计系统的综合运作训练，使学生全面掌握各行业会计信息系统整体运作管理的方法体系和应用技能，提升学生的综合财务管理能力。

（二）本专业实验教学内容

（1）会计岗位能力实验课程共6门，包括初级会计学实验、中级财务会计实验、成本会计学实验、财务管理学、审计学实验、纳税实务实验。具体内容见图1-1。

（2）综合财务管理能力实验课程共2门，包括会计信息系统实验（用友ERP财务软件实验）和企业经营实战沙盘演练课程。具体内容见图1-2。

（三）本专业实验课程描述

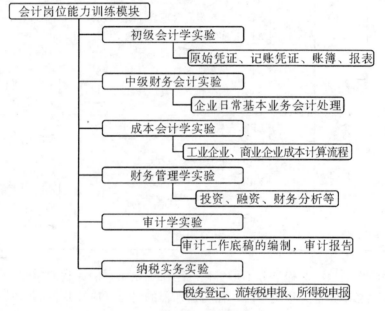

图1-1　会计岗位能力实验模块

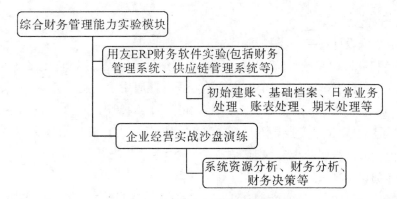

图 1-2　综合会计业务处理能力实验模块

（四）本专业实验教学组织

（1）初级会计学实验在手工模拟实验室进行。由教师指导学生进行并完成手工建账、会计凭证填制、会计账簿登记、会计报表编制等实验内容。

（2）中级财务会计实验、成本会计学实验、财务管理学、审计学实验和纳税实务实验均在电子实验室进行。由教师根据相应的实验教学软件内容，指导学生上机操作，完成相应的实验内容。

（五）本专业实验指导教师的职责与要求

（1）具备严谨的科学态度，尤其是对待原始数据的严肃性。

（2）按照教学大纲要求确定实验方案，编写实验讲义、实验指导书。

（3）做好实验前的准备工作，解决实验中出现的问题。

（4）认真授课，耐心指导，注意培养学生独立思考、分析问题和解决问题的能力。

（5）填写实验记录，批改实验报告，对实验进行成绩考核。

（6）更新实验内容，改革教学方法，协助实验设计，改进实验装置，提高实验质量。

五、本专业实习教学内容及组织

（一）实习教学目标

实习是会计学专业本科教学中的一个重要环节。实习教学的目的在于通过理论与实际的结合、学校与社会的沟通，进一步提高学生的思想觉悟、业务水平，尤其是观察、分析和解决问题的实际工作能力，以便把学生培养成为能够主动适应社会需要的、高素质的创新型应用性会计人才。

（1）通过实习，使学生进一步了解企业，增强会计职业感。

（2）培养学生解决企业会计业务处理、财务管理方面的实际问题能力。

（3）培养学生的团队精神和创新创业理念，全面训练社会交往、语言表达、组织管理和沟通、协调能力。

(二) 实习教学类型

1. 职业生涯设计（包括学科基础认知和专业认知）

（1）学科基础认知。通过管理学、管理经济学理论课程学习和实验课程学习完成。学生应系统了解管理学、经济学的基本理论知识并能应用于企业经济事务认知中。

（2）专业认知实习。安排在第二学期末和第三学期初进行。专业认知实习要求学生在认识、了解、定位本专业培养目标、教学计划基础上，对自己大学四年乃至毕业后 3～5 年的发展进行职业生涯规划。

2. 专业创新设计

安排在第三学期末和第四学期初进行。专业创新设计旨在要求学生利用所学专业知识开展多种多样的大学生科技文化设计和参加创新创业设计竞赛活动。

3. 企业会计综合模拟实训

安排在第五学期进行。以会计职业的素质、知识和能力为依据，强调会计综合职业技能的实训与掌握，重在对学生会计核算方法和全面技能的训练。

4. 会计职业素质实训

安排在第六学期进行。通过聘请企事业单位会计主管或中级会计师职称以上企事业单位精英会计人员作为兼职社会实践教师，安排学生在兼职教师所在单位进行真实业务的处理，由兼职社会实践教师对学生进行"一对一"的职业素养和职业能力的培养。

5. 毕业实习

安排在第七学期进行。旨在运用专业知识分析、解决现实问题，是一项综合性实践锻炼。

(三) 实习教学内容

1. 职业生涯设计

通过管理学实验、管理经济学实验和会计专业认知，重点解决学生对企业经济环境、管理环境以及会计职业缺乏认识和体验不足的问题。通过对会计业务流程、会计基本岗位及岗位工作流程的认知和理解，了解会计岗位和会计系统在不同行业中的基本特征，感悟和理解会计业务处理的基本知识与方法。

2. 专业创新设计

通过专业创新创业设计和大学生科技文化竞赛等形式，由学生自选作品、自组团队设计作品，可进行企业会计岗位工作流程创新设计（例如酒店出纳工作流程）、企业会计业务工作流程创新设计（例如医院药品采购业务流程），也可设计某产品供应链运作流程战略和财务管理流程（例如某食品企业某食品产品研发、原材料供应、生产、销售、回款等一系列流程的创新设计），也可全面设计某公司创业计划，模拟企业从注册创建到实际经营运作的全过程，培养学生的创业能力。通过以上各种形式的创新创业训练，提高学生的创新能力，培养学生的创业意识和创业素质，使学生了解财务规划在企业创业中的作用，并能把会计理论知识切实运用到企业实际运作中。

3．企业会计综合模拟实训

通过对制造、服务、商业等基本行业中一个典型企业会计系统的综合运作训练，使学生全面掌握各行业会计信息系统整体运作管理的方法体系和应用技能，提升学生的综合财务管理能力，为培养企业未来"卓越会计师"打下良好基础。具体做法：以一家企业的特定会计期间为背景，进行企业会计操作的全部基本技能训练，即从建账、填制和审核原始凭证、编制和审核记账凭证到登记账簿，从日常会计核算、成本计算到编制财务会计报告、年终结算并结账。

4．会计职业素质实训

根据学生未来职业规划，将学生分配给校外兼职实践教师，在企业相应的特定会计岗位上进行实际工作训练。具体岗位如出纳，稽核，资本核算，收入、支出、债权债务核算，工资核算，成本费用核算，财务成果核算，财产物资的收发、增减核算，总账核算，会计电算化，会计档案管理等。具体做法：聘请企事业单位会计主管或中级会计师职称以上企事业单位精英会计人员作为兼职社会实践教师，安排学生在兼职教师所在单位进行真实业务的处理，由兼职社会实践教师对学生进行"一对一"的专业技能和职业素质的培养。

5．毕业实习

具体参与实习单位的会计核算工作，包括填制会计凭证、登记账簿等工作；参与实习单位的财务管理工作；评价实习单位会计核算和财务管理的优劣，并能提出合理的改进建议；完成某一企业的会计证、账、表的设计或会计制度设计方案。在实习中提高专业动手能力、分析和解决问题的能力、语言文字表达能力、团结协作和社会活动能力、创新能力等。在完成上述实习任务的同时，针对自己的毕业论文（设计）选题收集有关信息资料。

（四）实习教学组织

（1）拟订实习教学大纲。

（2）制订实习计划。

（3）落实实习单位。

（4）做好实习准备。

（5）指导实习过程。

（6）实习考核与成绩评定。

（7）做好实习工作总结。

（五）实习指导教师的职责与要求

（1）提前按照教学大纲制订实习计划。

（2）提前了解企业情况，做好实习准备。

（3）及时掌握学生实习情况，指导学生按时完成实习报告。

（4）负责学生考勤和成绩评定，认真完成实习工作总结。

（5）加强纪律、安全、保密等工作，防止发生意外事故。

六、本专业毕业论文（设计）教学内容及组织

（一）毕业论文（设计）教学目的和要求

培养学生综合运用所学基本理论、基本知识和基本技能的能力，提高学生分析与解决实际问题的能力，完成本科阶段培养计划所规定的基本训练；增强学生创新意识、创新能力和获取新知识的能力；培养学生掌握和发扬严谨、求实的研究方法和刻苦钻研、勇于探索的科学精神；培养学生运用所学知识独立研究与论证的能力，培养学生团结协作的精神。

（二）毕业论文（设计）教学流程

毕业论文（设计）安排在第八学期进行，具体流程见图1-3。

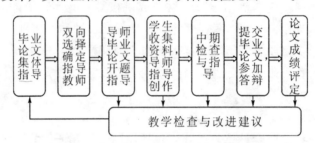

图1-3　毕业论文（设计）教学流程

七、本专业人才培养规划

会计学专业人才培养规划的课程体系，分为普通教育、专业教育和综合教育三个类别。普通教育内容包括：人文社会科学、自然科学、外语、计算机信息技术、体育、实践训练等课程模块。为更好地适应经济社会发展的需要和会计学专业人才的实际要求，突出以创新创业能力培养为重点的专业特色，2012年6月确立了新的专业人才目标，从而构建适应市场要求的专业课程体系。

课程性质分为必修、限选、选修，为贯彻因材施教，在必修课程和限选课程给出了更多参考范围，从实际出发协调统筹，确定各自的学时、学分。

（一）本专业教学活动时间分配表，见表1-5

表1-5　　　　　　　　会计学专业教学活动时间分配表

	一		二		三		四		合计
	1	2	3	4	5	6	7	8	
入学教育、军训	2								3
课堂教学	15	16	17	16	17	17	5		103
复习考试	2	2	2	2	2	2	2		14
专业实践教学		(2)	(2)	(2)	(2)	(2)	12	12	24
社会实践		1		1					2
机动	1	1	1	1	1	1	1	6	13
合计	20	20	20	20	20	20	20	18	158

（二）本专业课程类型、学时、学分及比例分配表，见表1-6

表1-6　　　　　　　会计学专业课程类型、学时、学分及比例分配表

		学时数	学时比例(%)	学分数	学分比例(%)
基础平台课程	公共基础平台课程	720	27.86	39	25.16
	学科基础平台课程	528	20.43	25	16.13
	专业基础平台课程	640	24.77	30	19.35
选修模块课程	专业选修模块课程	536	20.74	25	16.13
	公共选修模块课程	160	6.19	10	6.45
专业实践教学		34 周	—	26	16.77
合计		2584	100	155	100

（三）本专业实践教学计划总表，见表1-7

表1-7　　　　　　　　会计学专业实践教学计划总表

实践教学内容	学分	实践教学每学期周数分配								教学形式
		一	二	三	四	五	六	七	八	
职业生涯设计	2		2							校内指导
专业创新设计	2			2						校内指导
ERP 沙盘模拟实训	2				2					校内指导
综合会计模拟实训	2					2				校内指导
会计职业素质实训	2						2			校外指导
毕业实习	8							12		校外指导
毕业论文与设计	8								12	校内指导
合计	26		2	2	2	2	2	12	12	合计34 周

第四节　本专业的教学条件

一、师资力量

教师是指学校在编或长期聘用的具有教师专业技术职务并承担本专业教学任务的人员。根据高等院校会计学本科专业人才培养模式，专业人才的培养要体现知识、能力、素质协调发展的原则。要求构建一支整体素质高、结构合理、业务过硬、具有创新精神的师资队伍，以适应专业人才培养及自身发展的需要。

学校应有师资队伍建设长远规划和近期目标，通过科学规划，制定激励措施，促

进师资队伍整体水平提高。

(一) 师资队伍的数量

根据学校发展规划，确定本专业年度招生计划和本专业办学规模，本专业在校学生数一般应控制在 500~800 人为宜。为保证教学质量，师生比应控制在 1∶16~1∶18 之间为宜。以此计算教师编制，本专业的教师总数为 20 人，根据承担教学任务和实际状况，承担专业教育课程的教师为 12 人，保证教学任务的完成。

(二) 师资队伍的结构

师资队伍整体结构主要是指年龄、学历、学位、职称和知识学缘结构要合理。职称结构比例：高级职称∶中级职称∶初级职称为 2∶4∶1 为宜，师资队伍至少要有两名正教授，其中 1 名正教授学术造诣较高，具有丰富的经验，担任学科（专业）带头人。

要重视年轻副教授的培养，在师资队伍中，至少有 2 名 40 岁以下的副教授，作为师资学术梯队骨干培养。

具有硕士及以上学历（学位）的教师占教师总数的 50%~80%。

要健全助教岗位的设置，根据课程特点和学生人数配备一定数量的助教，协助主讲教师指导实验、批改作业、答疑辅导、保证教学质量，有计划地培养年轻教师。

(三) 教师承担教学任务

主讲教师中具有讲师职称或硕士学位的教师占总教师人数的 95%。

教授、副教授每学年至少承担主讲一门课。

教师承担主讲课教学任务的系数大于 4.3，统计如下：

(5 × 教授主讲学时 + 4.5 副教授主讲学时 + 4 × 讲师主讲学时 + 3 × 助教主讲学时)

$\div \sum$ 主讲学时 $\geqslant 4.2$

二、教材

核心课程教材选用应符合专业规范和课程教学规范，普通教育的基础课程和专业基础课程应有正式出版的教材，优先选用近 5 年出版的教材，选用省部级获奖、国家规划、教委推荐或公认水平较高的教材；专业课程应尽量采用正式出版的教材，至少有符合学校课程教学大纲的讲义。有科学的教材选用和评价制度。核心课程应当配有相应的案例与实训教程和教学指导书；普通课程应当鼓励教师自编教材。

三、图书资料

院校图书馆及专业资料室应具有与专业有关的图书、刊物、资料、教字化资源和具有检索这些信息资源的工具，学生人均图书量不低于 50 册，并应保持每年人均 2 册的增长量。

四、实验室

实验室建设要达到专业规范和课程教学规范提出的实验教学要求，全部实验的开出率达到100%，普通教育的基础课实验和专业基础课实验，要求学生拥有实验仪器设备达到1人1套，专业课要求学生拥有实验仪器设备达到1~2人1套，实验室人均使用面积不低于2.5平方米，普通教育基础实验室同时能容纳2个班教学，专业基础实验室和专业实验室，分别可同时容纳1.5班和1个班教学。

本专业全部实验教学仪器设备值达到人均5 000元，保证教学基本要求，其中专业实验室仪器的设备固定资产总额达到120万~135万元。

实验室的建立需经过学校正式批准，学校提供正常运转、维修及更新改造经费。实验室无破损、无危漏隐患，台、柜、桌、椅完好，照明、通风设施良好，水、电、气管道和网络走线布局安全、合理，符合国家规范。

五、实习基地

实习基地建设要达到专业规范和课程教学规范提出的实习教学要求。学校重点建设相对稳定的校内实习基地，实习基地要求分别同时可容纳1~2个班实习，并且学生拥有实习仪器设备达到1人1套，便于独立操作，实习场所面积能保证学生实习的安全和实习质量，积极建设学生课程科技活动实践基地，满足学生课外、科技活动的需要。

学校采取多种途径，建设相对稳定的校外实习基地，要求每次同时能容纳2~3个班完成认识实习、生产实习、毕业实习任务的校外实习基地3个以上。

六、教学经费

教学经费是指新专业的开办费和每年正常教学经费。每年正常教学经费包括：专业业务费、教学差旅费、教学仪器维修费、体育维护费。

新设专业开办经费一般不低于100万元（不包括固定资产），每年正常教学经费达到1 250~1 500元/人或为学费的25%~30%。正常教学经费用来每年4个年级的320~360名在校生，全面完成专业培养计划所需的日常教学经费。

第五节　本专业规范的主要参考指标

一、本科学制

基本学制4年，实行学分制的学校可以适当调整为3~8年。

二、学年周数

（1）在校总周数：200周。

（2）教育教学：160周。

（3）寒暑假：32~34周。

三、本专业的学分与学时

（1）总学分：一般 4 年制专业，普通教育与专业教育总学分为 150～160 学分，总学时 2 500，周学时不超过 24；

（2）普通教育的学分：60～70 学分；

（3）专业教育的学分：60～70 学分；

（4）实践教学的学分：实践教学（包括集中实践周和实验折成实践周）学分占总学分的 20% 以上；

（5）综合教育 20～30 学分；

（6）学分计算标准：课程教学按 16 学时折算 1 学分，集中实践性环节按每周折算为 1 学分。

第二部分 会计学专业核心课程 教学规范研究

第一节 经济法课程教学规范

一、经济法在人才培养中的地位及作用

经济法是市场营销、会计学、财务管理、国际贸易和物流管理专业必修的一门专业基础课。通过本课程的学习，使学生初步掌握经济法的基本原理和主要内容，加强对我国现行的主要经济法律、法规的认识和理解；增强法制观念并使其初步具有运用所学的法律知识观察、分析、处理有关经济法问题的能力；熟悉经济活动范围内涉及法律问题的解决程序和有关办法。

二、经济法课程教学目标

通过经济法课程的教学，学生能掌握经济法的基本概念，基本原理；了解经济法司法实践中的规则，观点和材料；熟悉和掌握经济法律的适用范围，法律规定和法律责任；通过讨论、分析等实践活动，把握经济法律学习方法，真正达到从学会到会学；能运用所学知识分析和解决具体的法律问题。

（一）知识目标

通过系统学习，学生掌握一些经济法的基础知识，熟悉一些常用的重要经济法律、法规的基本内容，并能实际运用这些知识，增强学生的法制观念，培养学生初步具有运用所学经济法律知识观察、分析、处理有关经济法律实际问题的能力。

（二）能力目标

通过经济法课程的教学，应注意培养学生以下能力：

（1）独立获取知识的能力——逐步掌握学习方法，阅读并理解与经济法相关的教材、参考资料和文献，不断地扩展知识面，增强独立思考的能力，更新知识结构；能够写出条理清晰的读书笔记、小结或小论文。

（2）观察和思维的能力——运用经济法的基本理论和基本观点，通过案例分析等方法培养学生发现经济法领域内出现的问题和解决问题的能力。

（三）素质目标

经济法课程教学注重培养学生的系统思维能力——学习经济法课程应力求从我国市

场经济运行及发展的角度来对待其理论应用。与本课程有关的课程有法律基础、税法、民法学等，在该课程教学过程中，引导学生以全局的眼光看问题，学会系统思考。

三、经济法的知识体系

知识体系的结构可以划分为三个层次，分别是知识领域、知识单元和知识点。经济法的知识体系由2个知识领域和7个知识单元构成，其中核心知识单元5个，选修知识单元2个。

（一）经济法的知识体系

知识领域2：法律基础（LB）。

知识单元 LB_1：经济法的概念（3学时）。

知识单元 LB_2：经济法的体系和渊源（3学时）。

知识单元 LB_3：经济法律关系（4学时）。

知识单元 LB_4：公司法（6学时）。

知识单元 LB_5：个人独资企业法（4学时）。

知识单元 LB_6：合伙企业法（6学时）。

知识单元 LB_7：外商投资企业法（5学时）。

知识单元 LB_8：反垄断法（4学时）。

知识单元 LB_9：反不正当竞争法（4学时）。

知识单元 LB_{10}：消费者权益保护法（3学时）。

知识单元 LB_{11}：产品质量法（3学时）。

知识单元 LB_{12}：合同法（6学时）。

知识单元 LB_{13}：税法（4学时）。

知识单元 LB_{14}：证券法（4学时）。

知识单元 LB_{15}：票据法（5学时）。

（二）知识体系描述

知识体系概要说明了知识领域、知识单元和知识点，以及哪个单元是核心，哪个单元是选修，所需的参考学时数等。本部分关于知识领域、知识单元和知识点的详细描述在附录中给出，见表2-1。

表2-1　　　　　　　　　知识体系汇总表

知识领域	核心知识单元（参考学时）	选修知识单元（参考学时）
知识领域2：法律基础（LB）（64）	LB_4：公司法（6学时） LB_5：个人独资企业法（4学时） LB_6：合伙企业法（6学时） LB_7：外商投资企业法（5学时） LB_8：反垄断法（4学时） LB_9：反不正当竞争法（4学时） LB_{10}：消费者权益保护法（3学时） LB_{11}：产品质量法（3学时） LB_{12}：合同法（6学时）	LB_1：经济法的概念（3学时） LB_2：经济法的体系和渊源（3学时） LB_3：经济法律关系（4学时） LB_{13}：税法（4学时） LB_{14}：证券法（4学时） LB_{15}：票据法（5学时）

（三）知识单元的描述

知识单元 LB_1：经济法的概念（核心）。

参考学时：3 学时。

知识点：

经济法概念的语源；

经济法的调整对象；

经济法的定义。

学习目标：

（1）了解经济法产生及发展的过程。

（2）掌握经济法的概念及调整对象。

（3）掌握经济法的定义。

知识单元 LB_2：经济法的体系和渊源（核心）。

参考学时：3 学时。

知识点：

经济法的体系；

经济法的渊源。

学习目标：

（1）了解经济法体系的概念。

（2）了解经济法体系的结构。

（3）掌握经济法渊源的概念。

（4）掌握经济法渊源的种类。

知识单元 LB_3：经济法律关系（核心）。

参考学时：4 学时。

知识点：

经济法律关系的概念；

经济法律关系的特征；

经济法律关系的主体；

经济法律关系的客体；

经济法律关系的内容；

经济法律事实；

经济法律关系的保护。

学习目标：

（1）掌握经济法律关系的主体、客体和内容。

（2）了解经济法律关系的保护途径及违反经济法的法律责任。

知识单元 LB₄：公司法（核心）。

参考学时：6 学时。

知识点：

公司的概念及种类；

公司法的概念；

有限责任公司的设立和组织机构；

一人有限公司和国有独资公司的特别规定；

股份有限公司的概念和特征；

股份有限公司的设立和组织机构；

上市公司；

有限责任公司的股权转让与股份有限公司的股份发行和转让；

公司债券的概念；

公司债券的发行条件；

公司债券的发行程序；

公司债券的种类；

公司财务、会计概述；

公司的合并、分立；

公司的终止。

学习目标：

（1）掌握公司、法人的概念，有限责任公司的设立条件和设立程序，理解有限责任公司的组织机构，了解国有独资公司的相关法律规定。

（2）掌握股份有限公司的设立条件和设立程序，理解股份有限公司股份的发行和转让、组织机构，了解上市公司相关的法律规定。

（3）掌握公司债券的概念、发行条件及发行程序，理解公司的合并、分立、终止，了解公司的财务、会计制度和违反公司法的法律责任。

知识单元 LB₅：个人独资企业法（核心）。

参考学时：4 学时。

知识点：

个人独资企业的概念和特征；

个人独资企业的设立条件；

个人独资企业的设立程序；

个人独资企业的权利；

个人独资企业的义务；

投资人的权利和责任；

个人独资企业的事务管理；

个人独资企业的解散；

个人独资企业的清算；

财产的分配。

学习目标：

（1）掌握个人独资企业的概念、特征、设立条件和设立程序。

（2）理解个人独资企业的权利、义务和投资人的事务管理。

（3）了解个人独资企业的解散和清算。

知识单元 LB_6：合伙企业法（核心）。

参考学时：6 学时。

知识点：

合伙企业的概念和特征；

合伙企业法的概念、立法宗旨和适用范围；

普通合伙企业的设立；

普通合伙企业财产的构成；

普通合伙企业财产的分割、转让及出质；

普通合伙事务执行的形式；

普通合伙企业事务的执行及监督；

合伙企业的利润分配及亏损分担；

合伙人及其他经营管理人员的义务；

普通合伙企业与善意第三人的关系；

普通合伙企业与其债权人的关系；

普通合伙企业与合伙人个人的债权人之间的关系；

普通合伙企业的入伙；

普通合伙企业的退伙；

特殊的普通合伙企业的概念；

特殊的普通合伙企业事务的责任承担；

特殊的普通合伙企业风险基金；

有限合伙企业的概念；

有限合伙企业的设立；

有限合伙企业的事务执行；

有限合伙企业财产；

有限合伙企业与第三人关系；

有限合伙企业中有限合伙人的变更；

合伙企业解散的事由；

合伙企业的清算。

学习目标：

（1）掌握普通合伙企业的概念、特征、利润分配及亏损分担，普通合伙企业与其债权人的关系，普通合伙企业入伙、退伙的法律责任；理解普通合伙企业财产的构成、性质和财产的分割、转让及出质，普通合伙企业与善意第三人的关系，普通合伙企业与合伙人个人的债权人之间的关系；了解普通合伙事务执行的形式，合伙人及其他经营管理人员的义务。

（2）掌握特殊的普通合伙企业的概念，理解特殊的普通合伙企业事务的责任承担，了解特殊的普通合伙企业风险基金。

（3）掌握有限合伙企业的概念；理解有限合伙企业财产转让及出质和有限合伙企业与第三人关系；了解有限合伙企业的事务执行和有限合伙企业中有限合伙人的变更。

（4）掌握合伙企业的清算，了解合伙企业解散的事由。

知识单元 LB_7：外商投资企业法（核心）。

参考学时：5 学时。

知识点：

外商投资企业的概念及种类；

中外合资经营企业的概念；

中外合资经营企业的设立；

中外合资经营企业的资本；

中外合资经营企业的权力机构和经营管理机构；

中外合资经营企业的期限、解散与清算；

中外合作经营企业的概念；

中外合作经营企业的设立；

中外合作经营企业合作各方的出资；

中外合作经营企业的权力机构和经营管理机构；

合作企业的经营管理；

中外合作经营企业的期限、解散与清算；

外资企业的概念；

外资企业的设立；

外资企业的资本；

外资企业的经营期限、终止和清算。

学习目标：

（1）掌握外商投资企业的概念及种类、中外合资经营企业的概念、中外合资经营企业的资本的概念，理解中外合资经营企业的设立、权力机构和经营机构，了解中外合资经营企业的期限、解散与清算。

（2）掌握中外合作经营企业和外资企业的概念、中外合作经营企业及外资企业的资本的概念，理解中外合作经营企业的设立、权力机构和经营管理机构，了解中外合资经营企业和外资的期限、解散与清算。

知识单元 LB_8：反垄断法（核心）。

参考学时：4 学时。

知识点：

垄断的概念和产生的原因；

垄断的立法目的和适用范围；

滥用市场支配地位的概念和特征；

反垄断法对滥用市场支配地位的规制；

经营者集中的概念和特征；

我国反垄断法对经营者集中的规制；

对滥用行政权力排除、限制竞争行为的规制；

反垄断法的实施。

学习目标：

（1）掌握垄断的概念和产生的原因，了解垄断的立法目的和适用范围。

（2）理解滥用市场支配地位的概念和特征，了解反垄断法对滥用市场支配地位的规制。

（3）掌握经营者集中的概念和特征，了解我国反垄断法对经营者集中的规制。

知识单元 LB_9：反不正当竞争法（核心）。

参考学时：4 学时。

知识点：

不正当竞争的概念和特征；

不正当竞争行为的一般构成要件；

市场混淆行为；

商业贿赂；

引人误解的虚假宣传；

侵犯商业秘密；

违反规定的有奖销售；

商业诽谤。

学习目标：

（1）掌握不正当竞争的概念及特征，理解不正当竞争行为的一般构成要件。

（2）掌握市场混淆行为、商业贿赂、引人误解的虚假宣传、侵犯商业秘密、违反规定的有奖销售、商业诽谤行为的概念和特征，了解上述行为的法律责任。

知识单元 LB_{10}：消费者权益保护法（核心）。

参考学时：3 学时。

知识点：

消费者的概念；

消费者权益保护法的概念；

消费者权益保护法的原则；

消费者的权利；

经营者的义务；

消费者权益的国家保护与社会保护；

权益争议的解决与法律责任的确定。

学习目标：

（1）掌握消费者的权利和经营者的义务，理解消费者的概念和权益争议解决。

（2）了解侵犯消费者权益行为的法律责任。

知识单元 LB_{11}：产品质量法（核心）；

参考学时：3 学时。

知识点：

产品质量的概念；

产品质量法的宗旨和指导原则；

各级人民政府的产品质量责任；

产品质量的标准化监督；

产品质量体系认证制度；

产品质量认证制度；

产品生产许可证制度；

产品质量的监督检查；

生产者的产品质量责任和义务；

销售者的产品质量责任和义务；

损害赔偿；

罚则。

学习目标：

（1）掌握产品质量的标准化监督、产品质量体系认证制度、产品质量认证制度、产品生产许可证制度，了解产品质量法的宗旨和指导原则。

（2）理解生产者的产品质量责任和义务、销售者的产品质量责任和义务，了解各级人民政府的产品质量责任、产品质量监督管理机构、损害赔偿及罚则。

知识单元 LB_{12}：合同法（核心）。

参考学时：6 学时。

知识点：

合同的概念和特征；

合同的分类；

合同法的概念和立法目的；

合同法的基本原则；

合同成立的程序；

合同成立的时间和地点；

合同的内容和形式；

合同的解释；

有效合同；

无效合同；

可撤销合同；

效力待定合同；

合同履行的原则；

双务合同中的履行抗辩权；

合同履行的保全措施；

合同的担保；

合同的变更；

合同的转让；

合同的权利和义务终止的概念及具体情形；

承担违约责任的主要形式；

违约责任的免除；

合同法分则。

（四）教学方法

采用启发式、讨论式等多种行之有效的教学方法，加强师生之间、学生之间的交流，引导学生独立思考，强化思维的训练。习题课、讨论课是启迪学生思维，培养学生提出、分析、解决问题能力的重要教学环节，应在教师引导下以讨论、交流为主进行。

（五）教学手段

发挥课堂教学主渠道的作用，有效利用多媒体技术，充分利用计算机辅助教学、网络教学等现代化教育技术的优势，扩大教学信息量，提高教学质量和效率。

四、课程主要教学方式的学时分配

课程主要教学方式的学时分配（见表2-2）。

表2-2 学时分配表

	学时	讲 授	讨论课	习题课	实 验
经济法的概述	3	3			
经济法的体系和渊源	3	3			
经济法律关系	4	4			
公司法	6	5		1	
个人独资企业法	4	4			
合伙企业法	6	3	2	1	
外商投资企业法	5	4	1		
反垄断法	4	2	2		
反不正当竞争法	4	3	1		
消费者权益保护法	3	2	1		
产品质量法	3	2	1		
合同法	6	5		1	
税法	4	2	2		
证券法	4	4			
票据法	5	4	1		
合计（46）	64	50	11	3	0

五、课程主要教学方式介绍

(一) 讨论课

根据经济法的课程特点，习题课上精选一些既能培养学生分析和解决问题能力、巩固所学知识，又较贴近应用实际、可激发学生学习兴趣的优秀作品进行讲解，让学生举一反三。

(二) 实践课

实践教学是本课程教学的重要环节。经济法是一门应用性很强的课程，因此，课程教学应从实际出发，侧重对学生解决实际问题能力的培养。要系统设计课题的选择，保证课题的质量。

(三) 自主学习

经济法课程教学过程中要适当安排学生自学，并利用网络和图书馆提供的丰富的教学资源，帮助学生提高自学能力和获取知识能力。学生也可利用网络课堂进行自学、复习和个性化学习。

六、课程考核

考核是引导学生学习、检查教学效果、保证教学质量的重要环节，也是体现课程要求规范的重要标志。根据本课程内容建立多元化的课程教学考核方法。考核评价着重考核学习过程，而不仅仅考核最终结果。多元化的考核方法主要是指课程成绩通过过程评价、结果评价及结果反馈评价等方面来体现，而且从比例上更能体现对过程的重视，注重对学生自主学习能力、发现问题及解决问题的能力、创新精神、团队合作精神等的评价。从评价主体上，也从原来的指导教师拓展到学生个体。这种考核方式不仅尊重学生的个性发展，而且更能激发学生的创新欲望，开发学生的潜能，提高学生的实践操作能力和创新能力。

1. 考试命题

主要采用笔试的方式，题型设有选择、名词解释、简答、案例分析，考查学生对经济法课程的基本概念、基本内容的理解和掌握，以及对本学科知识的灵活应用能力，考试内容不超出大纲。

2. 考核方式

考核方式为考试：每学期平时成绩（包括作业成绩、考勤成绩、课堂表现等情况）占总评成绩的20%～30%，期末考试成绩占总评成绩的70%～80%。

七、作业

1. 课外作业

一般每4学时一次作业，可使用会计职称考试的经济法科目的习题集。另外布置专题小论文、读书笔记及课外阅读等，以丰富课外作业内容。

2. 课外阅读与自学

结合教材的具体章节可查阅相关书籍或报纸杂志进行知识拓展，加强对我国现行的主要经济法律、法规的认识和理解，增强法制观念，并逐步培养运用所学的法律知识观察、分析、处理有关经济法问题的能力。

自主学习：网络平台可以提供在线作业，答疑系统、考试系统、交流平台，教师可以网上答疑，学生可以利用网络课堂、图书馆的图书资料及院（系）资料室中的专业书籍进行自学、复习和个性化学习。

八、说明

在保证大纲基本要求的前提下，可根据专业方向的不同，对教学内容、教学环节、学时分配等做适当调整。

九、参考文献

[1] 杨紫烜，徐杰. 经济法学［M］. 5 版. 北京：北京大学出版社，2009.
[2] 戴军，马保新. 经济法概论［M］. 北京：中国科学技术出版社，2005.
[3] 潘静成，刘文华. 经济法［M］. 北京：中国人民大学出版社，1999.
[4] 吕春燕. 经济法律原理与实务［M］. 北京：清华大学出版社，2002.

附录 A　经济法课程知识体系描述

知识领域 2：法律基础（LB）。
知识单元 LB_1：经济法的概念（3 学时）。
知识单元 LB_2：经济法的体系和渊源（3 学时）。
知识单元 LB_3：经济法律关系（4 学时）。
知识单元 LB_4：公司法（6 学时）。
知识单元 LB_5：个人独资企业法（4 学时）。
知识单元 LB_6：合伙企业法（6 学时）。
知识单元 LB_7：外商投资企业法（5 学时）。
知识单元 LB_8：反垄断法（4 学时）。
知识单元 LB_9：反不正当竞争法（4 学时）。
知识单元 LB_{10}：消费者权益保护法（3 学时）。
知识单元 LB_{11}：产品质量法（3 学时）。
知识单元 LB_{12}：合同法（6 学时）。
知识单元 LB_{13}：税法（4 学时）。
知识单元 LB_{14}：证券法（4 学时）。
知识单元 LB_{15}：票据法（5 学时）。

附录 B　经济法课程描述

课程：经济法。

参考学时：64 学时。

参考学分：3 学分。

概述：

1. 课程性质

经济法概论是德州学院经济管理系各专业开设的一门重要的主干课程，这是一门理论性、应用性较强的课程，也是会计职称、注册会计师等资格考试的必考课程。它主要为培养适应现代社会生活，符合社会主义市场经济要求的具有高水平的应用型经济管理人才服务的。

2. 课程作用

（1）经济法课程，对于培养企业中的经济管理人员有重要作用。

为了对接学生将来的就业岗位，我们进行了广泛的行业调研。根据企业对经营管理人员运用经济法律法规知识解决企业经营管理过程中存在的实际问题的能力要求，对课程内容进行了改革，自主编写了突出实践性教学的经济法概论讲义，形成了一门理论知识和实践技能（实训项目）相结合、课程与就业岗位相结合、教师与校内外实训基地相结合的工作过程的系统化课程。该课程对于培养企业中的经济管理人员有重要作用。

（2）经济法课程对学生职业能力的培养和职业素质的养成具有重要作用。

通过学习本课程，学生能够树立法制意识，做到知法、守法；掌握经济法的基础知识；加强对我国现行的经济法律、法规的认识和理解；增强法制观念并使其初步具有运用自己掌握的法律知识观察、分析、处理有关经济法问题的能力。

经济管理类学生将来的就业方向主要是企业的经营管理岗位，企业是最重要的市场主体之一，而市场经济是法制经济，企业的经营管理人员不懂法，就不可能搞好企业。企业的经营管理人员只有学好并用好经济法，依法规范经营管理，诚实守信，才能保证企业经济运行的合法性和高效性，从而保证社会主义市场经济有序发展，把自己培养成社会主义现代化建设的高素质的企业经营管理人员。

因此本课程对学生职业能力的培养和职业素质的养成起着非常重要的作用，是培养社会主义现代化建设的高素质企业经营管理人才的重要课程。

（3）本课程与相关专业课程前后衔接得当。

对于会计学专业而言，本课程与税法、财务管理等后续专业课程相衔接。前后衔接得当，对学生职业能力的形成发挥着共同促进不断提高的重要作用。

第二节 税法课程教学规范

一、税法课程在人才培养中的地位及作用

税法课程是高等教育会计专业的专业主干课程之一，学生整体素质的提高包括两方面：一方面是学习能力的提高，另一方面则是实际运用知识能力的提高。本课程的任务是使学生具备会计高素质人才所需要掌握的税收的基本理论。同时争取在有限的学时内，通过讲课、实习、实验等多种教学方式的灵活运用，使学生广泛地接触各税种，使学生掌握一定的税收基础知识和基本技能。也培养学生将来进一步学习相关知识的能力。在实际运用过程中，使学生的理论知识、方法都得到相应的提高，为今后的教学工作和学生将来从事的会计专业工作打下基础。

二、税法课程教学目标

采用任务驱动、"教、学、做"一体化教学模式，理论教学与实践操作有机结合，对课程内容进行整合，将课程内容任务化，每个课程单元内容以课程任务为开端，为完成该课程任务展开理论与实践操作，放弃教师满堂灌输的方式，而采取单元任务驱动、教师引导及学生自主学习讨论、教师全程指导的教学方式。

理论讲授以"必须、够用"为度，将理论与操作实践紧密结合，通过课程的学习，学生在理论、实训技能和职业素质方面应达到如下要求：

（一）知识目标

本课程的教学，旨在使学生掌握《中华人民共和国税法》（以下简称《税法》）的基本理论、基本知识，熟悉税制操作和运用的基本方法；了解税制在国家财政活动中的重要地位和作用；了解我国税制同经济生活密不可分的关系以及在我国社会主义市场经济中的重要作用。

（二）能力目标

熟练运用税收基本理论和知识，分析错综复杂的税收现象、处理税收征管实际问题；把握税制设计和运用的规律性，培养初步进行税收筹划的能力。

（三）素质目标

养成严肃、认真的科学态度和良好的自主学习方法；培养严谨的科学思维习惯和规范的操作意识；养成独立分析问题和解决问题的能力并具有协作和团队精神；能综合运用所学知识和技能独立解决实训中遇到的实际问题；具有一定的归纳、总结能力；具有一定的创新意识；具有一定的自学、表达、获取信息等各方面的能力。

三、税法的知识体系

知识体系的结构可以划分为三个层次，分别是知识领域、知识单元和知识点。税

法的知识体系由 8 个知识单元构成，其中核心知识单元 6 个，选修知识单元 2 个。

（一）税法的知识体系

知识领域 2：法律基础（LB）。

LB_{16}：税收基础知识（4 学时）。

LB_{17}：流转类税（16 学时）。

LB_{18}：所得类税（16 学时）。

LB_{19}：资源类税（8 学时）。

LB_{20}：行为目的类税（8 学时）。

LB_{21}：财产类税（4 学时）。

LB_{22}：税收征管法（4 学时）。

LB_{23}：税收行政法（4 学时）。

（二）税法知识体系描述（见附录 A）

税法的知识体系概要说明了知识领域、知识单元和知识点，以及哪个单元是核心，哪个单元是选修，所需的参考学时数等。本部分关于知识领域、知识单元和知识点的详细描述在附录中给出。

（三）税法知识体系汇总表

表内各核心单元后面的括弧内给出了它们各自的参考学时数，见表 2-3。

表 2-3　　　　　　　　　　　　知识体系汇总表

知识领域	核心知识单元（参考学时）	选修知识单元（参考学时）
知识领域 2：法律基础（LB）	LB_{16}：税收基础知识（4 学时） LB_{17}：流转类税（16 学时） LB_{18}：所得类税（16 学时） LB_{19}：资源类税（8 学时） LB_{20}：行为目的类税（8 学时） LB_{21}：财产类税（4 学时）	LB_{22}：税收征管法（4 学时） LB_{23}：税收行政法（4 学时）

四、课程体系

（一）课程设置，见表 2-4

表 2-4　　　　　　　　　　　　课程设置

序号	课程名称	学时/学分（其中实验学时/学分）	实验项目	核心知识单元	选修知识单元	说明
1	税法	64/3		LB_{16}、LB_{17}、LB_{18}、LB_{19}、LB_{20}、LB_{21}	LB_{22}、LB_{23}	会计专业方向

（二）课程描述（见附录 B）

下面对该课程进行描述，主要对课程的前导课程、课程提纲、课程知识单元汇总等方面进行描述，见附录 B。

五、课程主要教学方式

（一）课堂讲授

1. 课堂讲授内容

LB_{16}：税收基础知识（4 学时）。

LB_{17}：流转类税（16 学时）。

LB_{18}：所得类税（16 学时）。

LB_{19}：资源类税（8 学时）。

LB_{20}：行为目的类税（8 学时）。

LB_{21}：财产类税（4 学时）。

LB_{22}：税收征管法（4 学时）。

LB_{23}：税收行政法（4 学时）。

2. 教学方法

在教学过程中使用基于问题式学习法，先提出实际工作中遇到的问题，再寻找解决办法，再上升到理论高度。目的在于提起学生的学习兴趣，使学生带着问题去学习，调动学生们的学习积极性。问题的设置采用层层深入的办法，这样不仅使学生将问题弄懂了，而且知道如何学习、如何提问、如何深入研究问题、如何质疑，学生的思路被教师牢牢抓住，积极性得到调动，能力也逐步提高。

使用启发式教学法。目的是让学生跟着老师的思路不断思考问题、分析问题、解决问题。这能使学生们的分析问题、解决问题能力提高较大。教师提出的问题学生回答不出来，教师不急于给出答案，而是由一个最简单的问题出发引导学生一步一步分析问题，将一个复杂的问题分解成多个简单易于回答的问题，最后由学生自己得出结论。这样不仅解决了问题，而且是由学生自己解决的，学生在课堂上的参与感增强了。教师还可以经常启发学生对现行的税法加以评论，分析国家规定的出发点是什么，也就是法律制定者的初衷是什么，合理之处在哪，这样规定会不会产生新的问题，公不公平，如何改进更好。这样教学的好处是促使学生独立思考，有独到见解，提高创新能力，不是人云亦云，被动接受知识，而是主动研究问题。

实践教学是税法课程教学的重要环节。实践教学中采用实地实物操作，培养实践应用能力和创新能力，对激发学生的学习兴趣起到很大的作用。

3. 教学手段

采用案例教学法，以案例的分析为线索，带动理论知识的学习，加深学生对知识点的理解，调动学生的学习积极性，提高学生解决实际问题的能力。

教学方法的运用，关键是教师要动脑，灵活运用，课堂气氛的营造、课堂的组织、学生情绪的调节要恰到好处。在学生疲劳的时候要让学生放松，在课堂气氛热烈时要把握住节奏，不要任由学生议论下去，而是要及时刹住，言归正传。教学是一门艺术，教师的语言感染力非常关键，教师的语言应该能让学生兴奋，在传递知识的过程中，既能让学生学习到很多知识，又能让学生感觉轻松快乐。利用一切机会灌输一些理念，使学生能融会贯通，利用日常生活、历史、神话故事、童年趣事等打比方，易于理解又趣味横生，收到深入浅出的功效，还能让学生愿意与教师配合。

教学方法、作业、考试等教改举措：教学方法上开始尝试让学生合作讨论，强化学生的课堂主要角色；作业采用自编习题集，发给学生按进度完成；实验课程考试采用每次实验的考核成绩（纳税申报表和实验报告的填写）和期末上机考试成绩结合占90%，平时出勤占10%的办法，使学生更注重日常实验的操作。

（二）实践课

实践教学是税法课程教学的重要环节。税法是一门应用性很强的课程，因此，课程教学应从实际出发，侧重对学生解决实际问题能力的培养。税法实践教学教材建设。税法实践教材要以最新税法为依据，设计适用的各税种的相关票据以及纳税申报表，并需要设计好实务操作题供学生实践使用。针对增值税实践教学，需要设计一般纳税人增值税专用发票的开具、缴销、认证纸质专用发票及其相应的数据电文等实践内容，以及依据《税收征收管理》《增值税暂行条例》及《发票管理办法》规定编制一般纳税人《增值税纳税申报表》及其两个附表和《固定资产进项税额抵扣情况表》实践内容，并结合设计的实务操作题让学生判断纳税义务发生的时间、纳税期限、纳税地点等；针对企业所得税，设计某企业一年的主要业务（可以是汇总数），让学生判断企业所得税纳税地点、纳税期限，设计适用于实行查账征收的居民企业根据当期业务填制的《企业所得税年度纳税申报表（A类）》以及相关附表，练习涉及跨地区经营的企业如何汇总纳税以及合伙企业所得税的报税等。

在教材建设中要重视例题模拟实践教学。所谓例题模拟实践教学，就是把具体的纳税申报材料由老师通过例题和作业的形式呈现给学生，再通过老师讲解例题和学生完成作业两个环节，让学生了解和掌握纳税信息的处理、应纳税额的计算以及纳税申报等环节的具体问题。采用例题模拟教学，关键是要选择适当的模拟材料，既不能将某个纳税人某个时期的实际经营情况和纳税资料不加处理、简单地照抄照搬，也不能脱离实际凭空想象。主讲教师必须精心准备材料，一方面要突出税法理论上的重点内容；另一方面又要具有操作性，能够锻炼和提高学生的实践能力。只有这样，才能达到预期的教学效果。

税法实践教学实验室建设。通过建立税法实践教学实验室可以更好地进行税法实践，但结合院校自身条件，实验室可以单独建立，也可以和会计实验室建在一起。实验室主要配备实验资料、税务软件和税法教学光盘，应能供正常实践教学、税务软件操作演示以及学生进行手工模拟实训、岗位实训等。教学功能主要是学生在教师的指导下，一方面认识不同纳税人及其应当办理的各种涉税法律业务事项；另一方面通过学生动手操作，练习为各类纳税人办理纳税申报代理、纳税审核代理等业务。

网上实践教学栏目的开设。税法更新很快，可以利用校园网开设网上税法实践教学栏目。一是提供最新的税收法规；二是可以提供教师实践教学的课件供学生重复学习；三是提供实践练习；四是可以提供教师与学生交流平台，更好地开展实践教学。

（三）自主学习

税法课程教学过程中要适当布置学生自学的讲授内容，并利用网络和图书馆提供更丰富的教学资源，给学生提供课外学习的指导，帮助学生提高自学能力和获取知识能力。学生也可利用网络课堂进行自学、复习和个性化学习。

六、课程考核

考核是引导学生学习、检查教学效果、保证教学质量的重要环节，也是体现课程要求规范的重要标志。根据税法课程内容建立多元化的课程教学考核方法。考核评价着重考核学习过程，而不仅仅考核最终结果。多元化的考核方法主要是指课程成绩通过过程评价、结果评价及结果反馈评价等方面来体现，而且从比例上更能体现对过程的重视，注重对学生自主学习能力、发现问题及解决问题的能力、创新精神、团队合作精神等的评价。从评价主体上，也从原来的指导教师拓展到学生个体、企业、市场等。这种考核方式不仅尊重了学生的个性发展，而且更能激发学生的创新欲望，开发学生的潜能，提高学生的实践操作能力和创新能力。

具体考核方法考试与平时成绩相结合的考核方法：

（1）平时表现、作业、学习报告和回答问题占10%。

（2）考试应重点检查学生掌握基础知识、基本分析方法和结合实际分析问题、解决问题的能力。其中：期中考试占总成绩的20%，期末考试占总成绩的70%。

七、说明

在保证大纲基本要求的前提下，可根据专业方向的不同，对教学内容、教学环节、学时分配等做适当调整。

附录A　税法课程知识体系描述

知识领域2：法律基础（LB）

LB_{16}：税收基础知识（4学时）。

LB_{17}：流转类税（16学时）。

LB_{18}：所得类税（16学时）。

LB_{19}：资源类税（8学时）。

LB_{20}：行为目的类税（8学时）。

LB_{21}：财产类税（4学时）。

LB_{22}：税收征管法（4学时）。

LB_{23}：税收行政法（4学时）。

说明：凡是对某个知识单元有较高要求的，则在该知识单元后面用"＊"标出，在知识单元中对某些知识点有较高要求的在知识点后面用"＊"标出。

知识单元1：税收基础知识（LB$_{16}$）（核心）。

参考学时：4学时。

知识点：

税法的定义；

税收法律关系；

税收法律关系的主体、客体、权利义务的具体内容；

税法的构成要素；

纳税义务人、征税对象、征税环节、税目、税率等要素的具体含义；

税法的分类；

流转税类、所得税类、财产税类、资源税类、行为目的税类等；

税法的作用。

学习目标：

（1）了解税法的定义。

（2）了解税收法律关系。

（3）了解税法的分类。

（4）掌握税法的构成要素。

知识单元2：流转类税（LB$_{17}$）（核心）。

参考学时：16学时。

知识点：

增值税法；

消费税法；

营业税法；

关税法。

学习目标：

（1）了解流转税的征税范围。

（2）了解流转税纳税人。

（3）了解流转税征收方法。

知识单元3：所得类税（LB$_{18}$）（核心）。

参考学时：16学时。

知识点：

征税对象；

征税范围；

征税环节；

征税地点。

学习目标：

（1）了解收入组成。

（2）了解计税依据。

（3）了解计算方法。

（4）了解税收优惠。

知识单元4：资源类税（LB_{19}）（核心）。

参考学时：8学时。

知识点：

资源税；

土地增值税；

耕地占用税。

学习目标：

（1）了解征收范围。

（2）了解计税依据。

（3）了解计算方法。

（4）了解税收优惠。

知识单元5：行为目的类税（LB_{20}）（核心）。

参考学时：8学时。

知识点：

征税对象；

征税范围；

征税环节；

征税地点。

学习目标：

（1）了解征收范围。

（2）了解计税依据。

（3）了解计算方法。

（4）了解税收优惠。

知识单元6：财产类税（LB_{21}）（核心）。

参考学时：4学时。

知识点：

纳税义务人；

征税对象；

征税范围；

征税环节；

征税地点。

学习目标：

（1）了解征收范围。

（2）了解计税依据。

（3）了解计算方法。

（4）了解税收优惠。

知识单元7：税收征管法（LB_{22}）（选修）。

参考学时：4学时。

知识点：

税务登记；

税款征收；

税务检查。

学习目标：

（1）了解税收登记内容。

（2）了解税款征收方法。

（3）了解税务检查手段。

知识单元8：税收行政法（LB_{23}）（选修）。

参考学时：4学时。

知识点：

税收管理体制；

税务行政处罚；

税务行政诉讼。

学习目标：

（1）了解税收体系内容。

（2）了解处罚措施方法。

（3）了解税务争议解决。

附录B 税法课程描述

课程：税法。

参考学时：64学时。

参考学分：3学分。

税法课程的教学目标：

采用任务驱动、"教、学、做"一体化教学模式，理论教学与实践操作有机结合，对课程内容进行整合，将课程内容任务化，每个课程单元内容以课程任务为开端，为完成该课程任务展开理论与实践操作内容，放弃教师满堂灌输的方式，即采取单元任务驱动，教师引导，学生自主学习讨论、教师全程指导的教学方式。

理论讲授以"必须、够用"为度，将理论与操作实践紧密结合，通过课程的学习，学生在理论、实训技能和职业素质方面应达到如下要求：

1. 知识目标

通过本课程的教学，旨在使学生掌握税法的基本理论、基本知识，熟悉税制操作和运用的基本方法；了解我国税制在国家财政活动中的重要地位和作用；了解我国税制同经济生活密不可分的关系以及在社会主义市场经济中的重要作用。

2. 能力目标

熟练运用税收基本理论和知识，分析错综复杂的税收现象、处理税收征管实际问题的能力；把握税制设计和运用的规律性，培养初步进行税收筹划的能力。

3. 素质目标

养成严肃、认真的科学态度和形成良好的自主学习方法；培养严谨的科学思维习惯和规范的操作意识；养成独立分析问题和解决问题的能力并具有协作和团队精神；能综合运用所学知识和技能独立解决实训中遇到的实际问题；具有一定的归纳、总结能力；具有一定的创新意识；具有一定的自学、表达、获取信息等各方面的能力。通过税法课程的学习，学生具备会计行业高素质人才所需税务知识和技能；在实际动手操作的过程中，使学生的理论知识、实践能力都得到相应的提高，为今后的教学工作和学生将来从事的会计核算专业工作打下必需的基础。因此，课程所对应的相关职业岗位是会计专业方向学生就业主要渠道之一，培养学生严谨求学的科学态度和刻苦钻研的学习作风，具有良好的社会责任感和职业道德。通过学习激发学生的求知欲望、探索精神，培养学生独立创新的意识。

前导课程：西方经济学原理、会计学原理、财务会计。

后续课程：经济法。

课程提纲：

（1）相关法律知识。

（2）会计核算流程。

（3）税收理论。

涵盖知识单元：LB_{16}、LB_{17}、LB_{18}、LB_{19}、LB_{20}、LB_{21}、LB_{22}、LB_{23}。

说明：适用于会计学专业所有专业方向，必修课程。

附录 C　税法实验（实践）项目描述

实验项目 1：流转税报税流程（必修）（DB1）。

参考学时：6 学时。

涵盖知识单元：LB_{17}。

学习目标：

（1）了解报税流程。

（2）了解报税方法。

（3）熟悉报税计算过程、报税表格填写。

说明：专业必修。

实验项目2：所得税报税流程（必修）（DE_2）。

参考学时：6学时。

涵盖知识单元：LB_{18}。

学习目标：

（1）了解报税流程。

（2）了解报税方法。

（3）熟悉报税计算过程、报税表格填写。

说明：专业必修。

实验项目3：其他各类小税种的报税流程（必修）（DE_3）。

参考学时：4学时。

涵盖知识单元：LB_{19}、LB_{20}、LB_{21}。

学习目标：

（1）了解报税流程。

（2）了解报税方法。

（3）熟悉报税计算过程、报税表格填写。

说明：专业必修。

第三节　管理学课程教学规范

一、管理学课程在人才培养中的地位及作用

管理学是工商管理类各专业的专业基础课程和主干课程，在经济管理类专业本科生四年的学习中，起着引导学生入门及培养学生掌握基本管理技能及初步养成管理思维模式的作用。本课程主要讲授管理学的理论体系、管理学思想的发展史、管理的基本职能；培养学生运用管理理论、管理知识解决实际问题的能力；培养学生的管理素质和案例分析的能力，为学习后续各门专业管理课奠定理论和方法基础。

二、课程教学目标

本课程的教学目标在于通过教与学，使学生正确理解管理的概念，掌握管理的普遍规律、基本原理和一般方法，并能综合运用于对实际问题的分析，初步具有解决一般管理问题的能力，培养学生的综合管理素质，为以后学习其他专业管理课程和日后的实际管理工作奠定理论基础。

（一）知识目标

（1）正确理解管理的含义，掌握管理学所涉及的核心概念和基本原理；

（2）了解管理活动的产生、管理思想的演进及其主要理论流派；

（3）掌握管理四大职能即计划、组织、领导、控制的基本原理、内容及技术方法；

（4）认识企业文化的含义、功能及其塑造途径。

（二）能力目标

（1）初步掌握管理的基本原理及其学科体系，能够对现实中的管理现象进行正确的分析判断；

（2）能够制订基本的企业计划书，能够综合运用各种方法进行科学决策；

（3）能够运用组织结构设计的原则和理论，对真实组织进行合理的结构设计和职权配置；

（4）能够全面运用各种激励手段和沟通技巧，恰当处理领导工作中遇到的一般问题；

（5）能够综合运用管理理论和知识解决实际问题，为学习后续各门专业管理课奠定理论和方法基础。

（三）素质目标

（1）具有热爱所学专业、爱岗敬业的精神和强烈的法律意识；

（2）具有胜任管理工作的良好的业务素质和身心素质；

（3）具有管理方面的市场竞争意识、分析判断能力、开拓创新能力和科学决策能力。

三、管理学课程的知识体系

知识体系的结构可以划分为三个层次，分别是知识领域、知识单元和知识点。管理学的知识体系由 2 个知识领域和 12 个知识单元构成，其中核心知识单元 9 个，选修知识单元 3 个。

（一）管理学的知识体系

知识领域 3：管理学基础（MSB）。

知识单元 1：管理活动与管理理论（MSB_1）（核心）。

知识单元 2：决策原理与方法（MSB_2）（核心）。

知识单元 3：计划与计划工作（MSB_3）（核心）。

知识单元 4：战略性计划（MSB_4）（核心）。

知识单元 5：组织设计（MSB_5）（核心）。

知识单元 6：人力资源管理（MSB_6）（选修）。

知识单元 7：组织变革与组织文化（MSB_7）（选修）。

知识单元 8：领导（MSB_8）（核心）。

知识单元 9：激励（MSB_9）（核心）。

知识单元 10：管理沟通（MSB_{10}）（选修）。

知识单元 11：控制的基础（MSB_{11}）（核心）。

知识单元 12：组织中的控制系统（MSB_{12}）（核心）。

（二）管理学知识体系描述（见附录 A）

管理学的知识体系概要说明了知识领域、知识单元和知识点，以及哪个单元是核心，哪个单元是选修，所需的参考学时数等。本部分关于知识领域、知识单元和知识点的详细描述在附录中给出。

（三）管理学知识体系汇总表

表内各核心单元后面的括弧内给出了它们各自的参考学时数，见表 2－5。

表 2－5　　　　　　　　　　知识体系汇总表

知识领域	核心知识单元（参考学时）	选修知识单元（参考学时）
知识领域 3：管理学基础（MSB）（64）	MSB_1：管理活动与管理理论（8 学时） MSB_2：决策原理与方法（6 学时） MSB_3：计划与计划工作（6 学时） MSB_4：战略性计划（4 学时） MSB_5：组织设计（6 学时） MSB_8：领导（8 学时） MSB_9：激励（6 学时） MSB_{11}：控制的基础（4 学时） MSB_{12}：组织中的控制系统（4 学时）	MSB 6：人力资源管理（4学时） MSB 7：组织变革与组织文化（4 学时） MSB 10：管理沟通（4 学时）

四、管理学课程体系

（一）课程设置，见表 2－6

表 2－6　　　　　　　　　　课程设置

序号	课程名称	学时/学分(其中实验学时/学分)	实验项目	核心知识单元	选修知识单元	说明
1	管理学	64/3（16/1）	3	MSB_1、MSB_2、MSB_3、MSB_4、MSB_5、MSB_8、MSB_9、MSB_{11}、MSB_{12}	MSB_6、MSB_7、MSB_{10}	适合会计学专业方向

（二）管理学课程描述（见附录 B）

下面对该课程进行描述，主要对课程的课程提纲、课程知识单元汇总等方面进行描述，见附录 B。

五、课程主要教学方式

（一）课堂讲授

1. 课堂讲授内容

管理活动与管理理论（涵盖知识单元 MSB_1）。

决策原理与方法（涵盖知识单元 MSB_2）。

计划与计划工作（涵盖知识单元 MSB_3）。

战略性计划（涵盖知识单元 MSB_4）。

组织设计（涵盖知识单元 MSB_5）。

人力资源管理（涵盖知识单元 MSB_6）。

组织变革与组织文化（涵盖知识单元 MSB_7）。

领导（涵盖知识单元 MSB_8）。

激励（涵盖知识单元 MSB_9）。

管理沟通（涵盖知识单元 MSB_{10}）。

控制的基础（涵盖知识单元 MSB_{11}）。

组织中的控制系统（涵盖知识单元 MSB_{12}）。

2. 教学方法

管理学教学以课堂讲授、案例讨论和课程实验为主要教学方式。

课堂讲授是一种基本教学方法，以概念、原理和方法等知识性内容为主，重在知识点的教学。在课堂教学过程中，尽可能充分利用图片、表格、视频等多种教学手段，它们的优点在于向学生提供感性材料，有利于正确理解和掌握抽象的基础理论，也有助于集中学生的注意力和思维想象力，激发学生学习兴趣，使现代化的教学手段成为学习知识的桥梁，达到提高课堂教学水平的目的。

案例讨论。在案例教学中实现大案例和小案例的充分结合，一般性问题利用小案例达到使学生深入理解的目的，对于具有较强艺术性的管理问题则采用大案例引导学生深入思考，利用所学知识提出解决问题的思路和办法。

实验教学。商业模拟和实验教学是利用软件或沙盘模拟企业管理，让学生能综合运用所学知识全面解决实际问题，实现课堂理论和实践的初步接轨。

3. 教学手段

教学手段、形式上应多样，可以采取多种方式，充分合理地运用多媒体等现代化教学手段。通过制作大量的幻灯片、教学录像片和多媒体教学软件，将抽象的概念直观化、复杂的问题简明化，使学生对教学内容一目了然，教学效果将会显著改善。

（二）自主学习

管理学课程教学过程中要适当布置学生自学的讲授内容，并利用网络和图书馆提供更丰富的教学资源，给学生提供课外学习的指导，帮助学生提高自学能力和获取知识能力。学生也可利用管理学网络教学资源进行自学、复习和个性化学习。

六、课程考核

考核是引导学生学习、检查教学效果、保证教学质量的重要环节，也是体现课程要求规范的重要标志。根据管理学课程内容建立多元化的课程教学考核方法。考核评价着重考核学习过程，而不仅仅考核最终结果。多元化的考核方法主要是指课程成绩通过过程评价、结果评价及结果反馈评价等方面来体现，而且从比例上更能体现对过程的重视，注重对学生自主学习能力、发现问题及解决问题的能力、创新精神、团队合作精神等的评价。具体考核方式如下：

（1）除传统作业形式外，还设计了案例分析作业、课程论文等形式的作业，突出综合性、实践性，重点在于帮助学生理解管理理论，熟练运用管理知识解决实际问题。

（2）建立以能力为核心的、开放式的全程化考核体系。课程最终成绩由40%的平时成绩及60%的期末闭卷考试成绩构成。平时成绩分为：出勤占5%，课堂表现占10%，课程学习论文、小组作业及个人贡献占25%。

七、说明

在保证大纲基本要求的前提下，可根据专业方向的不同，对教学内容、教学环节、学时分配等做适当调整。

附录A　管理学课程知识体系描述

知识单元1：管理活动与管理理论（MSB_1）（核心）。

知识单元2：决策原理与方法（MSB_2）（核心）。

知识单元3：计划与计划工作（MSB_3）（核心）。

知识单元4：战略性计划（MSB_4）（核心）。

知识单元5：组织设计（MSB_5）（核心）。

知识单元6：人力资源管理（MSB_6）（选修）。

知识单元7：组织变革与组织文化（MSB_7）（选修）。

知识单元8：领导（MSB_8）（核心）。

知识单元9：激励（MSB_9）（核心）。

知识单元10：管理沟通（MSB_{10}）（选修）。

知识单元11：控制的基础（MSB_{11}）（核心）。

知识单元12：组织中的控制系统（MSB_{12}）（核心）。

知识单元1：管理活动与管理理论（MSB_1）（核心）。

参考学时：8学时。

知识点：

管理的职能与性质；

管理者的角色与技能；

中西方管理思想的发展。

学习目标：

（1）掌握管理、管理基本职能等基本概念；掌握现代管理学派的主要理论。

（2）了解管理者的分类、技能与角色；了解中国管理思想的演进；了解西方管理思想发展背景，掌握各阶段代表人物及其理论观点。

知识单元2：决策原理与方法（MSB_2）（核心）。

参考学时：6学时。

知识点：

决策概述；

决策的过程及影响因素；

决策的方法。

学习目标：

（1）掌握决策的分类，确定型、风险型和不确定型决策方法。

（2）理解决策的概念、作用与原则，决策的过程与影响因素。

（3）了解决策的相关理论。

知识单元3：计划与计划工作（MSB_3）（核心）。

参考学时：6学时。

知识点：

计划的内涵、特征与类型；

计划的编制过程；

计划的组织与实施方法。

学习目标：

（1）掌握计划与决策的逻辑关系，长期计划与短期计划、各种职能计划、战略性计划与战术性计划、具体性计划与指导性计划、程序性计划与非程序性计划之间的关系，计划层级体系，计划编制过程的内在逻辑。

（2）了解计划的概念及构成要素、计划的性质、计划的分类标准、计划编制过程。

知识单元4：战略性计划（MSB_4）（核心）。

参考学时：4学时。

知识点：

战略管理概述；

战略环境分析；

环境分析与战略选择。

学习目标：

（1）掌握SWOT分析方法、波特的五种竞争力量模型。

（2）理解战略、策略、规划、计划等概念的内涵。

（3）了解战略计划的过程、战略的基本类型及其选择。

知识单元5：组织设计（MSB_5）（核心）。

参考学时：6学时。

知识点：

组织与组织设计；

组织的部门化；

组织的层级化。

学习目标：

（1）掌握直线职能制、事业部制、矩阵制组织结构的优缺点；掌握管理幅度与管理层次、集权与分权等组织基本问题。

（2）理解组织的概念、组织设计的任务、组织设计的原则、组织设计的问题、影响管理幅度的因素、影响集权与分权的因素、直线制与职能制的优缺点、组织中各种关系的处理（直线与参谋、正式组织与非正式组织）。

（3）了解集团控股型、网络型、流程再造等新型组织结构形式。

知识单元6：人力资源管理（MSB_6）（选修）。

参考学时：4学时。

知识点：

人力资源计划；

员工的招聘；

人员的培训；

绩效评估；

职业计划与发展。

学习目标：

（1）掌握人力资源与人力资源管理的定义和基本内容；掌握员工培训的目的、内容和方法。

（2）理解绩效考核的概念、作用和方法；掌握薪酬的概念、构成和薪酬管理的内容。

（3）了解人力资源管理规划的基本原则；掌握人力资源招聘的来源、流程和标准；了解职业生涯规划的概念及阶段。

知识单元7：组织变革与组织文化（MSB_7）（选修）。

参考学时：4学时。

知识点：

组织变革的一般规律；

管理组织变革；

组织文化及其发展。

学习目标：

（1）掌握变革阻力的管理方法；掌握释放压力的方法。

（2）理解组织文化塑造的基本原则和步骤。

（3）了解组织变革的动因、内容和模式选择；了解压力的概念、来源；了解组织文化的含义和基本内容。

知识单元 8：领导（MSB_8）（核心）。

参考学时：8 学时。

知识点：

领导的内涵；

领导者的类型；

领导方式及其理论。

学习目标：

（1）掌握权力的实质及五种权力类型，领导有效性的影响因素；掌握支持关系理论、领导行为连续统一体理论；掌握领导四分图理论、管理方格论、费德勒得权变领导模式、领导生命周期理论和路径—目标理论。

（2）理解领导的含义、作用以及领导与管理的关系。

（3）了解有关领导的特质理论及其意义与不足。

知识单元 9：激励（MSB_9）（核心）。

参考学时：6 学时。

知识点：

激励的原理；

激励的内容理论；

激励的过程理论；

激励的一般形式和实务。

学习目标：

（1）掌握内容型激励理论：需要层次理论、ERG 理论、双因素理论、社会需要（成就需要）理论、公平理论、期望理论、强化理论、波特和劳勒的综合模式；掌握四种人性假设及其相应的管理方式、指导作用。

（2）理解激励的概念、激励的过程。

（3）了解常用的激励方法。

知识单元 10：管理沟通（MSB_{10}）（选修）。

参考学时：4 学时。

知识点：

沟通的原理；

管理组织沟通；

组织冲突与谈判。

学习目标：

（1）掌握沟通障碍及应对策略；掌握建设性沟通的五大原则；掌握积极倾听的技巧。

（2）理解沟通的含义、类型、过程；理解倾听的概念；理解谈判的含义、分类、基本规则。

（3）了解谈判的策略。

知识单元 11：控制的基础（MSB_{11}）（核心）。

参考学时：4 学时。

知识点：

控制活动；

控制的过程；

有效控制。

学习目标：

（1）掌握控制理论的基本内容；掌握前馈控制、现场控制、反馈控制等基本控制类型；掌握控制的过程（确立标准、衡量绩效、纠正偏差）。

（2）理解管理控制的含义、控制原理。

（3）了解控制的必要性及常用的控制方法。

知识单元 12：组织中的控制系统（MSB_{12}）（核心）。

参考学时：4 学时。

知识点：

预算控制；

生产控制；

其他控制方法。

学习目标：

（1）掌握控制方法的种类、库存控制、经济订购批量、质量控制、全面质量管理。

（2）理解几种重要的比率。

（3）了解预算的编制、预算的种类、预算的作用和缺点、对供应商的控制、经营审计。

附录 B　管理学课程描述

课程：管理学。

参考学时：64 学时。

参考学分：3 学分。

概述：

管理学课程的教学目标：本课程的教学目的在于通过教与学，使学生正确理解管理的概念，掌握管理的普遍规律、基本原理和一般方法，并能综合运用于对实际问题的分析，初步具有解决一般管理问题的能力，培养学生的综合管理素质，为以后学习其他专业管理课程打下基础。

具体要求如下：

（1）通过这门课的学习，学生能够了解管理理论的基本框架及其沿革，并通过管理职能这条主线，掌握基本管理职能的内涵和内容。

（2）掌握管理学中的基本概念、基本理论和基本方法。

（3）使学生能够利用管理学知识对国内外著名企业的相关案例进行简单分析，将管理学的思想以及认识问题的角度和方法渗透到分析问题、解决问题的实际应用之中。

前导课程：无。

涵盖知识单元：MSB_1、MSB_2、MSB_3、MSB_4、MSB_5、MSB_6、MSB_7、MSB_8、MSB_9、MSB_{10}、MSB_{11}、MSB_{12}。

说明：适用于会计学所有专业，必修课程。

附录 C　管理学实验（实践）项目描述

1. 模拟仿真性实验（SE）。

实验名称：定性、定量决策模拟与仿真（必修）。

参考学时：4 学时。

涵盖知识单元：MSB_2。

学习目标：

（1）理解定性、定量决策的方法与步骤。

（2）掌握定性、定量决策模拟软件的应用。

说明：专业必修。

2. 设计性实验（DE）。

实验名称：制造、服务业典型组织结构设计（必修）。

参考学时：6 学时。

涵盖知识单元：MSB_5。

学习目标：

（1）组织结构的类型及适用条件。

（2）学会设计不同类型的组织结构。

（3）能够运用所学知识和理论设计特定组织的结构。

说明：专业必修。

3. 综合性实验（IE）。

实验名称：领导者风格测试（必修）。

参考学时：6 学时。

涵盖知识单元：MSB_8。

学习目标：

（1）掌握领导者风格测试的方法、工具，能够设计测试表格。

（2）能够运用测试工具评价领导者的风格。

（3）学会对测试结果分析领导者风格类型。

说明：专业必修。

第四节　管理经济学课程教学规范

一、管理经济学课程在人才培养中的地位及作用

（1）通过本课程的学习，学生认识到管理经济学在现代企业经营管理和现代公共管理中的理论意义与实践意义。

（2）使学生了解管理经济学的基本知识：资源的稀缺性、资源有效配置和资源利用问题，经济学与管理经济学的关系，消费者行为与需求理论，成本理论、成本的经济性质和短期与长期成本分析，市场结构与市场竞争及企业生产决策的一般原理，风险与决策资本预算，技术进步与创新等。

（3）使学生理解管理经济学的基本理论：需求、供给与市场均衡，市场需求及其规律，市场供给及其规律，市场均衡，市场机制的作用，政府干预与价格政策分析，需求和供给弹性分析，短期生产函数、边际报酬递减规律与短期生产决策，长期生产函数、边际技术替代递减规律、生产要素的最优组合规模与收益的关系及长期生产决策。

（4）使学生掌握政府对经济进行干预的理论、政策、方法及其后果，初步掌握在现代市场经济和政府宏观调控条件下，进行企业管理和公共事业管理分析的能力。

二、管理经济学课程教学目标

（1）掌握经济学的基本概念与基本原理。

（2）掌握经济分析的主要方法。

（3）能够熟练使用经济学的原理及方法分析各种政策及管理决策。

（一）知识目标

该课程以 2002 年 3 月中国人民大学出版社出版、李宝山编写的《管理经济学》为教材，讲课时以课本内容为基本线索，在此基础上对课本内容做进一步挖掘、拓展、丰富和完善，讲课时多以启发式教学和命题自学为主。因为该课程具有一定的实践性，所以讲课时加以针对性的案例实验，为学生毕业后打下坚实的理论基础。

（二）能力目标

（1）将学生学到的理论知识应用于实际的生产中，提高学生解决实际问题的能力。

（2）将学到的理论知识用于帮助企业、事业单位提高生产或者工作效率。

（3）为学生成为创新型应用型人才打下坚实的基础。

（三）素质目标

通过对管理经济学的学习，让学生掌握管理经济学的基本知识，让学生具有良好的企业、事业单位从事经济、管理的责任感和职业道德，为学生成为德才兼备创新型应用型人才打下坚实的基础。

三、管理经济学的知识体系

知识体系的结构可以划分为三个层次，分别是知识领域、知识单元和知识点。管理经济学的知识体系由 1 个知识领域和 9 个核心知识单元构成。

（一）管理经济学的知识体系

知识领域 4：经济学基础（EB）

（二）管理经济学知识体系描述（见附录 A）

管理经济学的知识体系概要说明了知识领域、知识单元和知识点，具体核心单元以及所需的参考学时数等。本部分关于知识领域、知识单元和知识点的详细描述在附录中给出。

（三）管理经济学知识体系汇总表

表内各核心单元后面的括弧内给出了它们各自的参考学时数，见表 2-7。

表 2-7　　　　　　　　　　管理经济学知识体系汇总表

知识领域	核心知识单元（参考学时）	选修知识单元（参考学时）
知识领域 4：经济学基础（EB）（64）	EB_3：市场定位决策分析（8 学时） EB_4：市场供求机制分析（8 学时） EB_5：生产与成本决策分析（8 学时） EB_6：市场结构与企业行为分析（8 学时） EB_7：企业风险决策分析（8 学时） EB_8：市场失灵与政府政策分析（8 学时） EB_9：企业投资决策分析（8 学时）	EB_1：经济管理与管理经济的比较分析（4 学时） EB_2：管理经济学的学科界定（4 学时）

四、管理经济学课程体系

（一）课程设置，见表 2-8

表 2-8　　　　　　　　　　课程设置

序号	课程名称	学时/学分（其中实验学时/学分）	实验项目	核心知识单元	选修知识单元	说明
	管理经济学	64/3（16/1）	DE_1、DE_2、DE_3、DE_4、DE_5、DE_6、DE_7、DE_8、DE_9	EB_3、EB_4、EB_5、EB_6、EB_7、EB_8、EB_9	EB_1、EB_2	适合会计学专业方向

（二）管理经济学课程描述（见附录 B）

下面对该课程进行描述，主要对课程的课程提纲、课程知识单元汇总等方面进行描述，见附录 B。

五、课程主要教学方式

（一）课堂讲授

1. 课堂讲授内容

经济管理与管理经济的比较分析（涵盖知识单元 EB_1）。

管理经济学的学科界定（涵盖知识单元 EB_2）。

市场定位决策分析（涵盖知识单元 EB_3）。

市场供求机制分析（涵盖知识单元 EB_4）。

生产与成本决策分析（涵盖知识单元 EB_5）。

市场结构与企业行为分析（涵盖知识单元 EB_6）。

企业风险决策分析（涵盖知识单元 EB_7）。

市场失灵与政府政策分析（涵盖知识单元 EB_8）。

企业投资决策分析（涵盖知识单元 EB_9）。

2. 教学方法

管理经济学课程教学应以课堂讲授为主，结合一定的案例进行分析学习。

课堂讲授法是一种将大量知识通过语言表达，使抽象知识变的具体形象、浅显易懂，一次性传播给众多听课者的教学方法。任课教师借助语言媒介将知识信息直接传递给学生，让学生进行接受性的学习，避免了学生认识过程中许多不必要的曲折，能够使学生在短时间内获得大量系统的管理经济学科学知识。

3. 教学手段

采用多媒体教学与传统教学相结合。采用"启发式"教学和案例教学，利用网络技术拓展学生知识面等。

（二）讨论课

通过讨论，学生消除头脑中的片面的、错误的观念。以学生为主体，充分调动学生学习的主动性、积极性。在教师的引导和启发下，组织学生积极开展讨论，使学生对管理问题进行思考、讨论、分析与研究，最终得出正确结论。

（三）习题课

根据管理经济学的课程特点，习题课上应选择具有针对性、典型性、灵活性、综合性、启发性、开放性的典型题目，为学生提供指导，真正达到反馈教学效果、提高应用能力和训练科学表达能力、严谨的逻辑思维能力。

（四）案例课

通过案例教学，能够使学生把枯燥的理论主动应用到一个逼真的具体场景中，促使学生关注现实问题，激起其将理论运用于实践的尝试热情，培养学生分析和解决实际问题的能力。

（五）情景模拟

对于要解决的管理问题，由学生扮演其中的角色（也可轮流扮演），设身处地地分析与解决所面临的问题。运用所学知识，自主分析与决策，以提高学生实际决策的技能。

（六）信息资料收集

通过图书资料收集、报纸杂志资料收集及互联网络资料收集等方法，提高学生的信息收集能力和分析能力。利用校园网提供更丰富的教学资源，给学生提供课外学习的指导，帮助学生提高自学能力和获取知识能力。

（七）管理游戏

通过一个完整的游戏过程，让学生在模拟情景中学会管理技巧。

六、课程考核

依据课程特点制定两种课程考核方式：

（1）本课程采用考勤＋形成性考核＋终结性考核的方式。考勤占课程总成绩的10％；形成性考核采用大作业的形式（共4次），大作业成绩占课程总成绩的20％；终结性考核成绩占课程总成绩的70％。没有完成平时作业者不能取得该课程的学分。

（2）本课程还可以采取平时＋答辩的方式考核。平时占30％，包括作业（20％）和考勤（10％）。答辩占70％，是指学生就某一管理理论或者管理实例撰写论文（30％）并现场答辩（40％）。

七、说明

（1）本课程应用性较强，课内、外学时比应保证1：1.2～1：5。

（2）在保证大纲基本要求的前提下，可根据专业方向的不同，对教学内容、教学环节、学时分配等做适当调整。

八、参考文献

［1］李宝山. 管理经济学［M］. 北京：企业管理出版社，1997.

［2］王建民. 管理经济学［M］. 2版. 北京：北京大学出版社，2004.

［3］陈章武. 管理经济学［M］. 北京：清华大学出版社，1996.

［4］吴德庆，马月才. 管理经济学［M］. 北京：中国人民大学出版社，1996.

［5］［美］埃德温·曼斯菲尔德. 管理经济学［M］. 王志伟，等，译. 北京：经济科学出版社，2000.

［6］［美］彼得·德鲁克. 创新与创业精神［M］. 张炜，译. 上海：上海人民出版社，2002.

［7］［美］彼得·圣吉. 第五项修炼——学习型组织的艺术与实务［M］. 郭进隆，译. 上海：上海三联书店，1994.

［8］［美］哈罗德·孔茨. 管理学［M］. 10 版. 张晓君，等，编译. 北京：经济科学出版社，1998.

［9］吴照云. 管理学［M］. 4 版. 北京：经济管理出版社，2003.

［10］陈章武. 管理经济学［M］. 北京：清华大学出版社，1996.

［11］韩庆祥. 市场营销学［M］. 北京：高等教育出版社，1999.

［12］孙耀君. 西方管理学名著提要［M］. 南昌：江西人民出版社，1997.

［13］［美］吉福德·平肖第三（Pinchot，G. Ⅲ）. 创新者与企业革命——2000 年的总经理与内企业家［M］. 丁康之，丁伟之，译. 北京：中国展望出版社，1986.

［14］［美］钱德勒. 看得见的手——美国企业的管理革命［M］. 重武，译. 北京：商务印书馆，1987.

［15］［德］迈诺尔夫·迪尔克斯. 组织学习与知识创新［M］. 上海社会科学院知识与信息课题组，译. 上海：上海人民出版社，2001.

［16］［美］比尔·盖茨. 未来时速［M］. 姜明，等，译. 北京：北京大学出版社，1999.

［17］于中宁. 现代管理新视野［M］. 北京：经济日报出版社，1996.

［18］翁君奕. 企业组织资本理论［M］. 北京：经济科学出版社，1999.

［19］秦言，李理. 中国经营观念批判［M］. 北京：中国计划出版社，1999.

［20］李仕模. 第五代管理［M］. 北京：中国物价出版社，2000.

［21］［美］F. 赫塞尔本，等. 未来的组织［M］. 胡速云，储开方，译. 成都：四川人民出版社，2000.

［22］孙健. 海尔的管理模式［M］. 北京：企业管理出版社，2002.

［23］向洪，王世渊. 制造商机［M］. 成都：西南财经大学出版社，2001.

［24］［美］奈斯比特. 2000 年大趋势：90 年代十大新趋向［M］. 贾冠颜，译. 北京：中国人民大学出版社，1991.

［25］东方赢. 企业超速成长［M］. 北京：企业管理出版社，1997.

附录A　管理经济学课程知识体系描述

知识领域4：经济学基础（EB）。

知识单元1（EB_1）：经济管理与管理经济的比较分析（选修）。

知识单元2（EB_2）：管理经济学的学科界定（选修）。

知识单元3（EB_3）：市场定位决策分析（核心）。

知识单元4（EB_4）：市场供求机制分析（核心）。

知识单元5（EB_5）：生产与成本决策分析（核心）。

知识单元6（EB_6）：市场结构与企业行为分析（核心）。

知识单元7（EB_7）：企业风险决策分析（核心）。

知识单元 8（EB$_8$）：市场失灵与政府政策分析（核心）。

知识单元 9（EB$_9$）：企业投资决策分析（核心）。

说明：凡是对某个知识单元有较高要求的，则在该知识单元后面用"＊"标出，而在知识单元中对某些知识点有较高要求的在知识点后面用"＊"标出。

知识单元 1：经济管理与管理经济的比较分析（EB$_1$）（选修）。

参考学时：4 学时。

知识点：

经济学的核心问题；

管理的性质和功能；

经营的基本准则；

企业产品的重新分类；

管理的资源属性；

管理的科学性和艺术性；

管理经济学的研究对象；

管理经济学与微观经济学的区别与联系。

学习目标：

（1）理解并重新思考企业经营管理的基本问题。

（2）提高对管理资源属性和现代大生产理念的认识。

（3）明确经济管理与管理经济的区别与联系。

（4）理解并能运用管理的资源属性和职业属性分析当前管理中存在的问题。

知识单元 2：管理经济学的学科界定（EB$_2$）（选修）。

参考学时：4 学时。

知识点：

管理经济学的研究对象；

管理经济学与微观经济学的关系；

虚拟企业、机会成本与经济利润的概念。

学习目标：

（1）掌握企业管理中常见的边际值的计算方法。

（2）掌握机会成本的计算和应用。

（3）利用边际分析法进行管理决策优化的方法。

知识单元 3：市场定位决策分析（EB$_3$）（核心）。

参考学时：8 学时。

知识点：

市场定位的关键及次序；

消费者细分与顾客定位；

产品细分与产品定位策略；

边际效用规律及其应用；

企业多元化经营的类型；

定价方法与定价策略。

学习目标：

（1）掌握消费者分析与顾客定位能力。

（2）掌握产品分析与产品定位能力。

（3）掌握新产品开发的意识及分析能力。

（4）掌握定价方法和定价策略的运用能力。

知识单元4：市场供求机制分析（EB₄）（核心）。

参考学时：8学时。

知识点：

需求规律及其应用；

供给规律及其应用；

供求规律及其应用；

价格弹性的计算及分类；

收入弹性的计算及分类；

交叉弹性的计算及分类；

市场需求估计的基本方法。

学习目标：

（1）掌握数学模型的运用能力。

（2）掌握竞争对手与合作伙伴的判断能力。

（3）掌握市场调查与市场需求预测能力。

知识单元5：生产与成本决策分析（EB₅）（核心）。

参考学时：8学时。

知识点：

生产函数的概念；

短期生产函数与长期生产函数；

规模经济性分析与规模效益性分析；

短期成本函数与长期成本函数；

生产函数与成本函数的应用。

学习目标：

（1）掌握投入与产出关系的分析与判断能力。

（2）掌握产出与成本关系的分析与判断能力。

（3）掌握投入要素优化能力。

（4）掌握生产函数与成本函数的估计与分析能力。

知识单元 6：市场结构与企业行为分析（EB$_6$）（核心）。

参考学时：8 学时。

知识点：

市场结构的概念及其划分标准；

完全竞争市场的需求曲线及企业决策行为；

完全垄断企业的需求曲线及企业决策行为；

垄断竞争企业的需求曲线及企业决策行为；

寡头垄断市场分析的基本模式。

学习目标：

（1）培养市场竞争程度的分析及判断能力。

（2）培养不同市场条件下的价格及产量决策能力。

（3）培养非价格竞争手段的应用能力。

知识单元 7：企业风险决策分析（EB$_7$）（核心）。

参考学时：8 学时。

知识点：

风险的含义和特点；

风险的构成要素；

企业风险的分类；

风险识别的程序和方法；

风险评估；

风险价值链与风险效用；

风险防范的思路和对策。

学习目标：

（1）掌握风险识别的程序和方法。

（2）理解风险评估、风险价值链与风险效用。

（3）掌握风险防范的思路和对策。

知识单元 8：市场失灵与政府政策分析（EB$_8$）（核心）。

参考学时：8 学时。

知识点：

市场效率的概念；

帕累托最优标准；

劳伦斯曲线；

基尼系数的概念；

市场失灵的原因及表现形式；

政府在解决市场失灵方面的政策；

政府失灵及其矫正对策。

学习目标：

（1）理解市场失灵的原因及表现形式。

（2）掌握政府在解决市场失灵方面的政策。

（3）掌握政府失灵及其矫正对策。

知识单元9：企业投资决策分析（EB_9）（核心）。

参考学时：8学时。

知识点：

投资及其决策过程；

货币时间价值的计算；

现金流量的估计；

资金成本的估计；

投资方案的评价方法；

投资决策原理与方法的应用。

学习目标：

（1）培养现金流量的估计能力。

（2）培养资金成本的估计能力。

（3）培养投资方案的评价与论证能力。

附录 B　管理经济学课程描述

课程：管理经济学。

参考学时：64学时。

参考学分：3学分。

概述：

管理经济学是工商企业管理类所有专业的一门专业基础课，主要任务是应用西方微观经济学的基本原理和分析方法研究管理实践中的决策问题，培养和提高学生应用科学理论和方法从事管理决策的能力。该课程以经济学原理、管理学原理等课程为先期基础，学习该课程，既为培养和提高学生的实际决策能力服务，又为学习后续专业课程奠定理论和方法基础。通过对该课程的学习使学生能够达到以下教学目标：

（1）让学生掌握管理经济学的基本理论和分析工具，运用这些原理和工具分析解决管理实践中的现象和问题。

（2）培养学生进行科学决策的能力，通过案例讨论和各种管理决策的模拟训练，学生在走向实际工作岗位之前，初步具备使用科学理论和方法进行管理决策的基本认识和经验，为将来学生从事实际管理工作奠定实践和方法基础。

通过管理经济学课程的学习，可以提高学生的分析问题与解决问题的能力，以及独立工作的能力。为日后进一步学习、理论研究和从事实际经济、管理工作打下坚实的基础。

课程提纲：

（1）经济管理与管理经济的比较分析。

（2）管理经济学的学科界定。

（3）市场定位决策分析。

（4）市场供求机制分析。

（5）生产与成本决策分析。

（6）市场结构与企业行为分析。

（7）企业风险决策分析。

（8）市场失灵与政府政策分析。

（9）企业投资决策分析。

涵盖知识单元：GE_1、GE_2、GE_3、GE_4、GE_5、GE_6、GE_7、GE_8、GE_9。

说明：适用于工商管理所有专业方向，必修课程。

附录 C　管理经济学实验（实践）项目描述

一、设计性实验（DE）

实验项目 1：能力测评——你是怎样安排你的时间的（选修）（DE_1）。

参考学时：1 学时。

涵盖知识单元：EB_1。

学习目标：

（1）理解经济管理与管理经济的区别与联系。

（2）把握管理的实践内涵，确立正确的管理指导思想。

（3）对管理的资源属性有具体的认识。

（4）明确当前企业管理中存在的主要问题及解决途径。

说明：专业选修。

实验项目 2：能力测评——你是感性决策者还是理性决策者（选修）（DE_2）。

参考学时：1 学时。

涵盖知识单元：EB_2。

学习目标：

（1）理解管理经济学的研究对象。

（2）运用边际分析方法分析、解决管理决策问题。

（3）运用正确的决策程序和方法分析企业决策实际案例。

（4）加深对经济利润、虚拟企业的理解和认识。

说明：专业选修。

实验项目 3：角色模拟——分析宝洁公司不同洗涤用品的市场定位（必修）（DE_3）。

参考学时：2 学时。

涵盖知识单元：EB_3。

学习目标：

（1）培养消费者分析与顾客定位能力。

（2）培养产品分析与产品定位能力。

（3）培养新产品开发的意识及分析能力。

（4）培养定价方法和定价策略的运用能力。

说明：专业必修。

实验项目4：数据调查分析——家电新产品上市后价格的变动特点（必修）（DE_4）。

参考学时：2学时。

涵盖知识单元：EB_4。

学习目标：

（1）加深对市场经济规律的认识。

（2）能够运用供求规律解释价格变动的原因。

（3）能够运用需求规律、需求弹性进行市场需求预测。

说明：专业必修。

实验项目5：市场模拟——"价格低于工厂成本的订单该不该接"（必修）（DE_5）。

参考学时：2学时。

涵盖知识单元：EB_5。

学习目标：

（1）掌握边际收益递减规律及其原因。

（2）掌握成本的分类及各类成本的含义，能够准确理解停止营业点。

（3）准确把握利润最大化的原则。

说明：专业必修。

实验项目6：模型分析——"四种市场类型的综合比较和评价"（必修）（DE_6）。

参考学时：2学时。

涵盖知识单元：EB_6。

学习目标：

（1）把握市场类型区分的依据。

（2）培养分析各类市场结构的能力。

（3）能对评价各类市场作出正确评价。

说明：专业必修。

实验项目7：市场模拟分析 —— 风险愈大，收益愈大（必修）（DE_7）。

参考学时：2学时。

涵盖知识单元：EB_7。

学习目标：

（1）把握机会与风险的区别和联系。

（2）能运用科学的方法识别风险。

（3）能对风险进行科学评估。

（4）能制定风险防范的对策和措施。

说明：专业必修。

实验项目 8：市场分析——收集我国轿车行业的资料，并分析行业特征（必修）（DE$_8$）。

参考学时：2 学时。

涵盖知识单元：EB$_8$。

学习目标：

（1）理解并解释市场失灵的原因。

（2）认知并能有意识分析垄断造成的损失。

（3）理解并能分析外部经济性产生的效应。

说明：专业必修。

实验项目 9：市场模拟——北汽福田汽车的兼并重组之路（必修）（DE$_9$）。

参考学时：2 学时。

涵盖知识单元：EB$_9$。

学习目标：

（1）培养现金流量的估计能力。

（2）锻炼资金成本的估计能力。

（3）培养投资方案的评价与论证能力。

说明：专业必修。

第五节 初级会计学课程教学规范

一、初级会计学课程在人才培养中的地位及作用

初级会计学课程是高等教育会计学专业的专业主干课程之一，本课程是经济学科和管理学科各有关专业的一门统设必修课，是阐明会计学基本原理的课程。它既是财经类专业的专业基础课，又是初级会计岗位职业能力的"成型"课程，其内容主要分为专业理论和应用理论。初级会计学既是会计"基本技能、基本理论、基本知识"的载体，又是会计专业认同和会计岗位职业技能训练的载体。它的任务是提升学生对会计专业的理解和未来在会计学科的作为，培育学生的"会计情结"和"专业思维"，培养学生全面系统地掌握初级财务会计的基本理论、基本方法和基本技能和对会计专

业分析问题、解决问题的能力，为学习其他专业课程和今后从事会计专业管理工作奠定扎实的理论基础和能力基础，并最终为本科院校培养合格的会计专业毕业生服务。因此，课程所对应的相关职业岗位是会计专业方向学生就业主要渠道之一，在教学中举足轻重。

二、初级会计学课程教学目标

（一）知识目标

初级会计学课程的学习，必须包含与学生所学专业相关的所有核心知识单元，并达到相应的学习目标，此外还应包含与专业相近的部分选修知识单元。知识单元的学习目标分为掌握、理解、了解三个层次：

（1）掌握：对内容透彻理解、牢固掌握并能熟练应用。

（2）理解：对内容理解并能掌握，会用它们分析、解决相关简单问题。

（3）了解：对内容进行初步了解，一般不要求应用。

（二）能力目标

以综合素质与能力的培养为目标，培养学生会计实务操作的基本能力，为其综合运用和发展专业技术能力、提高综合素质、获得全面发展奠定基础。具体包括以下几个方面：

（1）提高学生运用课程的基本原理、基本方法的能力，使学生具备基本上岗的能力。

（2）通过学习，掌握会计工作的实际流程和处理程序。

（3）培养填制审核凭证、建账及登记账簿的会计实践处理能力。

（4）具备算账、更改错账和编制简要会计报表的能力。

（三）素质目标

通过初级会计学课程的学习，培养学生严谨求学的科学态度和刻苦钻研的学习作风，具有良好的社会责任感和职业道德。通过学习会计基本理论与方法，提高学生会计专业的认知能力，并具备一定的沟通能力和组织协调能力，同时还应具备一定的分析和运用会计信息进行评价的能力，从而激发学生的求知欲望、探索精神，培养学生独立创新的意识。

三、初级会计学的知识体系

知识体系的结构可以划分为三个层次，分别是知识领域、知识单元和知识点。初级会计学的知识体系由 1 个知识领域和 11 个知识单元构成，其中核心知识单元 9 个，选修知识单元 2 个。

（一）初级会计学的知识体系

知识领域 5：会计反映系统（ARS）。

知识单元 ARS_1：总论（核心）。

知识单元 ARS_2：会计处理方法（选修）。

知识单元 ARS_3：会计科目与账户（核心）。

知识单元 ARS_4：复式记账原理及其应用（核心）。

知识单元 ARS_5：会计凭证（核心）。

知识单元 ARS_6：会计账簿（核心）。

知识单元 ARS_7：成本计算（核心）。

知识单元 ARS_8：编制报表前的准备工作（核心）。

知识单元 ARS_9：财务会计报告（核心）。

知识单元 ARS_{10}：会计核算组织程序（核心）。

知识单元 ARS_{11}：会计工作组织（选修）。

（二）初级会计学知识体系描述（见附录 A）

初级会计学的知识体系概要说明了知识领域、知识单元和知识点，以及哪个单元是核心，哪个单元是选修，所需的参考学时数等。本部分关于知识领域、知识单元和知识点的详细描述在附录中给出。

（三）初级会计学知识体系汇总表

表内各核心单元后面的括弧内给出了它们各自的参考学时数，见表 2-9。

表 2-9　　　　　　　　　　　初级会计学知识体系汇总表

知识领域	核心知识单元（参考学时）	选修知识单元(参考学时)
知识领域5：会计反映系统（ARS）	知识单元 ARS_1：总论（12 学时） 知识单元 ARS_3：会计科目与账户（6 学时） 知识单元 ARS_4：复式记账原理及其应用（22 学时） 知识单元 ARS_5：会计凭证（8 学时） 知识单元 ARS_6：会计账簿（8 学时） 知识单元 ARS_7：成本计算（4 学时） 知识单元 ARS_8：编制报表前的准备工作（8 学时） 知识单元 ARS_9：财务会计报告（6 学时） 知识单元 ARS_{10}：会计核算组织程序（18 学时）	ARS_2：会计处理方法（2 学时） ARS_{11}：会计工作组织（2 学时）

四、初级会计学课程体系

（一）课程设置，见表 2-10

表 2-10　　　　　　　　　　　课程设置

序号	课程名称	学时/学分(其中实验学时/学分)	实验项目	核心知识单元	选修知识单元	说明
1	初级会计学	96/4（32/1）	DE_1、DE_2、DE_3、DE_4、DE_5、IE_1、IE_2、IE_3	ARS_1、ARS_3、ARS_4、ARS_5、ARS_6、ARS_7、ARS_8、ARS_9、ARS_{10}	ARS_2、ARS_{11}	适合会计学专业方向

（二）初级会计学课程描述（见附录 B）

下面对该课程进行描述，主要对课程的前导课程、课程提纲、课程知识单元汇总等方面进行描述，见附录 B。

五、课程主要教学方式

（一）课堂讲授

1. 课堂讲授内容

总论（涵盖知识单元 ARS_1）。

会计处理方法（涵盖知识单元 ARS_2）。

会计科目与账户（涵盖知识单元 ARS_3）。

复式记账原理及其应用（涵盖知识单元 ARS_4）。

会计凭证（涵盖知识单元 ARS_5）。

会计账簿（涵盖知识单元 ARS_6）。

成本计算（涵盖知识单元 ARS_7）。

编制报表前的准备工作（涵盖知识单元 ARS_8）。

财务会计报告（涵盖知识单元 ARS_9）。

会计核算组织程序（涵盖知识单元 ARS_{10}）。

会计工作组织（涵盖知识单元 ARS_{11}）。

2. 教学方法

初级会计学课程教学应以课堂教学与实践教学并重，结合实际进行分析。

课堂讲授是一种基本教学方法，以概念、原理和方法等知识性内容为主，重在知识点的教学。在课堂教学过程中，尽可能充分利用图片、多媒体技术等多种教学手段，它们的优点在于向学生提供感性材料，有利于正确理解和掌握抽象的基础理论，也有助于集中学生的注意力和思维想象力，激发学生学习兴趣，使现代化的教学手段成为学习知识的桥梁，达到提高课堂教学水平的目的。

实践教学是初级会计学课程教学的重要环节。实践教学中采用仿真训练，融入企业会计实务中的凭证、账簿等，培养实践应用能力和创新能力，对激发学生的学习兴趣起到很大的作用。

3. 教学手段

教学手段的形式上应多样，可以采取多种方式，充分合理地运用多媒体等现代化教学手段。通过制作大量的幻灯片、投影片、教学录像片和多媒体教学软件，将抽象的概念直观化、复杂的问题简明化，使学生对教学内容一目了然，教学效果将会显著改善。

（二）讨论课

为提高学生的自主学习能力和会计实践能力，可以展示优秀的学生习作和会计实务中的凭证和账簿等，让学生参与讨论，加强师生之间、学生之间的交流，借此来调动学生学习的积极性。

（三）习题课

根据初级会计学的课程特点，在习题课上精选一些典型的会计案例让学生进行讨论。通过讨论，可以让学生研究、了解会计的实际工作内容及处理方法，深化会计的专业理论知识和职业技能，从中吸取营养，提高学生对会计处理的整理能力。

（四）实验课

实验课教学是初级会计学课程教学的重要环节。初级会计学是一门应用性很强的课程，因此，课程教学应从企业实际出发，侧重对学生解决实际能力的培养。要系统设计实验课课题的选择，保证会计实验课程的质量。（见附录 C）。

（五）课外作业

课外作业是引导学生自主学习，检查教学效果，拓宽学生知识面的重要环节。可布置学生在假期到企业实习和调研等内容作为课外作业。

（六）自主学习

初级会计学课程教学过程中要适当布置学生自学的讲授内容，并利用网络和图书馆提供更丰富的教学资源，给学生提供课外学习的指导，帮助学生提高自学能力和获取知识能力。学生也可利用初级会计学网络课堂进行自学、复习和个性化学习。

（七）课外指导

课外指导主要是切实做好课后对学生辅导答疑，一般来说，讲授 1 个知识单元答疑 1 次。辅导答疑时间可安排在晚上学生自习时间，解答学生本章学习存在的问题，如有普遍性问题可集体辅导。

六、课程考核

考核是引导学生学习、检查教学效果、保证教学质量的重要环节，也是体现课程要求规范的重要标志。根据初级会计学课程内容建立多元化的课程教学考核方法。考核评价着重考核学习过程，而不仅仅考核最终结果。多元化的考核方法主要是指课程成绩通过过程评价、结果评价及结果反馈评价等方面来体现，而且从比例上更能体现对过程的重视，注重对学生自主学习能力、发现问题及解决问题的能力、创新精神、团队合作精神等的评价。从评价主体上，也从原来的指导教师拓展到学生个体、企业、市场等。这种考核方式不仅尊重了学生的个性发展，而且更能激发学生的创新欲望，开发学生的潜能，提高学生的实践操作能力和创新能力。

七、说明

在保证大纲基本要求的前提下，可根据专业方向的不同，对教学内容、教学环节、学时分配等做适当调整。

八、参考文献

[1] 陈国辉. 基础会计 [M]. 大连：东北财经大学出版社，2007.

[2] 葛家澍. 会计学 [M]. 北京：高等教育出版社，2006.

[3] 栾甫贵. 基础会计 [M]. 北京：机械工业出版社，2007.

[4] 蒋泽生. 基础会计 [M]. 北京：中国人民大学出版社，2007.

[5] 桂良军. 会计学 [M]. 北京：清华大学出版社，2009.

[6] 唐国平. 会计学基础 [M]. 北京：高等教育出版社，2007.

[7] 朱小平. 初级会计学 [M]. 北京：中国人民大学出版社，2009.

[8] 财政部会计司. 企业会计准则——应用指南 [M]. 北京：中国财政经济出版社，2006.

附录 A 初级会计学课程知识体系描述

知识领域 5：会计反映系统（ARS）。

知识单元 1：总论（ARS_1）（核心）。

知识单元 2：会计处理方法（ARS_2）（选修）。

知识单元 3：会计科目与账户（ARS_3）（核心）。

知识单元 4：复式记账原理及其应用（ARS_4）（核心）。

知识单元 5：会计凭证（ARS_5）（核心）。

知识单元 6：会计账簿（ARS_6）（核心）。

知识单元 7：成本计算（ARS_7）（核心）。

知识单元 8：编制报表前的准备工作（ARS_8）（核心）。

知识单元 9：财务会计报告（ARS_9）（核心）。

知识单元 10：会计核算组织程序（ARS_{10}）（核心）。

知识单元 11：会计工作组织（ARS_{11}）（选修）。

说明：凡是对某个知识单元有较高要求的，则在该知识单元后面用"＊"标出，而在知识单元中对某些知识点有较高要求的在知识点后面用"＊"标出。

知识单元 1：总论（ARS_1）（核心）。

参考学时：12 学时。

知识点：

会计的含义、职能和目标；

会计对象、会计要素、会计等式；

会计核算的基本前提和会计信息质量要求；

会计方法。

学习目标：

（1）了解会计的产生和发展。

（2）了解会计发展与环境的关系。

知识单元2：会计处理方法（ARS$_2$）（选修）。

参考学时：2学时。

知识点：

会计确认；

会计计量；

会计记录；

会计报告；

会计循环。

学习目标：

（1）了解会计的基本内容。

（2）了解会计报告的基本内容。

（3）了解会计循环的整体过程。

知识单元3：会计科目与账户（ARS$_3$）（核心）。

参考学时：6学时。

知识点：

会计科目；

会计账户的格式；

会计账户的分类；

总账与明细账的平行登记。

学习目标：

（1）了解会计科目的内容。

（2）了解会计科目与账户之间的关系。

（3）了解会计账户的结构。

（4）了解设置会计科目的意义。

知识单元4：复式记账原理及其应用（ARS$_4$）（核心）。

参考学时：22学时。

知识点：

复式记账法的基本原理；

借贷记账法；

资金筹集业务的核算；

供应过程业务的核算；

生产过程业务的核算；

销售过程业务的核算；

财务成果形成与分配业务的核算；

账户按用途和结构分类。

学习目标：

（1）了解单式记账法。

（2）了解复式记账的基本原理。

（3）掌握借贷记账法的主要内容。

（4）掌握借贷记账法的应用。

知识单元5：会计凭证（ARS_5）（核心）。

参考学时：8 学时。

知识点：

会计凭证含义；

原始凭证的分类；

原始凭证的填制与审核；

记账凭证的分类；

记账凭证的填制与审核；

会计凭证的传递。

学习目标：

（1）了解原始凭证各要素的作用。

（2）了解记账凭证各要素的作用。

（3）了解会计凭证的传递原则。

知识单元6：会计账簿（ARS_6）（核心）。

参考学时：8 学时。

知识点：

会计账簿的分类及格式；

日记账、总分类账和明细分类账的格式及其具体登记方法；

账簿的使用和登记规则；

错账的更正规则与方法。

学习目标：

（1）了解会计账簿的作用和设置原则。

（2）了解会计账簿设置的意义。

（3）了解会计账簿各要素的作用。

（4）了解会计账簿的更换。

知识单元7：成本计算（ARS_7）（核心）。

参考学时：4 学时。

知识点：

产品成本的主要内容；

外购材料取得成本的计算；

固定资本取得成本的计算；

产品成本的计算；

永续盘存制与实地盘存制。

学习目标：

（1）了解成本计算的意义、作用和基本内容。

（2）了解成本计算与会计计量的关系。

（3）了解成本计算在会计核算中的地位。

知识单元8：编制报表前的准备工作（ARS_8）（核心）。

参考学时：8 学时。

知识点：

期末账项调整的主要内容；

对账工作；

结账的程序和内容；

存货清查结果的账务处理；

固定资产清查结果的账务处理；

银行存款余额调节表的编制。

学习目标：

（1）了解编表前准备工作的意义和内容。

（2）了解对账与结账的主要方法。

（3）了解财产清查的意义、种类及一般处理程序。

知识单元9：财务会计报告（ARS_9）（核心）。

参考学时：6 学时。

知识点：

财务会计报告的组成；

财务会计报表的分类；

资产负债表的结构与编制；

利润表的结构与编制。

学习目标：

（1）了解财务会计报告的审批、报送程序。

（2）了解财务报告的定义、分类及设计原则。

（3）了解财务报告分析的内容与方法。

知识单元10：会计核算组织程序（ARS_{10}）（核心）。

参考学时：18 学时。

知识点：

何为会计核算组织程序；

记账凭证核算组织程序；

科目汇总表核算组织程序。

学习目标：

（1）了解会计核算组织程序的含义、种类及其主要特点。

（2）了解汇总记账凭证核算组织程序和日记账核算组织程序。

（3）了解各种具体核算组织程序的异同点。

知识单元 11：会计工作组织（ARS$_{11}$）（选修）。

参考学时：2 学时。

知识点：

何为会计工作组织；

会计人员、会计机构如何设置；

会计工作的组织形式；

会计法规。

学习目标：

（1）了解组织会计工作的意义和要求。

（2）了解会计的档案的主要内容及保管期限。

（3）了解会计工作组织的主要内容。

附录 B　初级会计学课程描述

课程：初级会计学。

参考学时：96 学时。

参考学分：4 学分。

概述：

初级会计学课程的教学目标：使学生具备会计行业高素质人才所需要的会计专业基本功。就是争取在有限的学时内，通过讲课、实训辅导等多种教学方式的灵活运用，将教材所涉及的基本理论、基本方法和基本技能有机地与现实的会计实践结合起来，从而使学生在最大限度内将本课程的理论与实践有效结合。通过本课程的学习，学生能熟练把握原始单据、记账凭证等会计凭证的填制与审核的会计基本技能；能正确应用会计的基本规范，能说出会计的基本术语；能正确判断经济业务性质和内容，能准确按照会计的专门方法作会计基本业务处理；能根据案例资料有能力建账、记账、算账、更改错账，能具备企业记账员岗位要求的基本能力。在理解会计的基本知识和关键的基本理论的基础上，为下一步的会计专业知识的学习打下坚实的基础。

教学目标：

（1）提高学生运用课程的基本原理、基本方法的能力，使学生具备基本上岗的能力。

（2）通过学习，掌握会计工作的实际流程和处理程序。

（3）培养填制审核凭证、建账及登记账簿的会计实践处理能力。

（4）具备算账、更改错账和编制简要会计报表的能力。

通过初级会计学课程的学习，培养学生严谨求学的科学态度和刻苦钻研的学习作风，具有良好的社会责任感和职业道德。通过学习会计基本理论与方法，提高学生会计专业的认知能力，并具备一定的沟通能力和组织协调能力，同时还应具备一定的分析和运用会计信息进行评价的能力，从而激发学生的求知欲望、探索精神，培养学生独立创新的意识。

前导课程：无。

课程提纲：

（1）会计要素、会计等式、会计核算基本准则。

（2）会计账户。

（3）借贷记账法。

（4）会计凭证。

（5）会计账簿。

（6）会计报告。

（7）会计核算组织程序。

初级会计学课程涵盖的知识单元有：ARS_1、ARS_2、ARS_3、ARS_4、ARS_5、ARS_6、ARS_7、ARS_8、ARS_9、ARS_{10}、ARS_{11}。

说明：适用于会计学专业所有专业方向，必修课程。

附录 C　初级会计学实验（实践）项目描述

一、设计性实验（DE）

实验项目 1：经济业务对会计等式的影响（必修）（DE_1）。

参考学时：2 学时。

涵盖知识单元：ARS_1。

实验目标：

（1）了解会计要素的含义及分类。

（2）理解会计要素之间的内在联系。

（3）熟悉会计等式及经济业务对会计等式的影响。

说明：专业必修。

实验项目 2：总分类账与明细分类账之间的平行登记（必修）（DE_2）。

参考学时：2 学时。

涵盖知识单元：ARS_1、ARS_3。

实验目标：

（1）了解会计科目与会计账户的分类方法。

（2）掌握总分类账与明细分类账之间的平行登记关系。

（3）理解会计账户结构，进行简要账户的登记。

说明：专业必修。

实验项目3：试算平衡表的登记（必修）（DE_3）。

参考学时：2学时。

涵盖知识单元：ARS_3、ARS_4。

实验目标：

（1）掌握借贷记账法的基本原理。

（2）借贷记账法下"T"形账户的基本内容及结构。

（3）试算平衡表的基本结构与登记方法。

说明：专业必修。

实验项目4：会计凭证的填制（必修）（DE_4）。

参考学时：2学时。

涵盖知识单元：ARS_3、ARS_4、ARS_5。

实验目标：

（1）理解原始凭证与记账凭证的分类、要素及基本格式。

（2）掌握原始凭证与记账凭证的填制与登记。

说明：专业必修。

实验项目5：会计账簿的登记（必修）（DE_5）。

参考学时：2学时。

涵盖知识单元：ARS_3、ARS_4、ARS_5、ARS_6。

实验目标：

（1）理解会计账簿的分类、要素及基本格式。

（2）掌握各种会计账簿的设置与登记方法。

（3）熟悉错账的更正方法。

说明：专业必修。

实验项目6：财产清查结果的账务处理（必修）（DE_6）。

参考学时：2学时。

涵盖知识单元：ARS_5、ARS_6、ARS_8。

实验目标：

（1）掌握对结账的一般处理程序和方法。

（2）掌握银行存款余额调节表的编制。

（3）掌握各种财产的清查方法和结果处理。

说明：专业必修。

二、综合性实验（IE）

实验项目1：产品成本计算（必修）（IE_1）。

参考学时：2学时。

涵盖知识单元：ARS_4、ARS_5、ARS_6、ARS_7。

实验目标：

（1）理解产品成本的构成。

（2）掌握产品成本（材料成本、人工费用分配及制造费用分配）计算的一般过程。

说明：专业必修。

实验项目2：会计报表的编制（必修）（IE_2）。

参考学时：2学时。

涵盖知识单元：ARS_5、ARS_6、ARS_8、ARS_9。

实验目标：

（1）掌握财务会计报告的主要内容。

（2）掌握资产负债表的格式、内容与填制。

（3）掌握利润表的格式、内容与填制。

说明：专业必修。

实验项目3：科目汇总表核算组织程序的处理流程（必修）（IE_3）。

参考学时：16学时。

涵盖知识单元：ARS_4、ARS_5、ARS_6、ARS_8、ARS_9、ARS_{10}。

实验目标：

（1）理解会计核算组织程序的分类方法。

（2）掌握记账凭证核算组织程序的一般处理过程。

（3）掌握科目汇总表核算组织程序的一般处理过程。

说明：专业必修。

第六节　中级财务会计学课程教学规范

一、中级财务会计学课程在人才培养中的地位及作用

中级财务会计学是高等教育会计学专业的专业核心课程，是财务会计实际工作最重要的课程之一。本课程以会计目标的实现——提供会计信息为导向，以基本会计假设和会计原则为前提，以财务会计概念框架为理论基础，以会计要素为主线，系统阐述会计要素的确认、计量、记录和报告。在会计学专业课程设置中具有承上启下的作用，既要以先修课程初级会计学为基础，又是学习高级财务会计、成本会计、财务管理等专业课程的基础。本课程通过课堂教学、案例教学、实验教学多种教学方式，使学生具备专业判断能力所要求的基本素质，从而提高分析和解决实际问题的能力；提高学生的专业素养，为进一步学习其他专业课程打下必要的专业基础；培养能够体现会计专业人才培养目标、具有较强动手能力和实际操作技能、具有创新性的应用型会计专业综合人才，为今后的教学工作和学生将来从事的会计专业工作打下必要的基础。

因此，课程所对应的相关职业岗位是会计学专业方向学生就业主要渠道之一，在教学中举足轻重。

二、中级财务会计学课程教学目标

中级财务会计学课程的教学目标：本课程以初级会计学为基础，以财务会计目标为导向，以对外报告信息的生成为主线，以四项基本会计假设为前提，以资产为依托，主要阐明企业的一般经济业务和会计事项的确认、计量、记录和报告的财务会计基本理论和方法。在教学过程中，通过灵活多样的教学手段和方法，调动学生学习积极性和主动性，激发学生的学习兴趣和潜能，提高学生专业判断能力和分析问题、解决问题的能力。通过课堂教学、案例教学、实验教学多种教学方式，学生具备专业判断能力所要求的基本素质，提高学生的专业素养。为后续专业课程打下坚实的基础。

（一）知识目标

中级财务会计学课程的学习，必须包含与学生所学专业相关的所有核心知识单元，并达到相应的学习目标，此外还应包含与专业相近的部分选修知识单元。知识单元的学习目标分为掌握、理解、了解三个层次：

（1）掌握：对内容透彻理解、牢固掌握并能熟练应用。

（2）理解：对内容理解并能掌握，会用它们分析、解决相关简单问题。

（3）了解：对内容进行初步了解，一般不要求应用。

（二）能力目标

以综合素质与能力的培养为目标，培养学生日常会计业务处理的基本能力，为其综合运用和发展专业技术能力、提高综合素质、获得全面发展奠定基础。具体包括以下几个方面：

（1）提高学生专业判断能力和分析问题、解决问题的能力。

（2）通过学习，掌握会计日常业务处理方法和技巧。

（3）培养实践会计处理动手能力和会计综合业务的分析处理能力。

（4）培养将技巧灵活运用到实务中财务报告编制的能力。

（三）素质目标

通过中级财务会计学课程的学习，培养学生严谨求学的科学态度和刻苦钻研的学习作风，具有良好的社会责任感和职业道德。通过学习会计日常业务的处理程序和方法，提高学生专业判断能力和分析问题、解决问题的能力，激发学生的求知欲望、探索精神，具有较强动手能力和实际操作技能，培养独立创新意识。

三、中级财务会计学的知识体系

知识体系的结构可以划分为三个层次，分别是知识领域、知识单元和知识点。中级财务会计学的知识体系由 15 个知识单元构成，其中核心知识单元 12 个，选修知识单元 3 个。

（一）中级财务会计学的知识体系

知识领域 5：会计反映系统（ARS）。

知识单元 1：总论（ARS_{12}）（核心）。
知识单元 2：货币资金（ARS_{13}）（核心）。
知识单元 3：存货（ARS_{14}）（核心）。
知识单元 4：金融资产（ARS_{15}）（核心）。
知识单元 5：长期股权投资（ARS_{16}）（核心）。
知识单元 6：固定资产（ARS_{17}）（核心）。
知识单元 7：无形资产（ARS_{18}）（选修）。
知识单元 8：投资性房地产（ARS_{19}）（核心）。
知识单元 9：资产减值（ARS_{20}）（核心）。
知识单元 10：负债（ARS_{21}）（核心）。
知识单元 11：所有者权益（ARS_{22}）（选修）。
知识单元 12：费用（ARS_{23}）（选修）。
知识单元 13：收入和利润（ARS_{24}）（核心）。
知识单元 14：财务报告（ARS_{25}）（核心）。
知识单元 15：会计调整（ARS_{26}）（核心）。

（二）中级财务会计学知识体系描述（见附录 A）

中级财务会计学的知识体系概要说明了知识领域、知识单元和知识点，以及哪个单元是核心，哪个单元是选修，所需的参考学时数等。本部分关于知识领域、知识单元和知识点的详细描述在附录中给出。

（三）中级财务会计学知识体系汇总表

表内各核心单元后面的括弧内给出了它们各自的参考学时数，见表 2-11。

表 2-11　　　　　　　　　　中级财务会计学知识体系汇总表

知识领域	核心知识单元（参考学时）	选修知识单元（参考学时）
知识领域 5：会计反映系统（ARS）（128）	ARS_{12}：总论（4 学时） ARS_{13}：货币资金（4 学时） ARS_{14}：存货（12 学时） ARS_{15}：金融资产（16 学时） ARS_{16}：长期股权投资（16 学时） ARS_{17}：固定资产（10 学时） ARS_{19}：投资性房地产（6 学时） ARS_{20}：资产减值（6 学时） ARS_{21}：负债（14 学时） ARS_{24}：收入和利润（14 学时） ARS_{25}：财务报告（14 学时） ARS_{26}：会计调整（6 学时）	ARS_{18}：无形资产（2 学时） ARS_{22}：所有者权益（2 学时） ARS_{23}：费用（2 学时）

四、中级财务会计学课程体系

（一）课程设置，见表 2 – 12

表 2 – 12　　　　　　　　　　　　　　课程设置

序号	课程名称	学时/学分(其中实验学时/学分)	实验项目	核心知识单元	选修知识单元	说明
1	中级财务会计学	128/6 (16/1)	IE_1、IE_2、IE_3	ARS_{12}、ARS_{13}、ARS_{14}、ARS_{15}、ARS_{16}、ARS_{17}、ARS_{19}、ARS_{20}、ARS_{21}、ARS_{24}、ARS_{25}、ARS_{26}、	ARS_{18}、ARS_{22}、ARS_{23}	适合会计学专业各专业方向

（二）中级财务会计学课程描述（见附录 B）

下面对该课程进行描述，主要对课程的前导课程、课程提纲、课程知识单元汇总等方面进行描述，见附录 B。

五、课程主要教学方式

（一）课堂讲授

1. 课堂讲授内容

总论（涵盖知识单元 ARS_{12}）。

货币资金（涵盖知识单元 ARS_{13}）。

存货（涵盖知识单元 ARS_{14}）。

金融资产（涵盖知识单元 ARS_{15}）。

长期股权投资（涵盖知识单元 ARS_{16}）。

固定资产（涵盖知识单元 ARS_{17}）。

无形资产（涵盖知识单元 ARS_{18}）。

投资性房地产（涵盖知识单元 ARS_{19}）。

资产减值（涵盖知识单元 ARS_{20}）。

负债（涵盖知识单元 ARS_{21}）。

所有者权益（涵盖知识单元 ARS_{22}）。

费用（涵盖知识单元 ARS_{23}）。

收入和利润（涵盖知识单元 ARS_{24}）。

财务报告（涵盖知识单元 ARS_{25}）。

会计调整（涵盖知识单元 ARS_{26}）。

2. 教学方法

中级财务会计学课程教学应以课堂教学、案例教学、实验教学并重，结合实际财务工作进行。

课堂面授主要讲知识的背景、讲重点、讲难点、讲热点、讲获取知识和信息的方法和手段；案例分析讨论，构建了师生交流的平台，调动学生学习的积极性和主动性；多媒体教学，使教学内容更加形象直观、丰富多彩、生动活泼，活跃课堂气氛；网络课堂，提高学生自主学习的兴趣；课外练习，巩固了课堂所学的知识，提高学生独立分析问题和解决问题的能力；课程实验和分章节实训，使学生在全真模拟环境下全面了解会计实务，提高实际操作技能；考试制度在考查学生学习效果的同时为客观评价学生的学习成绩提供了依据。

实践教学是中级财务会计学课程教学的重要环节。实践教学中采用课程软件模拟训练，融入模拟企业相关资料，培养实践应用能力和创新能力，对激发学生的学习兴趣起到很大的作用。

3. 教学手段

教学手段、形式上应多样，可以采取多种方式，充分合理地运用多媒体等现代化教学手段。通过制作大量的幻灯片、投影片、教学录像片和多媒体教学软件，将抽象的概念直观化、复杂的问题简明化，使学生对教学内容一目了然，教学效果将会显著改善。

(二) 实训实验课

将实训、实验指导作为教学过程的重要环节，注重以多种方式对学生动手能力进行训练。每章都配有仿真的实训资料，组织学生进行课程实训，及时完成专业知识学习向实践能力锻炼的转化。利用专门课程实验软件进行课程实验，把感性认识与实务操作有机结合起来，在实践教学中注重突出对学生分析问题和解决问题的综合能力的训练。

(三) 案例教学

案例教学鼓励学生关注热门会计问题，组织学生开展小组讨论，以培养其分析问题、解决问题的能力以及团队合作精神。课前布置案例和学习任务，由学生代表发言，教师授课仍以主题案例为主线，提示案例要点并加以延伸，学生进一步讨论，教师点评并对案例进行解析，课后讨论作业案例。

六、课程考核

考核是引导学生学习、检查教学效果、保证教学质量的重要环节，也是体现课程要求规范的重要标志。根据中级财务会计学课程内容建立多元化的课程教学考核方法。考核评价着重考核学习过程，而不仅仅考核最终结果。多元化的考核方法主要是指课程成绩通过过程评价、结果评价及结果反馈评价等方面来体现，而且从比例上更能体现对过程的重视，注重对学生自主学习能力、发现问题及解决问题的能力、创新精神、团队合作精神等的评价。

理论与实践分别考核，单独计算学分。理论考核部分：出勤成绩，占理论课总分的5%，由理论授课教师根据每次上课的考勤记录评定；案例讨论成绩，占理论课总分的10%，由案例讨论课教师根据学生参与讨论发言及提交的案例材料情况评定；作业和实训成绩，占理论课总分的15%，由作业批改教师根据学生提交作业完成情况和实训完成情况评定；期末理论笔试成绩，占理论课总分的 70%，由试卷批改教师根据学生提交的试卷完成情况评定。实践考核部分：出勤成绩，在课程实验总分中占 20%，由课程实验指导教师根据每日的考勤记录评定；实验操作技能成绩，占课程实验总分的 80%，由实验指导老师根据学生实验完成后提交的实验材料、实验软件提供成绩并参考现场实验情况评定。

七、说明

在保证大纲基本要求的前提下，可根据专业方向的不同，对教学内容、教学环节、学时分配等做适当调整。

附录 A　中级财务会计学课程知识体系描述

知识领域 5：会计反映系统（ARS）

知识单元 1：总论（ARS_{12}）（核心）。
知识单元 2：货币资金（ARS_{13}）（核心）。
知识单元 3：存货（ARS_{14}）（核心）。
知识单元 4：金融资产（ARS_{15}）（核心）。
知识单元 5：长期股权投资（ARS_{16}）（核心）。
知识单元 6：固定资产（ARS_{17}）（核心）。
知识单元 7：无形资产（ARS_{18}）（选修）。
知识单元 8：投资性房地产（ARS_{19}）（核心）。
知识单元 9：资产减值（ARS_{20}）（核心）。
知识单元 10：负债（ARS_{21}）（核心）。
知识单元 11：所有者权益（ARS_{22}）（选修）。
知识单元 12：费用（ARS_{23}）（选修）。
知识单元 13：收入和利润（ARS_{24}）（核心）。
知识单元 14：财务报告（ARS_{25}）（核心）。
知识单元 15：会计调整（ARS_{26}）（核心）。
说明：凡是对某个知识单元有较高要求的，则在该知识单元后面用"＊"标出，而在知识单元中对某些知识点有较高要求的在知识点后面用"＊"标出。

知识单元 1：总论（ARS_{12}）（核心）。
参考学时：4 学时。
知识点：
财务会计的概念；
财务会计的信息质量要求；
财务会计的基本假设；

会计确认与会计计量原则；

财务报告要素。

学习目标：

（1）掌握财务会计的概念和目标。

（2）理解财务会计的特征和信息使用者。

（3）深刻理解财务会计信息质量要求的八项原则。

（4）深刻理解财务会计的四个基本假设。

（5）掌握会计确认标准和会计计量属性。

（6）了解财务会计六大要素之间的关系。

知识单元 2：货币资金（ARS_{13}）（核心）。

参考学时：4 学时。

知识点：

现金的管理与核算；

银行存款的管理与核算；

其他货币资金的管理与核算。

学习目标：

（1）掌握货币资金的概念。

（2）掌握货币资金包括的基本内容。

（3）重点掌握现金的核算方法。

（4）重点掌握备用金的核算方法

（5）掌握银行存款的核算方法。

（6）掌握其他货币资金的核算方法。

知识单元 3：存货（ARS_{14}）（核心）。

参考学时：12 学时。

知识点：

存货的概念、分类和确认；

存货的初始计量；

发出存货的计价；

计划成本法与存货估价法；

存货的期末计量 *。

存货清查

学习目标：

（1）掌握存货的概念和确认条件。

（2）重点掌握存货的初始计量方法。

（3）掌握发出存货的计价方法及账务处理。

（4）掌握存货的计划成本法和账务处理方法。

（5）掌握存货的期末计量和账务处理方法。

（6）掌握存货的清查方式和账务处理方法。

知识单元4：金融资产（ARS_{15}）（核心）*。

参考学时：16学时。

知识点：

金融资产的概念和分类；

交易性金融资产；

持有至到期投资*；

贷款和应收款项；

可供出售金融资产*；

金融资产减值*。

学习目标：

（1）掌握金融资产的概念和分类。

（2）重点掌握交易性金融资产公允价值变动的会计处理。

（3）掌握持有至到期投资利息收入确认的会计处理。

（4）重点贷款和应收款项的会计处理方法。

（5）掌握可供出售金融资产公允价值变动的会计处理。

（6）掌握金融资产减值测试的方法和会计处理。

知识单元5：长期股权投资（ARS_{16}）（核心）*。

参考学时：16学时。

知识点：

长期股权投资的初始计量*；

长期股权投资的成本法；

长期股权投资的权益法*；

长期股权投资成本法与权益法的转换*；

长期股权投资的处置。

学习目标：

（1）了解投资企业与联营企业及合营企业之间发生的未实现内部交易损益的抵销。

（2）深刻理解控制、共同控制的重大影响。

（3）掌握长期股权投资的概念、内容以及以非企业合并方式取得的长期股权投资的初始计量和长期股权投资的处置。

（4）重点掌握企业合并形成的长期股权投资的初始计量、长期股权投资的后续计量以及成本法和权益法的转换。

知识单元6：固定资产（ARS_{17}）（核心）。

参考学时：10学时。

知识点：

固定资产的概念、分类和确认；

固定资产的初始计量*；

固定资产折旧*；

固定资产后续支出；

固定资产处置。

学习目标：

（1）了解固定资产的分类。

（2）掌握固定资产的概念、计价标准、确认条件以及后续支出和处置的会计处理。

（3）重点掌握固定资产的初始计量方法、折旧方法。

知识单元7：无形资产（ARS_{18}）（选修）。

参考学时：2学时。

知识点：

无形资产的概念、分类和确认；

无形资产的初始计量；

内部研发费用确认与计量；

无形资产的后续计量；

无形资产的处置。

学习目标：

（1）了解无形资产的概念、确认条件和初始计量方法。

（2）理解内部研发费用的确认原则和账务处理方法。

（3）了解无形资产的摊销方法及摊销、出售、报废的账务处理方法。

知识单元8：投资性房地产（ARS_{19}）（核心）。

参考学时：6学时。

知识点：

投资性房地产的概念、范围和确认；

投资性房地产的初始计量；

投资性房地产的后续计量*；

投资性房地产的后续支出；

投资性房地产与非投资性房地产的转换*；

投资性房地产的处置。

学习目标：

（1）了解投资性房地产的性质与范围。

（2）掌握投资性房地产的概念、确认条件以及投资性房地产的后续支出和处置。

（3）重点掌握投资性房地产的初始计量、后续计量模式及其变更、投资性房地产与非投资性房地产的转换。

知识单元9：资产减值（ARS$_{20}$）（核心）。

参考学时：6学时。

知识点：

资产减值的含义和确认；

资产可收回金额的计量；

资产减值损失的确认与计量*；

资产组的认定及减值处理*；

总部资产的减值测试；

商誉减值测试与处理。

学习目标：

（1）理解总部资产和商誉的减值测试方法及处理。

（2）掌握资产减值的含义及确认标准、资产组的认定及减值测试。

（3）重点掌握资产可收回金额的计量，资产减值损失的确认与计量。

知识单元10：负债（ARS$_{21}$）（核心）*。

参考学时：14学时。

知识点：

负债的含义、特征、分类和确认；

流动负债的核算内容及会计核算；

非流动负债的核算内容及会计核算*；

借款费用的确认与计量*；

债务重组的含义、特征、方式及会计核算。

学习目标：

（1）了解流动负债与长期负债的区别。

（2）掌握负债的特点与分类以及或有负债、债务重组、借款费用的含义。

（3）重点掌握应付职工薪酬、应交税费的会计处理。

（4）重点掌握长期借款、应付债券的会计处理。

（5）重点掌握预计负债、借款费用、债务重组的账务处理。

（6）理解借款费用资本化的条件及会计处理。

知识单元11：所有者权益（ARS$_{22}$）（选修）。

参考学时：2学时。

知识点：

所有者权益概述；

投入资本；

留存收益。

学习目标：

（1）了解所有者权益的概念、性质、来源和构成。

（2）了解实收资本和股本增减变动的账务处理。

（3）了解资本公积、留存收益的构成内容及会计处理方法。

（4）熟悉投入资本的主要法律规定。

知识单元 12：费用（ARS_{23}）（选修）。

参考学时：2 学时。

知识点：

费用的概念和分类；

费用的确认与计量；

生产成本的概念；

生产费用的归集和分配；

期间费用的核算。

学习目标：

（1）了解费用的概念和分类。

（2）了解费用的确认和计量方法。

（3）了解生产成本的概念及生产费用的归集和分配方法。

（4）熟悉期间费用的核算方法。

知识单元 13：收入和利润（ARS_{24}）（核心）[*]。

参考学时：14 学时。

知识点：

收入的概念、特征及其分类；

销售商品收入、提供劳务收入的确认与计量[*]；

让渡资产使用权收入、建造合同收入的确认与计量；

利润的构成、结转与分配；

所得税会计处理方法——资产负债表债务法[*]。

学习目标：

（1）了解收入的特征和分类，利润的组成内容，利润分配的基本程序。

（2）掌握收入的概念、确认和计量，利润形成的账务处理，利润分配的账务处理方法。

（3）重点掌握对各类收入进行会计核算的账务处理方法，资产计税基础和负债计税基础的确定，所得税费用的确认和计量。

（4）理解应纳税暂时性差异和可抵扣暂时性差异的确定，递延所得税资产和递延所得税负债的确认。

知识单元 14：财务报告（ARS_{25}）（核心）。

参考学时：14 学时。

知识点：

财务报告披露方式与列报要求；

资产负债表；

利润表；

现金流量表[*]；

所有者权益变动表；

财务报表附注。

学习目标：

（1）了解财务报告的披露方式、列报要求，财务报表的作用，中期财务报告的编报。

（2）理解财务报表附注中重要项目的披露。

（3）掌握财务报告的概念，财务报表的种类，报表附注的形式及中期财务报告的种类。

（4）重点掌握资产负债表、利润表、现金流量表和所有者权益变动表的概念、格式、编制原理、编制方法及主要项目的填列。

知识单元 15：会计调整（ARS_{26}）（核心）。

参考学时：6 学时。

知识点：

会计政策及其变更[*]；

会计估计及其变更；

前期差错更正[*]；

资产负债表日后事项[*]。

学习目标：

（1）了解资产负债表日后事项的非调整事项。

（2）深刻理解会计政策、会计估计及资产负债表日后事项涵盖期间。

（3）掌握会计调整、会计政策变更、会计估计变更的含义，会计变更的未来适用法，资产负债表日后事项的类别。

（4）重点掌握会计政策变更的追溯调整法、前期差错更正的追溯重述法、资产负债表日后调整事项的调整方法。

附录 B　中级财务会计学课程描述

课程：中级财务会计学。

参考学时：128 学时。

参考学分：7 学分。

概述：

中级财务会计学课程的教学目标：本课程以初级会计学为基础，以财务会计目标为导向，以对外报告信息的生成为主线，以四项基本会计假设为前提，以资产为依托，主要阐明企业的一般经济业务和会计事项的确认、计量、记录和报告的财务会计基本理论和方法。在教学过程中，通过灵活多样的教学手段和方法，调动学生学习积极性和主动性，激发学生的学习兴趣和潜能，提高学生专业判断能力和分析问题、解决问题的能力。通过课堂教学、案例教学、实验教学多种教学方式，学生具备专业判断能力所要求的基本素质，提高学生的专业素养。为后续专业课程打下坚实的基础。使学生能够达到以下教学目标：

（1）提高学生专业判断能力和分析问题、解决问题的能力。

（2）通过学习，掌握会计日常业务处理方法和技巧。

（3）实践会计处理动手能力和会计综合业务的分析处理能力。

（4）培养将技巧灵活运用到实务中财务报告编制的能力。

通过中级财务会计学课程的学习，培养学生严谨求学的科学态度和刻苦钻研的学习作风，具有良好的社会责任感和职业道德。通过学习会计日常业务的处理程序和方法，提高学生专业判断能力和分析问题、解决问题的能力。激发学生的求知欲望、探索精神，具有较强动手能力和实际操作技能，培养独立创新意识。

前导课程：初级会计学。

课程提纲：

（1）财务会计概念框架。

（2）资产的会计处理程序与方法。

（3）负债的会计处理程序与方法。

（4）所有者权益的会计处理程序与方法。

（5）收入、费用的会计处理。

（6）财务报告编制

涵盖知识单元：ARS_{12}、ARS_{13}、ARS_{14}、ARS_{15}、ARS_{16}、ARS_{17}、ARS_{18}、ARS_{19}、ARS_{20}、ARS_{21}、ARS_{22}、ARS_{23}、ARS_{24}、ARS_{25}、ARS_{26}。

说明：适用于会计学专业所有专业方向，必修课程。

附录 C　中级财务会计学实验（实践）项目描述

实验项目 1：凭证填制（必修）（IE_1）。

参考学时：4 学时。

涵盖知识单元：ARS_{13}、ARS_{14}、ARS_{15}、ARS_{16}、ARS_{17}、ARS_{18}、ARS_{19}、ARS_{20}、ARS_{21}、ARS_{22}、ARS_{23}、ARS_{24}。

学习目标：

（1）熟悉实验企业的财务制度。

（2）掌握收据、进账单、银行汇票、转账支票、现金支票、银行承兑汇票和商业承兑汇票等原始凭证的填写。

（3）重点掌握现收、现付、银收、银付和转账凭证的填制。

说明：专业必修。

实验项目 2：账簿登记（必修）（IE_2）。

参考学时：4 学时。

涵盖知识单元：ARS_{13}、ARS_{14}、ARS_{15}、ARS_{16}、ARS_{17}、ARS_{18}、ARS_{19}、ARS_{20}、ARS_{21}、ARS_{22}、ARS_{23}、ARS_{24}。

学习目标：

（1）掌握科目汇总表的编制、账簿的处理及账簿的登记方法。

（2）掌握现金日记账、银行存款日记账、总账和明细账的登记。

说明：专业必修。

实验项目 3：编制报表（必修）（IE_3）。

参考学时：8 学时。

涵盖知识单元：ARS_{25}。

学习目标：

（1）了解财务会计报告的内容、编制要求和基本原则。

（2）掌握报表编制的方法。

（3）掌握资产负债表、利润表以及现金流量表的编制。

说明：专业必修。

第七节　高级会计学课程教学规范

一、高级会计学课程在人才培养中的地位及作用

高级会计学是会计学专业的重要专业课程之一，是学生必须熟练掌握的一门专业主干课程。该课程研究企业特殊的会计问题，包括特殊的财务报告（如控股公司的合并财务报表、海外子公司的外币报表折算等）、特殊会计（如外币交易会计、租赁会计等）事项的处理方法，以及特殊状况下的会计处理问题（如企业合并、企业破产和清算等），是一门前瞻性较强的专业理论和实务课程，研究内容具有一定复杂性。

二、高级会计学课程教学目标

本课程的教学，旨在培养学生掌握有关复杂经济活动的财务会计理论和方法，使学生具有分析复杂经济业务并进行会计处理的能力；同时，使学生了解会计领域中新的、前沿理论问题。最终培养出符合社会需要、具有完整会计知识结构、高质量的会计人才。

（一）知识目标

高级会计学课程的学习，必须包含与学生所学专业相关的所有核心知识单元，并

达到相应的学习目标，此外还应包含与专业相近的部分选修知识单元。知识单元的学习目标分为掌握、理解、了解三个层次：

(1) 掌握：对内容透彻理解、牢固掌握并能熟练应用。

(2) 理解：对内容理解并能掌握，会用它们分析、解决相关简单问题。

(3) 了解：对内容进行初步了解，一般不要求应用。

（二）能力目标

通过本课程学习，应当使学生掌握企业主要的特殊业务会计的基本理论方法和基本技能。具体包括以下几个方面：

(1) 掌握持续经营情况下特殊业务的会计分录编制方法，特殊业务包括企业合并、外币业务、租赁、股份支付等。

(2) 掌握非持续经营情况下企业破产清算会计分录编制方法。

(3) 掌握特殊财务报告编制方法，包括控股公司的合并报表、外币报表折算、一般购买力会计报表、破产清算财务报告等。

（三）素质目标

通过高级会计学课程的学习，培养学生严谨求学的科学态度和刻苦钻研的学习作风，具有良好的社会责任感和职业道德。强化会计理论基础，提高学生对于复杂会计方法的应用能力和职业判断能力，完善其知识结构，培养社会需求的高层次会计人才。

三、高级会计学的知识体系

知识体系的结构可以划分为三个层次，分别是知识领域、知识单元和知识点。高级会计学的知识体系由1个知识领域和8个知识单元构成，其中核心知识单元6个，选修知识单元2个。

（一）高级会计学的知识体系

知识领域5：会计反映系统（ARS）。

知识单元1：企业合并（ARS_{27}）（核心）。

知识单元2：合并会计报表（ARS_{28}）（核心）。

知识单元3：外币核算（ARS_{29}）（核心）。

知识单元4：租赁会计（ARS_{30}）（核心）。

知识单元5：衍生金融工具（ARS_{31}）（选修）。

知识单元6：股份支付（ARS_{32}）（核心）。

知识单元7：物价变动会计（ARS_{33}）（选修）。

知识单元8：企业重组与清算会计（ARS_{34}）（核心）。

（二）高级会计学知识体系描述（见附录A）

高级会计学的知识体系概要说明了知识领域、知识单元和知识点，以及哪个单元是核心，哪个单元是选修，所需的参考学时数等。本部分关于知识领域、知识单元和知识点的详细描述在附录中给出。

（三）高级会计学知识体系汇总表

表内各核心单元后面的括弧内给出了它们各自的参考学时数，见表 2-13。

表 2-13 高级会计学知识体系汇总表

知识领域	核心知识单元（参考学时）	选修知识单元（参考学时）
知识领域 5：会计反映系统（ARS）	ARS_{27}：企业合并（8 学时） ARS_{28}：合并会计报表（6 学时） ARS_{29}：外币核算（4 学时） ARS_{30}：租赁会计（4 学时） ARS_{32}：股份支付（4 学时） ARS_{34}：企业重组与清算会计（2 学时）	ARS_{31}：衍生金融工具（选修）（2 学时） ARS_{33}：物价变动会计（选修）（2 学时）

四、高级会计学课程体系

（一）课程设置，见表 2-14

表 2-14 课程设置

序号	课程名称	学时/学分(其中实验学时/学分)	实验项目	核心知识单元	选修知识单元	说明
1	高级会计学	32/2		ARS_{27}、ARS_{28}、ARS_{29}、ARS_{30}、ARS_{32}、ARS_{34}、	ARS_{31}、ARS_{33}	适合会计学专业方向

（二）高级会计学课程描述（见附录 B）

下面对该课程进行描述，主要对课程的前导课程、课程提纲、课程知识单元汇总等方面进行描述，见附录 B。

五、课程主要教学方式

（一）课堂讲授

1. 课堂讲授内容

企业合并（涵盖知识单元 ARS_{27}）。

合并报表（涵盖知识单元 ARS_{28}）。

外币核算（涵盖知识单元 ARS_{29}）。

租赁会计（涵盖知识单元 ARS_{30}）。

衍生金融工具（涵盖知识单元 ARS_{31}）。

股份支付（涵盖知识单元 ARS_{32}）。

物价变动会计（涵盖知识单元 ARS_{33}）。

企业重组与清算会计（涵盖知识单元 ARS_{34}）。

2．教学方法

高级会计学课程教学以理论讲述与案例教学并重，结合实际进行分析。

课堂讲授是一种基本教学方法，以概念、原理和方法等知识性内容为主，重在知识点的教学。在课堂教学过程中，尽可能充分利用演示、示范、软件辅导等多种教学手段，它们的优点在于向学生提供感性认知，有利于正确理解和掌握抽象的基础理论，也有助于集中学生的注意力和思维想象力，激发学生学习兴趣，使现代化的教学手段成为学习知识的桥梁，达到提高课堂教学水平的目的。

案例教学的方式也有多种，一种是让学生先掌握相关知识，然后引导学生利用所学知识进行案例剖析；或者，我们先通过案例介绍把问题引出，从解决这些问题的需要出发，一一讲授相关教学内容。通常会把多个专业知识融会于一个案例之中，一方面提高了学生融会贯通能力，拓宽了学生分析问题的思路；另一方面，上市公司案例中不断出现的新业务也给学生以启示，使他们考虑问题时不拘泥于课本和现行的会计准则和制度，而是独立思考解决方案，从而达到预期教学目的。

3．教学手段

教学手段上、形式上应多样，可以采取多种方式，充分合理地运用多媒体等现代化教学手段。通过制作大量的幻灯片、投影片、教学录像片和多媒体教学软件，将抽象的概念直观化、复杂的问题简明化，使学生对教学内容一目了然，教学效果将会显著改善。

（二）案例课

案例教学是高级会计学课程教学的重要环节。高级会计学是一门应用性很强的课程，因此，课程教学应从企业实际出发，侧重对学生解决实际问题能力的培养。

（三）自主学习

高级会计学课程教学过程中要适当布置学生自学的讲授内容，并利用网络和图书馆提供更丰富的教学资源，给学生提供课外学习的指导，帮助学生提高自学能力和获取知识能力。学生也可利用高级会计学网络课堂进行自学、复习和个性化学习。

六、课程考核

考核是引导学生学习、检查教学效果、保证教学质量的重要环节，也是体现课程要求规范的重要标志。根据高级会计学课程内容建立多元化的课程教学考核方法。考核评价着重考核学习过程，而不仅仅考核最终结果。多元化的考核方法主要是指课程成绩通过过程评价、结果评价及结果反馈评价等方面来体现，而且从比例上更能体现对过程的重视，注重对学生自主学习能力、发现问题及解决问题的能力、创新精神、团队合作精神等的评价。从评价主体上，也从原来的指导教师拓展到学生个体等。这种考核方式不仅尊重了学生的个性发展，而且更能激发学生的创新欲望，开发学生的潜能，提高学生的实践操作能力和创新能力。

七、说明

在保证大纲基本要求的前提下，可根据专业方向的不同，对教学内容、教学环节、学时分配等做适当调整。

八、参考文献

[1] 梁莱歆. 高级财务会计 [M]. 北京：清华大学出版社.

[2] 张俊民. 高级财务会计教程 [M]. 上海：立信会计出版社，2008.

[3] 中华人民共和国财政部. 企业会计准则——应用指南 [M]. 北京：中国财政经济出版社，2006.

[4] 王华. 高级财务会计 [M]. 大连：东北财经大学出版社，2007.

[5] 阎达五，耿建新，戴德明. 高级会计学 [M]. 北京：中国人民大学出版社，2008.

[6] 王文彬，林钟高. 高等会计学 [M]. 上海：立信会计出版社，2008.

[7] 余国杰. 高级财务会计 [M]. 武汉：武汉大学出版社，2008.

[8] 常勋. 财务会计三大难题 [M]. 上海：立信会计出版社，1999.

附录 A　高级会计学课程知识体系描述

知识领域 5：会计反映系统（ARS）。

知识单元 1：企业合并（ARS_{27}）（核心）。

知识单元 2：合并会计报表（ARS_{28}）（核心）。

知识单元 3：外币核算（ARS_{29}）（核心）。

知识单元 4：租赁会计（ARS_{30}）（核心）。

知识单元 5：衍生金融工具（ARS_{31}）（选修）。

知识单元 6：股份支付（ARS_{32}）（核心）。

知识单元 7：物价变动会计（ARS_{33}）（选修）。

知识单元 8：企业重组与清算会计（ARS_{34}）（核心）。

说明：凡是对某个知识单元有较高要求的，则在该知识单元后面用"＊"标出，而在知识单元中对某些知识点有较高要求的在知识点后面用"＊"标出。

知识单元 1：企业合并（ARS_{27}）（核心）。

参考学时：8 学时。

知识点：

权益结合法；

购买法。

学习目标：

（1）了解企业合并的动因、含义与方式，同一控制下与非同一控制下的企业合并。

（2）掌握企业合并的购买法、购买成本的确定、购买法的特征、被并企业净资产的确认和评估、商誉与负商誉的处理方法以及购买法的账务处理。

（3）掌握企业合并的权益结合法。

（4）了解权益结合法与购买法的比较。

（5）了解企业合并在财务报表中的披露。

知识单元2：合并会计报表（ARS_{28}）（核心）。

参考学时：6学时。

知识点：

合并资产负债表；

合并利润表；

合并现金流量表。

学习目标：

（1）了解合并财务报表概述、控股合并的特点与优点、合并财务报表的性质与合并范围、合并财务报表的作用与局限性。

（2）掌握购买日的合并财务报表，合并财务报表工作底稿结构、编制程序及基本的抵销项目。

（3）掌握购买日后的合并财务报表。

（4）掌握企业集团内部的存货交易业务抵销。

（5）掌握企业集团内部的固定资产交易抵销。

（6）掌握企业集团内部的债券交易抵销。

知识单元3：外币核算（ARS_{29}）（核心）。

参考学时：4学时。

知识点：

外币交易核算；

外币期末调整；

外币报表折算。

学习目标：

（1）了解外币交易会计概述，汇率概念与分类，汇兑损益的含义、分类及其计算，外币交易的会计问题。

（2）掌握外币交易会计处理，外币交易会计处理的一般原则与基本方法。

（3）了解外币财务报表折算概述，外币财务报表折算性质、折算的主要会计问题。

（4）掌握外币财务报表折算方法，现行汇率法、区分货币与非货币项目法、区别流动与非流动性项目法以及时态法，折算方法比较。

知识单元4 租赁会计（ARS_{30}）（核心）。

参考学时：4学时。

知识点：

经营租赁；

融资租赁；

售后租回。

学习目标：

（1）了解租赁概述，租赁性质与分类，租赁的特征。

（2）了解经营租赁，经营租赁交易会计处理的一般原则、出租方与承租方的账务处理。

（3）掌握融资租赁，融资租赁的标准，融资租赁中涉及的重要概念及其处理，融资租赁交易会计处理的一般原则，"实质重于形式"原则在融资租赁中的体现，融资租赁交易出租方与承租方的账务处理。

（4）掌握租赁中的特殊会计问题，余值，未担保余值，售后租回。

（5）了解租赁在财务报告中的披露。

知识单元5：衍生金融工具（ARS_{31}）（选修）。

参考学时：2学时。

知识点：

衍生金融工具会计基本问题；

套期会计基本理论。

学习目标：

（1）了解衍生金融工具会计基本问题。

（2）了解套期会计基本理论。

（3）了解衍生金融会计基本账务处理。

知识单元6：股份支付会计（ARS_{32}）（选修）。

参考学时：4学时。

知识点：

以权益结算的股份支付；

以现金结算的股份支付；

股份支付的特殊问题。

学习目标：

（1）了解股份支付的含义与种类。

（2）掌握以权益结算的股份支付。

（3）掌握以现金结算的股份支付。

（4）了解股份支付的特殊问题与信息披露。

知识单元7：物价变动会计（ARS_{33}）（选修）。

参考学时：2学时。

知识点：

一般购买力会计；

现行成本会计。

学习目标：

（1）了解原始成本会计的局限性，原始成本会计的特点、局限性，通货膨胀对会计、财务的影响，资本保全观念，会计模式与物价变动会计模式。

（2）了解一般购买力会计、两种不同的物价变动、一般购买力会计的处理方法特点、货币性项目与非货币性项目的划分、货币性项目购买力损益计算、非货币性项目的调整计算、一般购买力会计报表。

（3）了解现行成本会计、现行成本会计的一般特征、现行成本的确定、持有损益的性质及计算。

知识单元 8：企业重组与破产清算会计（ARS_{34}）（核心）。

参考学时：2 学时。

知识点：

企业重组；

企业清算。

学习目标：

（1）了解企业重组与破产清算、破产的界定与种类、破产程序、破产清算会计特征。

（2）了解企业重组会计。

（3）掌握破产清算会计、破产清算会计要素确认与计量、清算组会计记录与报告。

附录 B　高级会计学课程描述

课程：高级会计学。

参考学时：32 学时。

参考学分：2 学分。

概述：

本课程的教学，旨在培养学生掌握有关复杂经济活动的财务会计理论和方法，使学生具有分析复杂经济业务并进行会计处理的能力；同时，使学生了解会计领域中新的、前沿理论问题。最终培养出符合社会需要、具有完整会计知识结构、高质量的会计人才。

通过本课程学习，应当使学生掌握企业主要的特殊业务会计的基本理论方法和基本技能。具体包括以下几个方面：

（1）掌握持续经营情况下特殊业务的会计分录编制方法，特殊业务包括企业合并、外币业务、租赁、股份支付等。

（2）掌握非持续经营情况下企业破产清算会计分录编制方法。

（3）掌握特殊财务报告编制方法，包括控股公司的合并报表、外币报表折算、一般购买力会计报表、破产清算财务报告等。

通过高级会计学课程的学习，培养学生严谨求学的科学态度和刻苦钻研的学习作风，具有良好的社会责任感和职业道德。强化会计理论基础，提高学生对于复杂会计方法的应用能力和职业判断能力，完善其知识结构，培养社会需求的高层次会计人才。

前导课程：初级会计学、中级财务会计学。

课程提纲：

（1）企业合并。

（2）合并报表。

（3）外币核算。

（4）租赁会计。

（5）衍生金融工具。

（6）股份支付。

（7）物价变动会计。

（8）企业重组与清算会计。

涵盖知识单元：ARS_{27}、ARS_{28}、ARS_{29}、ARS_{30}、ARS_{31}、ARS_{32}、ARS_{33}、ARS_{34}。

说明：适用于会计学专业方向，必修课程。

第八节 会计信息系统课程教学规范

一、会计信息系统课程在人才培养中的地位及作用

会计信息系统是会计学专业的重要专业课程之一，是学生必须熟练掌握的一门专业主干课程。该课程是一门融电子计算机科学，管理科学，信息科学和会计科学为一体的边缘学科。学生必须先完成计算机基本知识和会计学专业相关知识（基础会计、财务会计、成本会计、财务管理、审计、计算机基础、数据库应用系统、管理信息系统课程等）的学习，才能学好本课程。同时，通过学习本课程，可以巩固、提高以前所学知识，并促进后续其他课程的学习。

二、会计信息系统课程教学目标

通过本课程的学习，学生认识到会计信息系统在组织管理中的重要性，掌握会计信息系统的基本概念和体系结构，了解利用信息技术和系统论等知识为实际企业建立、运行、维护会计信息系统的基本过程和基本方法，掌握总账系统、会计报表系统、采购与应付系统、存货系统、销售与应收系统、工资系统、固定资产系统、成本系统、财务分析系统、资金管理系统等的实现原理、流程分析和日常业务处理，精通用友、金碟、速达等一家或多家财务软件产品的操作，了解网络财务的基本概念和典型应用方案，从而培养学生观察问题、分析问题、解决问题和实际动手的能力，并对本学科

的发展方向有一定的了解。通过本课程的学习，增强学生的资金流意识、物流意识、财务分析与管理的意识以及全局意识、团队意识和市场意识，并注意专业素养的不断提高。

（一）知识目标

会计信息系统课程的学习，必须包含与学生所学专业相关的所有核心知识单元，并达到相应的学习目标，此外还应包含与专业相近的部分选修知识单元。知识单元的学习目标分为掌握、理解、了解三个层次：

（1）掌握：对内容透彻理解、牢固掌握并能熟练应用。

（2）理解：对内容理解并能掌握，会用它们分析、解决相关简单问题。

（3）了解：对内容进行初步了解，一般不要求应用。

（二）能力目标

以综合素质与能力的培养为目标，培养学生账务处理的基本能力，为其综合运用和发展专业技术能力、提高综合素质、获得全面发展奠定基础。具体包括以下几个方面：

（1）了解利用信息技术和系统论等知识为实际企业建立、运行、维护会计信息系统的基本过程和基本方法。

（2）理解财务软件的基本程序结构及基本数据流程。

（3）掌握用友、金碟、速达等财务软件的操作，包括系统初始化、日常账务处理、固定资产核算、工资核算、成本核算、报表编制等。

（三）素质目标

通过会计信息系统课程的学习，培养学生严谨求学的科学态度和刻苦钻研的学习作风，具有良好的社会责任感和职业道德。通过学习电算化账务处理的方法，提高学生的资金流意识、物流意识、财务分析与管理的意识以及全局意识、团队意识和市场意识。激发学生的求知欲望、探索精神，培养学生独立创新的意识。

三、会计信息系统的知识体系

知识体系的结构可以划分为三个层次，分别是知识领域、知识单元和知识点。会计信息系统的知识体系由 1 个知识领域、12 个知识单元构成，其中核心知识单元 8 个，选修知识单元 4 个。

（一）会计信息系统的知识体系

知识领域 5：会计反映系统（ARS）。

知识单元 1：系统应用基础（ARS_{35}）（选修）。

知识单元 2：系统管理与企业应用平台（ARS_{36}）（核心）。

知识单元 3：总账管理（ARS_{37}）（核心）。

知识单元 4：UFO 报表管理（ARS_{38}）（核心）。

知识单元5：薪资管理（ARS_{39}）（选修）。

知识单元6：固定资产管理（ARS_{40}）（选修）。

知识单元7：应收应付款管理（ARS_{41}）（选修）。

知识单元8：供应链管理（ARS_{42}）（核心）。

知识单元9：采购管理（ARS_{43}）（核心）。

知识单元10：采购管理（ARS_{44}）（核心）。

知识单元11：采购管理（ARS_{45}）（核心）。

知识单元12：采购管理（ARS_{46}）（核心）。

（二）会计信息系统知识体系描述（见附录A）

会计信息系统的知识体系概要说明了知识领域、知识单元和知识点，以及哪个单元是核心，哪个单元是选修，所需的参考学时数等。本部分关于知识领域、知识单元和知识点的详细描述在附录中给出。

（三）会计信息系统知识体系汇总表

表内各核心单元后面的括弧内给出了它们各自的参考学时数，见表2-15。

表2-15　　　　　　　　　会计信息系统知识体系汇总表

知识领域	核心知识单元（参考学时）	选修知识单元（参考学时）
知识领域5：会计反映系统（ARS）	ARS_{36}：系统管理与企业应用平台（2学时） ARS_{37}：总账管理（12学时） ARS_{38}：UFO报表管理（4学时） ARS_{42}：供应链管理（4学时） ARS_{43}：采购管理（8学时） ARS_{44}：销售管理（8学时） ARS_{45}：库存管理（4学时） ARS_{46}：存货核算（4学时）	ARS_{35}：系统应用基础（选修）（2学时） ARS_{39}：薪资管理（ARS_5）（选修）（4学时） ARS_{40}：固定资产管理（选修）（4学时） ARS_{41}：应收应付款管理（选修）（4学时）

四、会计信息系统课程体系

（一）课程设置，见表2-16

表2-16　　　　　　　　　课程设置

序号	课程名称	学时/学分(其中实验学时/学分)	实验项目	核心知识单元	选修知识单元	说明
1	会计信息系统	64/3		ARS_{36}、ARS_{37}、ARS_{38}、ARS_{42}、ARS_{43}、ARS_{44}、ARS_{45}、ARS_{46}	ARS_{35}、ARS_{39}、ARS_{40}、ARS_{41}	适合会计学专业方向

（二）会计信息系统课程描述（见附录 B）

下面对该课程进行描述，主要对课程的前导课程、课程提纲、课程知识单元汇总等方面进行描述，见附录 B。

五、课程主要教学方式

（一）课堂讲授

1. 课堂讲授内容

系统应用基础（涵盖知识单元 ARS_{35}）。

财务管理系统（涵盖知识单元 ARS_{36}、ARS_{37}、ARS_{38}、ARS_{39}、ARS_{40}、ARS_{41}）。

供应链管理系统（涵盖知识单元 ARS_{42}、ARS_{43}、ARS_{44}、ARS_{45}、ARS_{46}）。

2. 教学方法

本课程将多种教学方法如案例教学、研究性学习、合作学习模式等相结合，达到互相取长补短的目的。在教学过程中，针对不同学习内容，灵活应用这几种方法，取得了理想的教学效果。教学过程也根据内容的需要灵活穿插角色模拟分工、讨论、测试、参观、网上学习等多种教学方法。如课堂教学中进行角色模拟分工，组织学生进行课程分组讨论，相互启发，老师进行归纳总结；进行课堂测验，组织学生到企业实训基地参观，通过设置目标任务引导学生自主探索，使用网络资源进行在线实操、答题等多种以学生为中心的教学方法，教学过程中，提示、示范、练习、检查指导、讲解相结合，教学效果很好。通过多种教学方法将研究性学习、探究性学习、协作学习等现代教育理念应用于教学中，有效地调动了学生参与学习的积极性，促进学生积极思考，培养了学生发现问题、分析问题和解决问题的能力，循序渐进地提高了学生的会计实务技能。

3. 教学手段

教学手段上、形式上应多样，可以采取多种方式，充分合理地运用多媒体等现代化教学手段。通过制作多媒体教学软件、教学录像等，将抽象的概念直观化、复杂的问题简明化，使学生对教学内容一目了然，教学效果将会显著改善。

（二）实践课

实践教学是会计信息系统课程教学的重要环节。会计信息系统是一门应用性很强的课程，因此，课程教学应从企业实际出发，侧重对学生解决实际问题能力的培养。

（三）自主学习

会计信息系统课程教学过程中要适当布置学生自学的讲授内容，并利用网络和图书馆提供更丰富的教学资源，给学生提供课外学习的指导，帮助学生提高自学能力和获取知识能力。学生也可利用会计信息系统网络课堂进行自学、复习和个性化学习。

六、课程考核

会计信息系统的考核方式及考核内容从学生的培养目标及课程的教学目的考虑，

制定了考核标准。理论与实践相结合，重点突出应用性，全面考核学生，本课程的考核内容从以理论为主转向考核学生对单元实践测试等综合技能，考核方式从期末笔试为主（期末笔试 70%，平时 30%）转向平时、实际动手操作与笔试相结合（期末笔试 50%，实践操作 35%，平时 15%），并进行了课外成绩加分的尝试。

七、说明

在保证大纲基本要求的前提下，可根据专业方向的不同，对教学内容、教学环节、学时分配等做适当调整。

八、参考文献

［1］教育部高等学校工商管理类学科专业教学指导委员会. 全国普通高等学校本科工行管理类专业育人指南［M］. 北京：高等教育出版社，2010.

［2］国家教育委员会高等教育司. 普通高等学校本科专业目录和专业简介（1993 年 7 月）［M］. 北京：高等教育出版社，1993.

［3］教育部高等教育司. 普通高等学校经济学、工商管理类本科人才社会需求和培养现状调研报告［M］. 北京：中国人民大学出版社，2005.

附录 A　会计信息系统课程知识体系描述

知识领域 5：会计反映系统（ARS）。

知识单元 1：系统应用基础 就（ARS_{35}）（选修）。

知识单元 2：系统管理与企业应用平台（ARS_{36}）（核心）。

知识单元 3：总账管理（ARS_{37}）（核心）。

知识单元 4：UFO 报表管理（ARS_{38}）（核心）。

知识单元 5：薪资管理（ARS_{39}）（选修）。

知识单元 6：固定资产管理（ARS_{40}）（选修）。

知识单元 7：应收应付款管理（ARS_{41}）（选修）。

知识单元 8：供应链管理（ARS_{42}）（核心）。

知识单元 9：采购管理（ARS_{43}）（核心）。

知识单元 10：采购管理（ARS_{44}）（核心）。

知识单元 11：采购管理（ARS_{45}）（核心）。

知识单元 12：采购管理（ARS_{46}）（核心）。

说明：凡是对某个知识单元有较高要求的，则在该知识单元后面用"＊"标出，而在知识单元中对某些知识点有较高要求的在知识点后面用"＊"标出。

知识单元 1：系统应用基础（ARS_{35}）（选修）。
参考学时：2 学时。

知识点：

用友 ERP - U8 管理软件简介；

功能特点；

总体结构；

数据关联。

学习目标：

（1）了解会计信息系统的概念。

（2）了解会计信息系统的功能特点。

（3）了解会计信息系统的总体结构。

（4）了解会计信息系统的数据关联。

知识单元 2：系统管理与企业应用平台（ARS_{36}）（核心）。

参考学时：4 学时。

知识点：

系统管理；

企业应用平台。

学习目标：

（1）系统管理功能概述。

（2）建立新年度核算体系。

（3）企业应用平台概述。

（4）基础设置。

知识单元 3：总账管理（ARS_{37}）（核心）。

参考学时：12 学时。

知识点：

总账管理系统的业务处理流程；

总账管理系统初始设置；

总账管理系统日常业务处理；

总账管理系统期末处理。

学习目标：

（1）了解总账管理系统的业务处理流程。

（2）掌握设置控制参数、设置基础数据、输入期初余额。

（3）掌握凭证管理、出纳管理、账簿管理。

（4）掌握银行对账、自动转账、对账、结账。

知识单元 4：UFO 报表管理（ARS_{38}）（核心）。

参考学时：4 学时。

知识点：

报表系统概述；

报表管理。

学习目标：

（1）了解功能概述、UFO 报表管理系统与其他系统的主要关系。

（2）了解报表定义及报表模板。

（3）掌握报表数据处理。

（4）掌握表页管理及报表输出。

知识单元5：薪资管理（ARS_{39}）（选修）。

参考学时：4 学时。

知识点：

薪资管理系统的业务处理流程；

薪资管理系统日常业务处理；

薪资管理系统期末处理。

学习目标：

（1）了解薪资管理系统的基本功能、薪资管理系统与其他系统的主要关系。

（2）了解薪资管理系统的业务处理流程。

（3）掌握薪资管理系统的初始化、日常业务处理、期末处理。

知识单元6：固定资产管理（ARS_{40}）（选修）。

参考学时：4 学时。

知识点：

固定资产管理系统的业务处理流程；

固定资产管理系统日常业务处理；

固定资产管理系统期末处理。

学习目标：

（1）了解固定资产管理系统的基本功能、固定资产管理系统与其他系统的主要关系。

（2）了解固定资产管理系统的业务处理流程。

（3）掌握固定资产管理系统的初始化、日常业务处理、期末处理。

知识单元7：应收应付款管理（ARS_{41}）（选修）。

参考学时：4 学时。

知识点：

应收款管理系统的业务处理流程；

日常业务处理；

期末处理。

学习目标：

（1）了解应收款管理系统的基本功能、与其他系统的主要关系。

（2）了解应收款管理系统的业务处理流程。

（3）掌握应收款管理系统的初始化、日常业务处理、期末处理。

（4）掌握应付款管理系统的业务流程、初始化、日常业务处理、期末处理。

知识单元 8：供应链管理（ARS_{42}）（核心）。

参考学时：4 学时。

知识点：

供应链管理系统应用方案；

供应链管理系统的业务处理流程；

供应链管理系统初始化。

学习目标：

（1）了解供应链管理系统应用方案。

（2）掌握供应链管理系统的业务处理流程。

（3）掌握供应链管理系统初始化。

知识单元 9：采购管理（ARS_{43}）（核心）。

参考学时：8 学时。

知识点：

采购管理系统日常业务处理；

综合查询；

月末结账。

学习目标：

（1）了解采购系统的基本功能、与其他系统的主要关系。

（2）掌握普通采购业务、直运采购业务、采购退货业务、现付业务、受托代销业务等日常业务的处理。

（3）掌握采购系统综合查询、月末结账。

知识单元 10：销售管理（ARS_{44}）（核心）。

参考学时：8 学时。

知识点：

销售管理系统日常业务处理；

综合查询；

月末结账。

学习目标：

（1）了解销售系统的基本功能、与其他系统的主要关系。

（2）掌握普通销售业务、委托代销业务、直运销售业务、分期收款销售业务、销售调拨业务、零售业务、销售退货业务、现收业务等的处理。

（3）掌握销售系统综合查询、月末结账。

知识单元 11：库存管理（ARS$_{45}$）（核心）。

参考学时：4 学时。

知识点：

入库业务；

出库业务；

其他业务。

学习目标：

（1）了解库存管理系统的基本功能、与其他系统的主要关系。

（2）掌握入库业务、出库业务、其他业务的处理。

知识单元 12：存货核算（ARS$_{46}$）（核心）。

参考学时：4 学时。

知识点：

存货核算系统应用模式；

存货核算系统日常业务处理；

存货核算系统月末处理。

学习目标：

（1）了解存货核算系统的基本功能、与其他系统的主要关系、存货核算系统应用模式。

（2）掌握入库业务、出库业务、单据记账、调整业务、暂估处理。

（3）掌握生成凭证、综合查询、月末结账。

附录 B　会计信息系统课程描述

课程：会计信息系统。

参考学时：64 学时。

参考学分：3 学分。

概述：

通过本课程的学习，学生认识到会计信息系统在组织管理中的重要性，掌握会计信息系统的基本概念和体系结构，了解利用信息技术和系统论等知识为实际企业建立、运行、维护会计信息系统的基本过程和基本方法，掌握总账系统、会计报表系统、采购与应付系统、存货系统、销售与应收系统、工资系统、固定资产系统、成本系统、财务分析系统、资金管理系统等的实现原理、流程分析和日常业务处理，精通用友、金碟、速达等一家或多家财务软件产品的操作，了解网络财务的基本概念和典型应用方案，从而培养学生观察问题、分析问题、解决问题和实际动手的能力，并对本学科的发展方向有一定的了解。通过本课程的学习，增强学生的资金流意识、物流意识、财务分析与管理的意识以及全局意识、团队意识和市场意识，并注意专业素养的不断提高，使学生能够达到以下教学目标：

（1）了解利用信息技术和系统论等知识为实际企业建立、运行、维护会计信息系统的基本过程和基本方法。

（2）理解财务软件的基本程序结构及基本数据流程。

（3）掌握用友、金碟、速达等财务软件的操作，包括系统初始化、日常账务处理、固定资产核算、工资核算、成本核算、报表编制等。

通过会计信息系统课程的学习，培养学生严谨求学的科学态度和刻苦钻研的学习作风，具有良好的社会责任感和职业道德。通过学习电算化账务处理的方法，提高学生的资金流意识、物流意识、财务分析与管理的意识以及全局意识、团队意识和市场意识。激发学生的求知欲望、探索精神，培养学生独立创新的意识。

前导课程：初级会计学、中级财务会计、成本会计学、财务管理学、审计学、计算机基础、数据库应用系统、管理信息系统等课程知识。

课程提纲：

（1）系统应用基础。

（2）财务管理系统。

（3）供应链管理系统。

涵盖知识单元：ARS_{35}、ARS_{36}、ARS_{37}、ARS_{38}、ARS_{39}、ARS_{40}、ARS_{41}、ARS_{42}、ARS_{43}、ARS_{44}、ARS_{45}、ARS_{46}。

说明：适用于会计学专业方向，必修课程。

附录 C　会计信息系统实验（实践）项目描述

一、设计性实验（DE）

实验项目 1：总账系统管理（必修）（DE_1）。

参考学时：8 学时。

涵盖知识单元：ARS_{35}、ARS_{36}、ARS_{37}。

学习目标：

（1）掌握财务软件中建账的过程及基础档案的设置、期初余额的录入。

（2）掌握财务软件中整个账务处理流程的操作过程，主要包括日常业务处理、出纳管理、账簿管理。

（3）掌握总账系统的期末处理。

说明：专业必修。

实验项目 2：UFO 报表系统（必修）（DE_2）。

参考学时：4 学时。

涵盖知识单元：ARS_{38}。

学习目标：

(1) 理解报表编制的原理及流程。

(2) 掌握报表格式定义、公式定义的操作方法；掌握报表单元公式的设置方法；加强构图方面的训练。

(3) 掌握报表数据处理、表页管理及图表功能等操作。

说明：专业必修。

实验项目3：其他财务管理子系统管理（选修）（DE_3）。

参考学时：4学时。

涵盖知识单元：ARS_{39}、ARS_{40}、ARS_{41}。

学习目标：

(1) 掌握薪资系统初始化、日常业务处理、期末处理。

(2) 掌握固定资产系统初始化、日常业务处理、期末处理。

(3) 掌握应收应付款系统初始化、日常业务处理、期末处理。

说明：专业必修。

实验项目4：供应链管理系统（必修）（DE_4）。

参考学时：10学时。

涵盖知识单元：ARS_{42}、ARS_{43}、ARS_{44}、ARS_{45}、ARS_{46}。

学习目标：

(1) 掌握供应链系统的初始设置。

(2) 掌握采购管理系统日常业务的操作流程、期末处理。

(3) 掌握销售管理系统日常业务的操作流程、期末处理。

(4) 掌握库存管理、存货核算日常业务的操作流程、期末处理。

说明：专业必修。

二、综合性试验

实验项目1：财务业务一体化（必修）（DE_1）。

参考学时：6学时。

涵盖知识单元：ARS_{35}、ARS_{36}、ARS_{37}、ARS_{38}、ARS_{39}、ARS_{40}、ARS_{41}、ARS_{42}、ARS_{43}、ARS_{44}、ARS_{45}、ARS_{46}。

学习目标：

以会计工作岗位需求为依据，紧密配合会计理论课教学内容，培养学生熟练掌握财务会计软件的使用以及企业会计业务核算流程的技能。按照会计信息化核算岗位工作流程，以用友ERPU8软件为基础，全班分成若干个小组，每个小组组成一个企业的财务科，组内学生轮流扮演不同的会计岗位角色，由财务主管进行岗位分工、安排工作任务。让学生进行企业角色体验，学会财务软件各岗位之间的相互配合、协调，锻炼学生的财务工作组织实施能力，以更好地适应未来的实际工作。

说明：专业必修。

第九节 财务管理学课程教学规范

一、财务管理学课程在人才培养中的地位及作用

财务管理学课程是会计学本科专业的专业核心课程之一，是培养学生财务决策能力和辅助管理决策能力的重要课程。本课程作为会计控制系统的关键课程，旨在为企业培养中高级财务主管，是提升会计信息价值的重要手段和工具，因此是会计学专业决策能力形成的先导课程。

通过本课程的学习，学生熟练掌握开展财务分析和财务决策的基本技能，形成筹资决策、投资决策和股利分配决策的综合决策能力，具备财务规划的战略眼光。即在规定学时内通过课堂讲授、课程实验、模拟练习和案例分析等多种教学方式的灵活运用，使学生全面掌握财务决策的基本技能，形成系统全面的财务管理知识体系。充分发挥课程实验和案例教学的作用，促进理论知识和实际应用的有效融合，使学生的动手操作能力得到实际训练。通过课堂讨论、案例分析报告的撰写，全面提升学生的综合分析能力、财务决策能力，促使管理和团队合作精神的形成，为今后的专业课程学习和学生将来从事企业理财工作打下必需的基础。总体而言，本课程作为会计学专业方向学生就业岗位不可或缺的关键能力培养的核心课程，在专业教学中举足轻重。

二、财务管理学课程教学目标

财务管理学课程的教学目标：通过学习该课程，学生理解和掌握财务管理的基本知识与基本技能，培养学生运用财务管理观念、财务分析方法、财务管理实务等理论知识解决企业实务领域内决策问题的能力，促进学生形成财务管理战略理念和职业思维，为后续的会计控制系统课程的学习奠定基础。

（一）知识目标

财务管理学课程的学习，必须包含与学生所学专业相关的所有核心知识单元，并达到相应的学习目标，此外还应包含专业相近的部分选修知识单元。知识单元的学习目标分为掌握、理解、了解三个层次：

（1）掌握：对所学知识内容准确理解、熟练掌握并能应用于实践。

（2）理解：对所学知识内容理解并能掌握，能应用所学知识分析、解决相关简单问题。

（3）了解：对内容进行初步了解，一般不要求应用。

（二）能力目标

以财务决策能力的形成为目标，培养学生开展财务分析和财务决策的综合应用能力，为其创新性地运用和发展专业技术能力、提高综合素质、获得全面发展奠定基础。具体包括以下几个方面：

（1）提高学生对系统性知识体系的理解和运用能力。

（2）通过学习，掌握财务决策的基本技能。

（3）培养解决企业财务领域实际问题能力和进行案例分析的能力。

（4）培养团队合作完成项目财务决策方案设计的能力。

（三）素质目标

通过财务管理学课程的学习，培养学生严谨治学的科学态度和勇于探索的学习作风，培养学生具备会计职业道德和社会责任感。通过学习财务管理学相关决策方法，引导学生形成发现问题、分析问题和解决问题的系统思维能力，激发学生主动研究专业领域内新知识和新动向的求知欲望，培养学生独立创新意识的形成。

三、财务管理学的知识体系

知识体系的结构可以划分为三个层次，分别是知识领域、知识单元和知识点。财务管理学的知识体系由 7 个知识领域和 12 个知识单元构成，其中核心知识单元 11 个，选修知识单元 1 个。

（一）财务管理学的知识体系

知识领域6：会计控制系统（ACS）。

知识单元1：财务管理学总论（ACS_1）（必修）。

知识单元2：财务管理的价值观念（ACS_2）（必修）。

知识单元3：财务分析（ACS_3）（核心）。

知识单元4：财务战略与预算（ACS_4）（必修）。

知识单元5：长期筹资方式（ACS_5）（核心）。

知识单元6：资本结构决策（ACS_6）（核心）。

知识单元7：投资决策原理（ACS_7）（核心）。

知识单元8：投资决策实务（ACS_8）（核心）。

知识单元9：短期资产管理（ACS_9）（必修）。

知识单元10：短期筹资管理（ACS_{10}）（必修）。

知识单元11：股利理论与政策（ACS_{11}）（核心）。

知识单元12：公司并购管理（ACS_{12}）（选修）。

（二）财务管理学知识体系描述（见附录A）

财务管理学知识体系概要说明了知识领域、知识单元和知识点，以及哪个单元是核心，哪个单元是选修，所需的参考学时数等。本部分关于知识领域、知识单元和知识点的详细描述参见附录。

（三）财务管理学知识体系汇总表

表内各核心单元后面的括弧内给出了它们各自的参考学时数，见表2-17。

表 2 – 17　　　　　　　　　　　　财务管理学知识体系汇总表

知识领域	核心知识单元（参考学时）	选修知识单元（参考学时）
知识领域 6：会计控制系统（ACS）	ACS_1：财务管理学总论（2 学时） ACS_2：财务管理的价值观念（2 学时） ACS_3：财务分析（10 学时） ACS_4：财务战略与预算（4 学时） ACS_5：长期筹资方式（2 学时） ACS_6：资本结构决策（14 学时） ACS_7：投资决策原理（4 学时） ACS_8：投资决策实务（14 学时） ACS_9：短期资产管理（4 学时） ACS_{10}：短期筹资管理（4 学时） ACS_{11}：股利理论与政策（2 学时）	ACS_{12}：公司并购管理（2 学时）

四、财务管理学课程体系

（一）课程设置，见表 2 – 18

表 2 – 18　　　　　　　　　　　　课程设置

序号	课程名称	学时/学分(其中实验学时/学分)	实验项目	核心知识单元	选修知识单元	说明
1	财务管理学	64/3（16/1）	TE_1、TE_2、CE_1	ACS_1、ACS_2、ACS_3、ACS_4、ACS_5、ACS_6、ACS_7、ACS_8、ACS_9、ACS_{10}、ACS_{11}	ACS_{12}	适合会计学专业各专业方向

（二）财务管理学课程描述（见附录 B）

　　下面对该课程进行描述，主要对课程的前导课程、课程提纲、课程知识单元汇总等方面进行描述，见附录 B。

五、课程主要教学方式

（一）课堂讲授

1. 课堂讲授内容

财务管理学总论（涵盖知识单元 ACS_1）。

财务管理的价值观念（涵盖知识单元 ACS_2）。

财务分析（涵盖知识单元 ACS_3）。

财务战略与预算（涵盖知识单元 ACS_4）。

资本结构决策（涵盖知识单元 ACS_6）。

投资决策原理（涵盖知识单元 ACS_7）。

投资决策实务（涵盖知识单元 ACS_8）。

短期资产管理（涵盖知识单元 ACS_9）。

短期筹资管理（涵盖知识单元 ACS_{10}）。

股利理论与政策（涵盖知识单元 ACS_{11}）。

公司并购管理（涵盖知识单元 ACS_{12}）。

2. 教学方法

财务管理学课程教学应以课堂教学与实验教学并重，结合实际进行分析。

课堂讲授作为一种基本教学方法，以概念、原理和方法等知识性内容为主，重在知识点的教学。在课堂教学过程中，尽可能充分利用多媒体、案例、视频等多种教学手段，促进学生对理论知识的正确理解和掌握，也有助于启发学生的创造力，激发学生学习兴趣，使现代化的教学手段成为学习知识的桥梁，达到提高课堂教学水平的目的。

实验教学是财务管理学课程教学的重要环节。实验教学中采用软件模拟训练，运用模拟企业资料，训练学生财务决策基本技能，培养实践应用能力和创新能力，全面激发学生自主学习的兴趣，培养创新性思维的形成。

3. 教学手段

教学手段应采取形式多样的不同方式，充分合理地运用多媒体等现代化教学手段。通过制作大量的幻灯片、投影片，充分利用网络视频和网络数据，将较难理解的概念和方法直观化、复杂的问题简明化，使学生对教学内容一目了然，促进教学效果的改善。

（二）实验课

实验教学是财务管理学课程教学的重要环节。财务管理学是一门实践性很强的课程，因此，课程教学应从企业财务管理实际出发，注重对学生解决实际问题能力的培养促使其和战略性决策眼光的形成。要系统设计实验项目，保证实验项目贴近企业实际，具备可行性。

（三）自主学习

财务管理学课程教学过程中要根据教学内容特点适当布置部分讲授内容由学生自学，并利用网络资源和图书馆提供丰富的教学资源，辅助学生开展自主学习，引导学生提高自学能力和获取知识能力。同时应加强网络课程建设，使学生可以利用网络课堂进行自学、复习和个性化学习。

（四）讨论课

财务管理学课程课堂教学过程中，对部分易于理解、掌握的内容应在学生自主学习的基础上，应用小组讨论、集体讨论和学生讲授等多种方式开展讨论，通过科学设置讨论主题、有效组织前期准备，引导学生自主分析问题、解决问题，引导学生掌握自主学习的方法，体现学生为主的教学理念，丰富课堂教学形式。

六、课程考核

考核是引导学生学习、检查教学效果、保证教学质量的重要环节，也是体现课程要求规范的重要标志。根据财务管理学课程内容建立多元化的课程教学考核方法。考核评价不仅仅考核最终结果，更注重考核学习过程。多元化的考核方法主要是指课程成绩通过过程评价、结果评价及结果反馈评价等方面来体现，而且从比例上更能体现对过程的重视，注重对学生自主学习能力、发现问题及解决问题能力、创新精神、团队合作精神等的评价。评价主体也从原来的授课教师拓展到学生个体、企业、市场等。具体考核形式采取闭卷考试、作业考核、案例分析报告、实验操作考核、实验报告考核相结合。

七、说明

在保证大纲基本要求的前提下，可根据专业方向的不同，对教学内容、教学环节、学时分配等做适当调整。

附录 A　财务管理学课程知识体系描述

知识领域 6：会计控制系统（ACS）。

知识单元 1：财务管理学总论（ACS_1）（必修）。
知识单元 2：财务管理的价值观念（ACS_2）（必修）。
知识单元 3：财务分析（ACS_3）（核心）。
知识单元 4：财务战略与预算（ACS_4）（必修）。
知识单元 5：长期筹资方式（ACS_5）（核心）。
知识单元 6：资本结构决策（ACS_6）（核心）*。
知识单元 7：投资决策原理（ACS_7）（核心）*。
知识单元 8：投资决策实务（ACS_8）（核心）*。
知识单元 9：短期资产管理（ACS_9）（必修）。
知识单元 10：短期筹资管理（ACS_{10}）（必修）。
知识单元 11：股利理论与政策（ACS_{11}）（核心）。
知识单元 12：公司并购管理（ACS_{12}）（选修）。
说明：凡是对某个知识单元有较高要求的，则在该知识单元后面用"＊"标出，而在知识单元中对某些知识点有较高要求的在知识点后面用"＊"标出。

知识单元 1：财务管理学总论（ACS_1）（必修）。
参考学时：2 学时。
知识点：
财务管理的概念；
财务管理的目标；
企业组织形式与财务管理；

财务管理的环境。

学习目标：

（1）了解财务管理的概念。

（2）掌握财务管理的目标。

（3）了解财务管理的环境。

知识单元2：财务管理的价值观念（ACS_2）（必修）。

参考学时：2学时。

知识点：

货币时间价值；

风险与收益；

证券股价。

学习目标：

（1）掌握货币时间价值的计算方法。

（2）掌握风险计算方法。

（3）了解证券股价模型。

知识单元3：财务分析（ACS_3）（核心）。

参考学时：10学时。

知识点：

财务分析基础；

财务能力分析；

财务趋势分析；

财务综合分析。

学习目标：

（1）掌握财务分析方法。

（2）掌握财务能力分析的各指标的计算方法和判断标准。

（3）掌握横向分析方法。

（4）掌握杜邦分析法。

知识单元4：财务战略与预算（ACS_4）（必修）。

参考学时：4学时。

知识点：

财务战略；

全面预算体系；

筹资数量的预测；

财务预算。

学习目标：

（1）掌握财务战略分析方法。

（2）掌握预测资金需要量的方法。

（3）理解全面预算体系。

知识单元 5：长期筹资方式（ACS_5）（核心）。

参考学时：2 学时。

知识点：

长期筹资概述；

股权性筹资；

债务性筹资；

混合型筹资。

学习目标：

（1）掌握长期筹资基本方式。

（2）掌握权益性融资和债务性融资方式特点。

（3）理解混合型融资方式特点。

知识单元 6：资本结构决策（ACS_6）（核心）*。

参考学时：14 学时。

知识点：

资本结构的理论；

资本成本的测算*；

杠杆利益与风险的衡量*；

资本结构决策分析*。

学习目标：

（1）理解资本结构理论。

（2）掌握不同融资方式资本成本计算方法。

（3）掌握杠杆原理。

（4）掌握资本结构决策方法。

知识单元 7：投资决策原理（ACS_7）（核心）*。

参考学时：4 学时。

知识点：

长期投资概述；

投资现金流量的分析；

折现现金流量方法*；

非折现现金流量方法；

投资决策指标的比较。

学习目标：

（1）掌握投资不同期间现金流量计算方法。

（2）掌握折现现金流决策方法。

（3）掌握非折现现金流量决策方法。

（4）理解不同决策方法的不同。

知识单元8：投资决策实务（ACS_8）（核心）*。

参考学时：14学时。

知识点：

现实中现金流量的计算*；

项目投资决策*；

风险投资决策。

学习目标：

（1）掌握投资特殊情况下现金流量计算方法。

（2）掌握不同情况下的项目决策方法。

（3）掌握风险投资决策方法。

知识单元9：短期资产管理（ACS_9）（必修）。

参考学时：4学时。

知识点：

营运资本管理；

短期资产管理；

现金管理；

短期金融资产管理；

应收账款管理；

存货规划及控制。

学习目标：

（1）掌握最佳现金持有量决策方法。

（2）掌握应收账款信用决策方法。

（3）掌握最佳存货批量决策方法。

（4）理解营运资本政策。

（5）了解短期金融资产管理。

知识单元10：短期筹资管理（ACS_{10}）（必修）。

参考学时：4学时。

知识点：

短期筹资政策；

自然性筹资；

短期借款筹资；

短期融资债券。

学习目标：

（1）掌握自然性筹资特点。

（2）掌握短期借款特点。

（3）理解短期筹资政策的匹配决策原理。

知识单元11：股利理论与政策（ACS_{11}）（核心）。

参考学时：2学时。

知识点：

股利及其分配；

股利理论；

股利政策及其选择；

股票分割与股票回购。

学习目标：

（1）理解股利分配理论。

（2）掌握常见股利政策主要内容。

（3）理解股票分割与股票回购。

知识单元12：公司并购管理（ACS_{12}）（选修）。

参考学时：2学时。

知识点：

公司并购的概念与类型；

公司并购理论；

公司并购的价值评估。

学习目标：

（1）了解公司并购概念与类型。

（2）了解公司并购理论。

（3）了解公司并购价值评估方法。

附录B 财务管理学课程描述

课程：财务管理学。

参考学时：64学时。

参考学分：3学分。

概述：

财务管理学课程的教学目标：通过学习该课程，学生理解和掌握财务管理的基本知识与基本技能，培养学生运用财务管理观念、财务分析方法、财务管理实务等理论知识解决企业实务领域内决策问题的能力，促进学生形成财务管理战略理念和职业思维，为后续的会计控制系统课程的学习奠定基础，最终实现以下能力培养的教学目标：

（1）提高学生对系统性知识体系的理解和运用能力。

（2）通过学习，掌握财务决策的基本技能。

（3）培养解决企业财务领域实际问题能力和进行案例分析的能力。

（4）培养团队合作完成项目财务决策方案设计的能力。

通过财务管理学课程的学习，培养学生严谨治学的科学态度和勇于探索的学习作风，培养学生具备会计职业道德和社会责任感。通过学习财务管理学相关决策方法，引导学生形成发现问题、分析问题和解决问题的系统思维能力，激发学生主动研究专业领域内新知识和新动向的求知欲望，培养学生独立创新意识的形成。

前导课程：初级会计学。

课程提纲：

（1）财务管理学基础理论。

（2）财务分析与计划工具。

（3）筹资决策。

（4）投资决策。

（5）营运资本管理。

（6）股利决策。

（7）财务管理特殊领域。

涵盖知识单元：ACS_1、ACS_2、ACS_3、ACS_4、ACS_5、ACS_6、ACS_7、ACS_8、ACS_9、ACS_{10}、ACS_{11}、ACS_{12}。

说明：适用于会计学专业所有专业方向，必修课程。

附录 C　财务管理学实验项目描述

一、验证性实验（TE）

实验项目 1：财务分析（必修）（TE_1）。

参考学时：4 学时。

涵盖知识单元：ACS_3。

学习目标：

（1）熟练掌握财务分析流程。

（2）熟练掌握三大类财务能力指标分析方法。

（3）熟练掌握杜邦分析体系。

说明：专业必修。

实验项目 2：融资决策分析（必修）（TE_2）。

参考学时：6 学时。

涵盖知识单元：ACS_5、ACS_6。

学习目标：

（1）掌握不同融资方式资本成本计算方法。

（2）掌握资本结构决策方法。

说明：专业必修。

二、综合性实验（CE）

实验项目1：投资决策分析（必修）（CE_1）。

参考学时：6学时。

涵盖知识单元：ACS_7、ACS_8。

学习目标：

（1）掌握项目各期现金流量计算的方法。

（2）熟练掌握项目投资决策净现值法。

（3）熟练掌握项目投资决策内含报酬率法。

说明：专业必修。

第十节　管理会计学课程教学规范

一、课程在人才培养中的地位及作用

管理会计学是会计学的一门集管理与会计相结合的一门学科，涉及战略管理、经济学、会计学、经济数学等多方面知识，主要研究变动成本法、本量利分析、经营预测、存货决策、标准成本、绩效考核、战略管理会计等问题。它既是我校会计学专业的重要专业必修课，也是工商管理、国际贸易等专业的重要选修课，为学生掌握市场经济环境下的现代企业的管理和信息系统的运作打下坚实的基础。

二、课程教学目标

管理会计学是一门管理理论与会计理论的交叉学科，也是从传统的会计中分离出来的、与财务会计并列的一门独立的新兴学科。它是因企业内部管理的需要而产生，其职能在于预测经济前景、参与经济决策、规划经营目标、控制经济过程、考评经营业绩，巧妙地把"管理"与"会计"结合起来，成为现代管理科学的一个组成部分，同时也是实现企业管理现代化的手段。

（一）知识目标

课程的知识单元的学习目标分为了解、理解两个层次：

（1）理解管理会计的定义，了解管理会计的形成与发展、管理会计与财务会计的区别与联系、管理会计人员的职业道德和职业教育。

（2）理解管理会计的具体内容和方法，理解新的竞争环境下企业经营理念的变革。

（3）了解管理会计的环境要求，使学生对管理会计的应用、发展有一个客观的、正确的认识。

（二）能力目标

围绕企业开展管理会计的具体内容的应用，使学生能够做到理论联系实际，学以致用，加深对管理会计基础理论的认识，并深刻理解管理会计的相关方法在企业的运用，掌握管理会计应用的基本技术和技能。

（三）素质目标

通过本课程的学习，加强学生信息素质教育，提高他们利用管理会计知识提高企业经营能力、降低经营成本的水平的能力。

三、管理会计学的知识体系

管理会计学的知识体系由 12 个知识单元构成，其中核心知识单元 6 个，选修知识单元 6 个。

（一）管理会计学的知识体系

知识领域 6：会计控制系统（ACS）。

知识单元 1：管理会计概论（ACS_{13}）（必修）。

知识单元 2：变动成本法（ACS_{14}）（必修）。

知识单元 3：本—量—利分析（ACS_{15}）（必修）。

知识单元 4：经营预测（ACS_{16}）（必修）。

知识单元 5：经营决策常用的成本概念及基本方法（ACS_{17}）（必修）。

知识单元 6：经营决策（ACS_{18}）（必修）。

知识单元 7：存货决策（ACS_{19}）（必修）。

知识单元 8：投资决策（ACS_{20}）（必修）。

知识单元 9：标准成本法（ACS_{21}）（必修）。

知识单元 10：作业成本计算法（ACS_{22}）（必修）。

知识单元 11：全面预算（ACS_{23}）（必修）。

知识单元 12：业绩考核与评价（ACS_{24}）（选修）。

（二）管理会计学知识体系描述（见附录 A）

管理会计学的知识体系概要说明了知识领域、知识单元和知识点，以及哪个单元是核心，哪个单元是选修，所需的参考学时数等。本部分关于知识领域、知识单元和知识点的详细描述在附录中给出。

（三）管理会计学知识体系汇总表

表内各核心单元后面的括弧内给出了它们各自的参考学时数，见表 2-19。

表 2 - 19　　　　　　　　　　　管理会计学知识体系汇总表

知识领域	核心知识单元（参考学时）	选修知识单元(参考学时)
知识领域 6：会计控制系统（ACS）(64)	ACS_{13}：管理会计概论（2 学时） ACS_{14}：变动成本法（8 学时） ACS_{15}：本—量—利分析（6 学时） ACS_{16}：经营预测（4 学时） ACS_{17}：经营决策常用的概念和基本方法（6 学时） ACS_{18}：经营决策（8 学时） ACS_{19}：存货决策（6 学时） ACS_{20}：投资决策（6 学时） ACS_{21}：标准成本法（4 学时） ACS_{22}：作业成本计算法（4 学时） ACS_{23}：全面预算（6 学时）	ACS_{24}：业绩考核与评价（4 学时）

四、课程体系

（一）课程设置，见表 2 - 20

表 2 - 20　　　　　　　　　　　　　课程设置

序号	课程名称	学时/学分	核心知识单元	选修知识单元	说明
1	管理会计学	64/3	ACS_{13}、　ACS_{14}、　ACS_{15}、　ACS_{16}、 ACS_{17}、　ACS_{18}、　ACS_{19}、　ACS_{20}、 ACS_{21}、ACS_{22}、ACS_{23}	ACS_{24}	适合会计学各专业方向

（二）管理会计学课程描述（见附录 B）

下面对该课程进行描述，主要对课程的前导课程、课程提纲、课程知识单元汇总等方面进行描述，见附录 B。

五、课程主要教学方式

（一）课堂讲授

1. 课堂讲授内容

管理会计概论（涵盖知识单元 ACS_{13}）。

变动成本法（涵盖知识单元 ACS_{14}）。

本—量—利分析（涵盖知识单元 ACS_{15}）。

经营预测（涵盖知识单元 ACS_{16}）。

经营决策常用的成本概念及基本方法（涵盖知识单元 ACS_{17}）。

经营决策（涵盖知识单元 ACS_{18}）。

存货决策（涵盖知识单元 ACS_{19}）。

投资决策（涵盖知识单元 ACS_{20}）。

标准成本法（涵盖知识单元 ACS_{21}）。

作业成本计算法（涵盖知识单元 ACS_{22}）。

全面预算（涵盖知识单元 ACS_{23}）。

业绩考核与评价（涵盖知识单元 ACS_{24}）。

2. 教学方法

在管理会计学课程建设中，我们首先认真地抓好授课环节的各项工作。我们在授课前，不仅认真准备课本上的有关内容，不断修改电子课件中的错误，而且针对一些会计学热点问题进行授课内容的创新。为了便于学生复习，我们还将教学大纲、教学进度安排、经过最新修改的课件等电子教学资源及时挂到教学主页上，以便学生随时下载。此外，我们还在授课过程中预留适当的时间，让学生针对授课内容提问或讨论，努力实现教与学的互动。

3. 教学手段

课堂教学以 PPT 为主，配以必要的课堂板书，并采用多媒体动画演示。

（二）讨论课

管理会计学是一门管理学与会计学紧密结合的课程，与企业的各项管理活动有着密切的联系。为此，我们在教学活动中，非常注重真实案例的分析，努力通过案例分析的教学方法使学生理解授课内容。在案例分析的方法中，我们采用了"以学生为主"的方法。

（三）课外作业

一般性的理论知识的复习、笔头作业主要是计算题。

（四）自主学习

管理会计学课程教学过程中要适当布置一些课题要求学生在课下查阅资料完成。

（五）课外指导

利用公共邮箱进行资料的补充及答疑。

六、课程考核

利用所建立的题库，不定期地对学生所学内容进行抽查，抽查方式包括考核全体同学某部分内容或部分同学的全部所学内容或部分内容。由于信息技术带来的方便，这种考核方式既避免了一次性"赌博"，也制止了学生"临时抱佛脚"，从而做到"以查促学"。

七、说明

在保证大纲基本要求的前提下，可根据专业方向的不同，对教学内容、教学环节、学时分配等做适当调整。

八、参考文献

[1] 严敏. 管理会计学 [M]. 北京：中国农业大学出版社，1999.

[2] 孙茂竹. 管理会计的理论思考与架构 [M]. 北京：中国人民大学出版社，2002.

[3] 王忠，周剑杰，胡静波. 管理会计学教学案例 [M]. 北京：中国审计出版社，2001.

附录 A 管理会计学课程知识体系描述

知识领域 6：会计控制系统（ACS）。

管理会计概论（涵盖知识单元 ACS_{13}）。

变动成本法（涵盖知识单元 ACS_{14}）。

本—量—利分析（涵盖知识单元 ACS_{15}）。

经营预测（涵盖知识单元 ACS_{16}）。

经营决策常用的成本概念及基本方法（涵盖知识单元 ACS_{17}）。

经营决策（涵盖知识单元 ACS_{18}）。

存货决策（涵盖知识单元 ACS_{19}）。

投资决策（涵盖知识单元 ACS_{20}）。

标准成本法（涵盖知识单元 ACS_{21}）。

作业成本计算法（涵盖知识单元 ACS_{22}）。

全面预算（涵盖知识单元 ACS_{23}）。

业绩考核与评价（涵盖知识单元 ACS_{24}）。

说明：凡是对某个知识单元有较高要求的，则在该知识单元后面用"＊"标出，而在知识单元中对某些知识点有较高要求的在知识点后面用"＊"标出。

知识单元 1：管理会计概论（ACS_{13}）（核心）。

参考学时：2 学时。

知识点：

管理会计的定义；

管理会计的形成与发展；

管理会计的基本理论；

管理会计与财务会计的区别与联系。

学习目标：

（1）理解管理会计的本质。

（2）理解管理会计与财务会计的联系与区别。

（3）了解管理会计研究的基本内容。

知识单元2：变动成本法（ACS$_{14}$）（核心）。

参考学时：8学时。

知识点：

成本的分类；

混合成本的分解；

变动成本法与完全成本法。

学习目标：

（1）掌握成本按性态分类和混合成本的分解。

（2）理解成本性态及其在决策中的重要作用。

（3）了解变动成本法的具体应用。

知识单元3：本—量—利分析（ACS$_{15}$）（核心）。

参考学时：6学时。

知识点：

本—量—利分析的基本假设；

本—量—利分析；

本—量—利分析的扩展。

学习目标：

（1）掌握本—量—利的基本原理和分析方法。

（2）理解本—量—利的基本假设和成本按性态划分的意义。

（3）了解本—量—利在预测、决策中的用途。

知识单元4：经营预测（ACS$_{16}$）（核心）。

参考学时：4学时。

知识点：

经营预测概述；

销售预测；

成本预测；

利润预测；

资金需要量预测。

学习目标：

（1）掌握经营预测的各种预测方法和适用条件、成本预测的具体步骤。

（2）理解销售预测与成本预测、利润预测、资金需要量预测的关系。

（3）了解经营预测的基本原则和程序。

知识单元5：经营决策常用的概念和基本方法（ACS$_{17}$）（核心）。

参考学时：6学时。

知识点：

经营决策常用的成本概念；

经营决策的基本方法。

学习目标：

（1）掌握不同概念在经营决策中的不同作用。

（2）掌握不同决策方法的原理、应用条件及其应用程序。

知识单元6：经营决策（ACS_{18}）（核心）。

参考学时：8 学时。

知识点：

产品功能成本决策；

品种决策；

产品组合优化决策；

生产组织决策；

定价决策。

学习目标：

（1）理解和掌握有关概念和方法的灵活应用。

（2）掌握各种经营决策方法的应用程序、内容展开和方法原理，并能够结合实际融会贯通地掌握经营决策的相关内容。

知识单元7：存货决策（ACS_{19}）（核心）。

参考学时：6 学时。

知识点：

存货的成本；

经济订购批量；

存货决策模型的扩展应用；

不确定情况下的存货决策；

零存货管理。

学习目标：

（1）了解存货决策需要考虑的成本因素并掌握不同成本在不同情况下与决策的相关性。

（2）了解经济订购批量基本数学模型的推导原理及基本应用。

（3）了解有关因素影响的基础上掌握经济订购批量基本数学模型的扩展。

（4）了解适时制的存货观。

知识单元8：投资决策（ACS_{20}）（核心）。

参考学时：6 学时。

知识点：

投资决策基础；

投资决策指标；

几种典型的长期投资决策；

投资决策的扩展。

学习目标：

（1）掌握进行投资决策分析所必需的基本知识及进行投资决策时所采用的各种评价标准。

（2）理解正确估计现金流量是影响投资决策准确性的关键。

（3）了解并灵活运用几种典型的长期投资决策方法。

知识单元9：标准成本法（ACS_{21}）（核心）。

参考学时：4学时。

知识点：

标准成本及成本差异；

变动成本差异的计算、分析和控制；

固定制造费用成本差异的计算、分析和控制；

成本差异的账务处理。

学习目标：

（1）掌握成本差异的计算及其账务处理。

（2）理解标准成本法的基本原理、成本差异的计算以及成本差异在成本控制中的意义。

（3）了解标准成本法的发展及优缺点。

知识单元10：作业成本计算法（ACS_{22}）（核心）。

参考学时：4学时。

知识点：

作业成本计算法概述；

作业成本计算法的基本理论；

作业成本计算。

学习目标：

（1）掌握作业成本计算法的基本概念、基本理论、基本方法及应用。

（2）理解不同成本分类的作用。

（3）了解传统成本计算方法与作业成本计算法在不同环境中的结合应用。

知识单元11：全面预算（ACS_{23}）（核心）。

参考学时：6学时。

知识点：

全面预算管理概述；

全面预算系统及管理程序；

全面预算的编制；

预算编制方法。

学习目标：

（1）掌握财务预算编制的各种方法，重点关注预算编制中对经营预算、财务预算和资本支出预算间勾稽关系的处理。

（2）理解全面预算作为一个管理系统所特有的管理程序，以及全面预算的编制原则。

（3）了解全面预算的作用及与其他管理体系的关系。

知识单元 12：业绩考核与评价（ACS$_{24}$）（选修）。

参考学时：4 学时。

知识点：

业绩考核与评价系统；

以企业为主体的业绩考核与评价；

以责任中心为主体的业绩考核与评价；

基于 EVA 的业绩考核与评价；

基于战略的业绩考核与评价。

学习目标：

（1）了解业绩考核与评价系统的构成要素及其相互关系。

（2）了解以企业为主体的业绩考核与评价指标的优缺点。

（3）了解责任中心业绩考核与评价指标的应用、EVA 的经济内涵、战略业绩考核与评价的不同模式。

附录 B　管理会计学课程描述

课程：管理会计学。

参考学时：64 学时。

参考学分：3 学分。

概述：

管理会计学课程系统地讲解了变动成本法、本量利分析、经营决策、存货决策、全面预算等章节内容，课程将学科最新研究成果和国际相关教材中先进内容引入到课堂教学，使该课程既具有基础性又具有前瞻性。使学生能够达到以下教学目标：

（1）通过对管理会计相关方法的学习，理解掌握成本按性态分类和混合成本的分解、了解变动成本法的具体应用、掌握本—量—利的基本原理和分析方法。

（2）理解本—量—利的基本假设和成本按性态划分的意义、全面预算作为一个管理系统所特有的管理程序，以及全面预算的编制原则。

（3）了解存货决策需要考虑的成本因素并掌握不同成本在不同情况下与决策的相关性、了解全面预算的作用及与其他管理体系的关系。

围绕企业开展管理会计具体内容应用，通过管理会计知识的一系列运用，学生能够做到理论联系实际，学以致用，加深对管理会计基础理论的认识，并深刻理解管理会计的重要性，掌握管理会计应用的基本技术和技能。

前导课程：成本会计。

课程提纲：

（1）管理会计概论。

（2）变动成本法。

（3）本—量—利分析。

（4）经营预测。

（5）经营决策常用的成本概念及基本方法。

（6）经营决策。

（7）存货决策。

（8）投资决策。

（9）标准成本法。

（10）作业成本计算法。

（11）全面预算。

（12）业绩考核与评价。

涵盖知识单元：ACS_{13}、ACS_{14}、ACS_{15}、ACS_{16}、ACS_{17}、ACS_{18}、ACS_{19}、ACS_{20}、ACS_{21}、ACS_{22}、ACS_{23}、ACS_{24}。

说明：适用于会计学专业所有专业方向，必修课程。

第十一节　成本会计学课程教学规范

一、成本会计学课程在人才培养中的地位及作用

成本会计学是会计学专业的专业主干课程之一，理论及实务性都比较强。会计专业人才培养的核心目标是培养创新性、应用型复合人才，这就要求学生不仅有较好的专业理论基础，还需要具备较强的实务操作能力以满足实际工作的需要。成本会计学的任务是使学生对各行业企业尤其是工业企业的成本管理有全面的了解和掌握，涵盖理论研究的同时亦重视应用能力的形成。争取在有限的学时内，通过讲课、案例分析、课堂讨论、上机实训等多种教学方式的灵活运用，使学生在最大限度内广泛的接触各个行业的成本管理，使学生掌握一定的成本核算与管理知识。实际工作中，成本管理是增加企业利润的主要手段之一，因此，成本核算岗位在会计工作中占有举足轻重的地位。通过学习各种成本核算及管理方法，锻炼学生的思维能力的同时，也培养学生将来进一步学习相关知识的能力，为今后的教学工作和学生将来从事会计工作打下必需的基础。本课程的学习对于学生将来的其他专业课程的学习、就业、考研及考证具有十分必要的作用，在课程体系中具有不可替代的地位。

二、成本会计学课程教学目标

成本会计学的教学目标：通过以知识单元为单位的教学活动，学生熟悉费用的分类，理解成本核算的一般程序，掌握各个环节的具体核算方式，掌握成本报表的编制与分析，熟练运用各种成本计算的基本方法、辅助方法，解决相关实际问题，顺利完成成本会计岗位的工作任务。同时了解相关的先进成本管理理论，为进一步研究打基础。

（一）知识目标

成本会计的学习，必须包含与学生所学专业相关的所有核心知识单元，并达到相应的学习目标，此外还应包含与专业相近的部分选修知识单元。知识单元的学习目标分为掌握、理解、了解三个层次：

（1）掌握：对内容透彻理解、牢固掌握并能熟练应用。

（2）理解：对内容理解并能掌握，会用它们分析、解决相关简单问题。

（3）了解：对内容进行初步了解，一般不要求应用。

（二）能力目标

以创新性与应用能力为目标，培养学生进行成本核算、成本管理的基本能力，为其综合运用和发展专业技术能力、提高综合素质、获得全面发展奠定基础。具体包括以下几个方面：

（1）根据企业生产特点进行成本核算程序设计的能力。

（2）进行要素费用及综合费用的归集与分配，编制各种分配表的能力。

（3）根据企业实际生产情况，选择适当的成本核算与管理方法，并正确核算产品成本的能力。

（4）指定成本费用各项定额，配合管理部门进行生产绩效考核的能力。

（5）编制主要成本报表，并进行相关分析，参与部门成本决策的能力。

（三）素质目标

（1）具有良好的会计职业道德。

（2）具有爱岗敬业的团队协作精神。

（3）具有严谨的工作作风及创新意识。

三、成本会计学的知识体系

知识体系的结构可以划分为三个层次，分别是知识领域、知识单元和知识点。成本会计学的知识体系由 1 个知识领域和 9 个知识单元构成，其中核心知识单元 7 个，选修知识单元 2 个。

（一）成本会计学的知识体系

知识领域 6：会计控制系统（ACS）。

知识单元 ACS_{25}：总论（2 学时）。

知识单元 ACS_{26}：工业企业成本核算概述（2 学时）。

知识单元 ACS_{27}：工业企业成本核算各个环节费用的核算方法（8 学时）。

知识单元 ACS_{28}：产品成本核算的基本方法（26 学时）。

知识单元 ACS_{29}：产品成本核算的辅助方法（8 学时）。

知识单元 ACS_{30}：其他行业成本会计（2 学时）。

知识单元 ACS_{31}：成本会计前沿理论（2 学时）。

知识单元 ACS_{32}：成本预测、决策及控制（8 学时）。

知识单元 ACS_{33}：成本报表与分析（6 学时）。

（二）成本会计学知识体系描述（见附录 A）

成本会计学的知识体系概要说明了知识领域、知识单元和知识点，以及哪个单元是核心，哪个单元是选修，所需的参考学时数等。本部分关于知识领域、知识单元和知识点的详细描述在附录中给出。

（三）成本会计学知识体系汇总表

表内各核心单元后面的括弧内给出了它们各自的参考学时数，见表 2-21。

表 2-21　　　　　　　　　成本会计学知识体系汇总表

知识领域	核心知识单元（参考学时）	选修知识单元（参考学时）
知识领域 6：会计控制系统（ACS）(64)	ACS_{25}：总论（2 学时） ACS_{26}：工业企业成本核算概述（2 学时） ACS_{27}：工业企业成本核算各个环节费用的核算方法（8 学时） ACS_{28}：产品成本核算的基本方法（26 学时） ACS_{29}：产品成本核算的辅助方法（8 学时） ACS_{32}：成本预测、决策及控制（8 学时） ACS_{33}：成本报表与分析（6 学时）	ACS_{30}：其他行业成本会计（2 学时） ACS_{31}：成本会计前沿理论（2 学时）

四、成本会计学课程体系

（一）课程设置，见表 2-22

表 2-22　　　　　　　　　　课程设置

序号	课程名称	学时/学分(其中实验学时/学分)	实验项目	核心知识单元	选修知识单元	说明
1	成本会计学	64/3（16/1）	TC_1、TC_2、TC_3	ACS_{25}、ACS_{26}、ACS_{27}、ACS_{28}、ACS_{29}、ACS_{32}、ACS_{33}	ACS_{30}、ACS_{31}	适合会计学专业方向

（二）成本会计学课程描述（见附录 B）

下面对该课程进行描述，主要对课程的前导课程、课程提纲、课程知识单元汇总等方面进行描述，见附录 B。

五、课程主要教学方式

（一）课堂讲授

1. 课堂讲授内容

知识单元 ACS_{25}：总论（2 学时）。

知识单元 ACS_{26}：工业企业成本核算概述（2 学时）。

知识单元 ACS_{27}：工业企业成本核算各个环节费用的核算方法（8 学时）。

知识单元 ACS_{28}：产品成本核算的基本方法（26 学时）。

知识单元 ACS_{29}：产品成本核算的辅助方法（8 学时）。

知识单元 ACS_{30}：其他行业成本会计（2 学时）。

知识单元 ACS_{31}：成本会计前沿理论（2 学时）。

知识单元 ACS_{32}：成本预测、决策及控制（8 学时）。

知识单元 ACS_{33}：成本报表与分析（6 学时）。

2. 教学方法

成本会计学课程教学应以课堂教学为主，辅之以课堂讨论和习题课，结合课程实训、课后作业和课外辅导进行全面、系统的教授。

课堂讲授是一种基本教学方法，以概念、原理和方法等知识性内容为主，重在知识点的教学。在课堂教学过程中，尽可能充分利用幻灯片、账簿及表格实物等多种教学手段，它们的优点在于向学生提供感性材料，有利于正确理解和掌握抽象的基础理论，也有助于集中学生的注意力和思维想象力，激发学生学习兴趣，使现代化的教学手段成为学习知识的桥梁，达到提高课堂教学水平的目的。

3. 教学手段

教学手段上形式上应多样，可以采取多种方式，充分合理地运用多媒体等现代化教学手段。通过制作大量的幻灯片、投影片、教学录像片和多媒体教学软件，将抽象的概念直观化、复杂的问题简明化，使学生对教学内容一目了然，教学效果将会显著改善。

（二）课程实训

课程实训是成本会计课程教学的重要环节。利用课程实训软件，融入企业生产经营实例，作为对课堂内容的补充，增加感性认识的同时，也培养了电算化操作能力和实践应用能力，对激发学生的学习兴趣起到很大的作用。

（三）讨论课

通过案例分析的教学方法使学生理解授课内容。在案例分析的方法中，采用研究性教学方法。

讨论课 1：辅助生产费用的分配方法。

参考学时：1 学时。

涵盖知识单元：ACS_{27}。

学习目标：

（1）了解辅助生产费用具体运用。

（2）了解实际生产经营环境的判断。

讨论课 2：产品成本核算的基本方法。

参考学时：2 学时。

涵盖知识单元：ACS_{28}。

学习目标：

三种基本方法，尤其是分步法的具体实际应用。

（四）课后作业

一般性的理论知识的复习及书面作业，主要是选择一些具体案例让学生分析，形式上包括教材配套练习册和补充资料。

（五）课外指导

利用电子邮箱进行资料的补充及答疑。

六、课程考核

考核是引导学生学习、检查教学效果、保证教学质量的重要环节，也是体现课程要求规范的重要标志。成本会计学课程考核内容包括期末试卷、课后作业、课堂表现、出勤率及课程实验几部分，属于多元化的课程教学考核方法。考核评价着重考核学习过程，而不仅仅考核最终结果。多元化的考核方法主要是指课程成绩通过过程评价、结果评价及结果反馈评价等方面来体现，而且从比例上更能体现对过程的重视，注重对学生自主学习能力、发现问题及解决问题的能力、创新精神、团队合作精神等的评价。从评价主体上，也从原来的指导教师拓展到学生个体、企业、市场等。这种考核方式不仅尊重了学生的个性发展，而且更能激发学生的创新欲望，开发学生的潜能，提高学生的实践操作能力和创新能力。

七、说明

在保证大纲基本要求的前提下，可根据专业方向的不同，对教学内容、教学环节、学时分配等做适当调整。

附录 A 成本会计学课程知识体系描述

知识领域 6：会计控制系统（ACS）。

知识单元 1：总论（ACS_{25}）（核心）。

知识单元 2：工业企业成本核算概述（ACS₂₆）（核心）。

知识单元 3：工业企业成本核算各个环节费用的核算方法（ACS₂₇）（核心）*。

知识单元 4：产品成本核算的基本方法（ACS₂₈）（核心）*。

知识单元 5：产品成本核算的辅助方法（ACS₂₉）（核心）*。

知识单元 6：其他行业成本会计（ACS₃₀）（选修）。

知识单元 7：成本会计前沿理论（ACS₃₁）（选修）。

知识单元 8：成本预测、决策及控制（ACS₃₂）（核心）。

知识单元 9：成本报表与分析（ACS₃₃）（核心）。

说明：凡是对某个知识单元有较高要求的，则在该知识单元后面用"*"标出，而在知识单元中对某些知识点有较高要求的在知识点后面用"*"标出。

知识单元 1：总论（ACS₂₅）（核心）。

参考学时：2 学时。

知识点：

成本的经济实质；

成本会计的对象；

成本计量的发展历史；

成本会计的职能与任务；

成本会计的工作组织。

学习目标：

（1）理解理论成本与实际工作中成本范围的含义。

（2）理解成本会计对象的三个层次。

（3）了解成本会计的职能、任务及工作组织形式。

知识单元 2：工业企业成本核算概述（ACS₂₆）（核心）。

参考学时：2 学时。

知识点：

工业企业成本核算的要求；

成本费用的分类；

工业企业成本核算的一般程序及主要会计科目。

学习目标：

（1）理解成本核算的要求。

（2）掌握成本费用各个角度的分类方式。

（3）掌握并熟悉工业企业成本核算的一般程序。

知识单元 3：工业企业成本核算各个环节费用的核算方法（ACS₂₇）（核心）。

参考学时：8 学时。

知识点：

费用分配概述；

要素费用分配*；

待摊费用及预提费用的归集和分配；

辅助生产费用的归集和分配*；

制造费用的归集和分配；

废品损失及停工损失的核算；

完工产品与在产品之间的费用分配*；

期间费用的结转。

学习目标：

（1）理解各环节费用分配的整体情况。

（2）掌握要素费用、跨期摊提费用的处理。

（3）掌握并熟练运用辅助生产费用分配的方法。

（4）理解制造费用的分配方法、废品损失的核算。

（5）了解停工损失核算、期间费用核算。

（6）重点掌握完工产品与在产品之间费用分配的方法。

知识单元4：产品成本核算的基本方法（ACS_{28}）（核心）。

参考学时：26学时。

知识点：

产品成本核算方法概述；

产品成本核算的品种法*；

产品成本核算的分批法*；

产品成本核算的分步法*。

学习目标：

（1）理解三种方法的特点及适用范围。

（2）掌握三种基本方法的基本原理。

（3）熟练应用品种法、分批法及分步法。

知识单元5：产品成本核算的辅助方法（ACS_{29}）（核心）。

参考学时：8学时。

知识点：

产品成本核算的分类法；

产品成本核算的定额法*；

各种成本核算方法的实际运用。

学习目标：

（1）理解两种辅助方法的特点及适用范围。

（2）掌握分类法、定额法的基本原理，并熟练应用定额法。

（3）理解各种成本核算方法结合运用与同时应用的方式。

知识单元6：其他行业成本会计（ACS$_{30}$）（选修）。

参考学时：2 学时。

知识点：

农业企业成本核算；

建筑施工企业成本核算；

物流企业成本核算。

学习目标：

（1）了解农业企业生产特点及成本核算基本原理。

（2）了解建筑施工企业成本核算基本原理。

（3）了解物流企业成本核算基本原理。

知识单元7：成本会计前沿理论（ACS$_{31}$）（选修）。

参考学时：2 学时。

知识点：

质量成本会计；

作业成本会计；

环境成本会计。

学习目标：

（1）了解质量成本会计的含义及基本原理。

（2）了解作业成本会计的含义及基本原理。

（3）了解环境成本会计的含义及基本原理。

知识单元8：成本预测、决策及控制（ACS$_{32}$）（核心）。

参考学时：8 学时。

知识点：

成本预测；

成本决策；

成本控制。

学习目标：

（1）了解成本预测、成本决策及成本控制的作用。

（2）理解成本预测、决策与控制的程序。

（3）掌握成本预测、决策与控制的方法。

知识单元9：成本报表编制与分析（ACS$_{33}$）（核心）。

参考学时：6 学时。

知识点：

成本报表的种类及特点；

成本报表的编制方法；

成本报表的分析方法。

学习目标：

（1）了解成本报表的种类及特点。

（2）掌握主要成本报表的编制方法。

（3）掌握成本报表的分析方法。

附录 B　成本会计学课程描述

课程：成本会计学。

参考学时：64 学时。

参考学分：3 学分。

概述：

成本会计学课程的教学目标：通过以知识单元为单位的教学活动，学生熟悉费用的分类，理解成本核算的一般程序，掌握各个环节的具体核算方式，掌握成本报表的编制与分析，熟练运用各种成本计算的基本方法、辅助方法，解决相关实际问题，顺利完成成本会计岗位的工作任务。同时了解相关的先进成本管理理论，为进一步研究打基础。使学生能够达到以下教学目标：

（1）具备根据企业生产特点进行成本核算程序设计的能力；

（2）使学生能灵活运用各种成本核算方法；

（3）具备制定成本费用各项定额，配合管理部门进行生产绩效考核的能力；

（4）编制分析成本报表，参与部门成本决策；

（5）具有良好的会计职业道德及团队协作精神，作风严谨且具有创新意识。

通过成本会计学课程的学习，学生对各行业企业尤其是工业企业的成本管理有全面的了解和掌握，涵盖理论研究的同时亦重视应用能力的形成。争取在有限的学时内，通过讲课、案例分析、课堂讨论、上机实训等多种教学方式的灵活运用，使学生在最大限度内广泛的接触各个行业的成本管理，使学生掌握一定的成本核算与管理知识。为今后的教学工作和学生将来从事会计工作打下必需的基础。本课程的学习对于学生将来的其他专业课程的学习、就业、考研及考证具有十分必要的作用。培养学生严谨求学的科学态度和刻苦钻研的学习作风，具有良好的社会责任感和职业道德。通过学习，激发学生的求知欲望、探索精神，培养学生独立创新的意识。

前导课程：初级会计学、中级财务会计学。

课程提纲：

（1）工业企业成本核算过程。

（2）工业企业产品成本核算方法。

（3）其他行业成本核算及理论前沿。

（4）成本管理。

（5）成本报表。

涵盖知识单元：ACS_{25}、ACS_{26}、ACS_{27}、ACS_{28}、ACS_{29}、ACS_{30}、ACS_{31}、ACS_{32}、ACS_{33}。

说明：适用于会计学专业方向，专业必修课程。

附录 C 成本会计学（课程实训）项目描述

一、课程实训（TC）

实验项目 1：产品成本核算的品种法（必修）（TC_1）。

参考学时：8 学时。

涵盖知识单元：ACS_{29}。

学习目标：

（1）根据品种法实训资料，设置相应总账及明细账。

（2）进行各生产部门从要素费用分配开始至制造费用分配结束的一系列内容，正确计算。

（3）编制各种费用分配表，填制记账凭证，登记账簿。

（4）结转完工产品成本，将期末总账与明细账余额相互核对。

说明：专业必修。

实验项目 2：产品成本核算的分批法（必修）（TC_2）。

参考学时：4 学时。

涵盖知识单元：ACS_{29}。

学习目标：

（1）根据分批法实训资料，设置相应总账及明细账。

（2）编制各种费用分配表，填制记账凭证，登记账簿。

（3）正确结转各批完工产品成本，将期末总账与明细账余额相互核对。

说明：专业必修。

实验项目 3：产品成本核算的分步法（必修）（TC_3）。

参考学时：4 学时。

涵盖知识单元：ACS_{29}。

学习目标：

（1）根据分步法实训资料，设置相应总账及明细账。

（2）编制各种费用分配表，填制记账凭证，登记账簿。

（3）正确完成各步骤之间的成本结转。

（4）期末总账与明细账余额相互核对。

说明：专业必修。

第十二节　审计学课程教学规范

一、课程在人才培养中的地位及作用

审计学是会计学专业的一门必修课，是研究审计学基本理论，对审计实务和某些专题审计进行理论和实践探讨，研究其规律性的一门学科。通过本课程的教学，使学生了解审计在市场经济条件下的地位和作用，认识审计的本质，掌握审计的基本理论、基本方法，并能运用审计的基本原理、方法对企事业单位、股份制企业的经济活动、会计报表进行审查，以评价经济责任，维护财经法纪，加强经营管理，提高经济效益，加强宏观调控。

二、课程教学目标

本课程的教学目的是使学生掌握本课程的基本审计理论，主要掌握以风险导向审计为主线的审计理论、程序和方法；对于审计实务，应注意运用与审计相关的其他学科的知识，注意企业会计准则、经济法、税法等内容的学习，掌握审计内部控制、控制测试、主要项目的实质性程序和交易循环的实质性程序框架。学生应明确审计与会计学科的联系和区别。通过该课程学习，要求学生了解社会主义市场经济体制下，加强审计工作的政治意义和经济意义，掌握审计的基本理论和方法，重点掌握注册会计师审计的理论、方法和实务，毕业后能够胜任会计师事务所和企业内部审计组织的工作。

（一）知识目标

通过对本课程的学习，学生掌握对经济活动的合法性、合规性、合理性以及效益性进行检查监督的基本理论和方法。

（1）掌握：要求学生对这些内容深入领会，并能熟练运用。

（2）理解：要求学生对这些内容全面理解，但对一些定理的复杂推导一般不作要求，只要求会用其进行分析、计算有关简单问题。

（3）了解：只要求对这些内容有所了解，一般不要求应用。

（二）能力目标

通过本课程的学习，学生应获得如下能力：①必要的审计工作技能与分析数据的能力；②较强的逻辑推理能力；③较强的自主学习能力，提高学生学习审计学的积极性，激发学习兴趣，增强学习的信心；④主动探索和独立思考的能力，提高学生的创新意识。

（三）素质目标

通过本课程的教学，应注意培养学生以下素质：①在审计方面的思维能力、表达能力和创造能力；②深入理解审计学的基本概念和基本方法，掌握用审计学知识解决实际问题的方法与手段，对各种问题能以多角度探寻解决问题的道路的素养；③具有良好的科学态度和创新精神。

三、审计学的知识体系

知识体系的结构可以划分为三个层次，分别是知识领域、知识单元和知识点。审计学的知识体系由 4 个知识领域和 15 个知识单元构成，其中核心知识单元 12 个，选修知识单元 3 个。

（一）审计学的知识体系

知识领域 6：会计控制系统（ACS）。

知识单元 ACS_{34}：审计概论（核心）。
知识单元 ACS_{35}：注册会计师执业准则（核心）。
知识单元 ACS_{36}：执业责任与法律责任（核心）。
知识单元 ACS_{37}：审计目标与审计过程（核心）。
知识单元 ACS_{38}：审计证据与审计工作底稿（核心）。
知识单元 ACS_{39}：计划审计工作（核心）。
知识单元 ACS_{40}：风险评估（核心）。
知识单元 ACS_{41}：风险应对（核心）。
知识单元 ACS_{42}：审计抽样（核心）。
知识单元 ACS_{43}：审计报告（核心）。
知识单元 ACS_{44}：销售与收款循环审计（核心）。
知识单元 ACS_{45}：购货与付款循环审计（核心）。
知识单元 ACS_{46}：生产与服务循环审计（选修）。
知识单元 ACS_{47}：筹资与投资循环审计（选修）。
知识单元 ACS_{48}：验资和财务报表审阅（选修）。

（二）审计学知识体系描述（见附录 A）

审计学的知识体系概要说明了知识领域、知识单元和知识点，以及哪个单元是核心，哪个单元是选修，所需的参考学时数等。本部分关于知识领域、知识单元和知识点的详细描述在附录中给出。

（三）审计学知识体系汇总表

表内各核心单元后面的括弧内给出了它们各自的参考学时数，见表 2-23。

表 2 - 23   审计知识体系汇总表

知识领域	核心知识单元（参考学时）	选修知识单元（参考学时）
知识领域6：会计控制系统（ACS）(64)	ACS_{34}：审计概论（2 学时） ACS_{35}：注册会计师执业准则（4 学时） ACS_{36}：执业责任与法律责任（4 学时） ACS_{37}：审计目标与审计过程（6 学时） ACS_{38}：审计证据与审计工作底稿（6 学时） ACS_{39}：计划审计工作（6 学时） ACS_{40}：风险评估（6 学时） ACS_{41}：风险应对（6 学时） ACS_{42}：审计抽样（3 学时） ACS_{43}：审计报告（4 学时） ACS_{44}：销售与收款循环审计（8 学时） ACS_{45}：购货与付款循环审计（4 学时）	ACS_{46}：生产与服务循环审计（2 学时） ACS_{47}：筹资与投资循环审计（2 学时） ACS_{48}：验资和财务报表审阅（1 学时）

四、审计学课程体系

（一）课程设置，见表 2 - 24

表 2 - 24   课程设置

序号	课程名称	学时/学分(其中实验学时/学分)	实验项目	核心知识单元	选修知识单元	说明
1	审计学	64/3（16/1）	5	ACS_{34}、ACS_{35}、ACS_{36}、ACS_{37}、ACS_{38}、ACS_{39}、ACS_{40}、ACS_{41}、ACS_{42}、ACS_{43}、ACS_{44}、ACS_{45}	ACS_{46}、ACS_{47}、ACS_{48}	适合会计学、审计学专业

（二）审计学课程描述（见附录 B）

下面对该课程进行描述，主要对课程的前导课程、课程提纲、课程知识单元汇总等方面进行描述，见附录 B。

五、课程主要教学方式

（一）课堂讲授

1. 课堂讲授内容

审计概论（涵盖知识单元 ACS_{34}）。

注册会计师执业准则（涵盖知识单元 ACS_{35}）。

执业责任与法律责任（涵盖知识单元 ACS_{36}）。

审计目标与审计过程（涵盖知识单元 ACS_{37}）。

审计证据与审计工作底稿（涵盖知识单元 ACS_{38}）。

计划审计工作（涵盖知识单元 ACS_{39}）。

风险评估（涵盖知识单元 ACS_{40}）。

风险应对（涵盖知识单元 ACS_{41}）。

审计抽样（涵盖知识单元 ACS_{42}）。

审计报告（涵盖知识单元 ACS_{43}）。

销售与收款循环审计（涵盖知识单元 ACS_{44}）。

购货与付款循环审计（涵盖知识单元 ACS_{45}）。

生产与服务循环审计（涵盖知识单元 ACS_{46}）。

筹资与投资循环审计（涵盖知识单元 ACS_{47}）。

验资和财务报表审阅（涵盖知识单元 ACS_{48}）。

2. 教学方法

采用启发式、讨论式等多种行之有效的教学方法，加强师生之间、学生之间的交流，引导学生独立思考，强化科学思维的训练。

3. 教学手段

审计学课程的教学中涉及众多概念、程序，书写量过大难于板书，故以多媒体教学为主。另外，由于该课程实践性较强，所以在教学中需结合案例进行教学，以增强学生对理论知识的理解与掌握。

（三）课外作业

在讲授过程中可适当布置作业，可使用教材上的习题，也可使用配套习题集中的习题。另外布置课后讨论案例和读书笔记及课外阅读等丰富课外作业内容。

（四）自主学习

审计学课程教学过程中要适当布置学生自学的讲授内容，并利用网络和图书馆提供更丰富的教学资源，给学生提供课外学习的指导，帮助学生提高自学能力和获取知识能力。学生也可利用审计网络课堂进行自学、复习和个性化学习。

（五）课外指导

通过公共邮箱及兴趣小组进行课外辅导、答疑。

六、课程考核

1. 考试命题

可采用笔试的方式，题型设有选择、判断、简答、论述、案例等，针对审计学基本概念、基本程序的理解和掌握，以及审计程序的应用能力，考试内容不超出大纲。

2. 考核方式

考试：每学期平时成绩（包括作业成绩、缺课和听课情况）占总评成绩的20% ~ 30%，期末考试成绩占70% ~ 80%。也可采用其他灵活多变的考核方式，如结课论文等。

七、说明

在保证大纲基本要求的前提下，可根据专业方向的不同，对教学内容、教学环节、学时分配等做适当调整。

附录 A 审计学课程知识体系描述

知识领域 6：会计控制系统（ACS）。

知识单元 ACS_{34}：审计概论（核心）。
知识单元 ACS_{35}：注册会计师执业准则（核心）。
知识单元 ACS_{36}：执业责任与法律责任（核心）。
知识单元 ACS_{37}：审计目标与审计过程（核心）。
知识单元 ACS_{38}：审计证据与审计工作底稿（核心）。
知识单元 ACS_{39}：计划审计工作（核心）。
知识单元 ACS_{40}：风险评估（核心）。
知识单元 ACS_{41}：风险应对（核心）。
知识单元 ACS_{42}：审计抽样（核心）。
知识单元 ACS_{43}：审计报告（核心）。
知识单元 ACS_{44}：销售与收款循环审计（核心）。
知识单元 ACS_{45}：购货与付款循环审计（核心）。
知识单元 ACS_{46}：生产与服务循环审计（选修）。
知识单元 ACS_{47}：筹资与投资循环审计（选修）。
知识单元 ACS_{48}：验资和财务报表审阅（选修）。
说明：凡是对某个知识单元有较高要求的，则在该知识单元后面用"＊"标出，而在知识单元中对某些知识点有较高要求的在知识点后面用"＊"标出。

知识单元 1：审计概论（ACS_{34}）（核心）。
参考学时：2 学时。
知识点：
注册会计师审计的起源与发展；
注册会计师审计基本概念；
注册会计师审计与其他类型审计的关系。
学习目标：
（1）了解注册会计师审计的起源与发展。
（2）理解审计的类别与方法。
（3）理解审计监督体系。
（4）理解注册会计师审计与其他审计的关系。

知识单元 2：注册会计师执业准则（ACS_{35}）（核心）。
参考学时：4 学时。

知识点：

注册会计师执业准则概述；

注册会计师业务准则；

会计师事务所质量控制准则；

注册会计师职业道德规范。

学习目标：

（1）了解中国注册会计师执业准则体系的构成及相互之间的关系。

（2）了解业务质量控制的目的。

（3）掌握注册会计师执业准则的含义和作用、构成与内容。

（4）掌握会计师事务所质量控制准则的含义与作用、要素与内容。

（5）掌握中国注册会计师职业道德规范的主要内容。

知识单元 3：执业责任与法律责任（ACS_{36}）（核心）。

参考学时：4 学时。

知识点：

职业责任；

法律责任；

避免法律诉讼的对策。

学习目标：

（1）了解注册会计师法律责任的成因。

（2）明确被审计单位管理层和治理层对财务报表的责任与注册会计师的责任。

（3）掌握企业经营失败、审计失败与审计风险的区别和联系。

（4）掌握注册会计师法律责任的种类、概念及区别。

（5）掌握中国注册会计师职业道德规范的主要内容。

（6）掌握会计师事务所及注册会计师避免法律诉讼的应对措施。

知识单元 4：审计目标与审计过程（ACS_{37}）（核心）。

参考学时：6 学时。

知识点：

审计目标；

审计范围；

财务报表循环；

审计目标的实现过程。

学习目标：

（1）理解审计总目标的演变阶段。

（2）掌握我国财务报表审计的目标。

（3）掌握被审计单位管理层认定的相关内容。

（4）理解注册会计师在评价财务报表的合法性与公允性时应当考虑的内容。

（5）掌握审计具体目标的确定依据。

（6）理解审计目标的实现过程。

知识单元5：审计证据与审计工作底稿（ACS_{38}）（核心）。

参考学时：6学时。

知识点：

审计证据；

审计工作底稿。

学习目标：

（1）了解财务信息生成和储存方式对审计程序的影响。

（2）掌握审计证据的定义、内容、特性。

（3）掌握审计工作底稿的形成。

（4）理解审计证据的获取和审计工作底稿的复核。

知识单元6：计划审计工作（ACS_{39}）（核心）。

参考学时：6学时。

知识点：

初步业务活动；

总体审计策略和具体审计计划；

审计重要性；

审计风险。

学习目标：

（1）理解初步业务活动的内容。

（2）掌握总体审计策略和具体审计计划的内容。

（3）掌握审计重要性的含义及重要性的确定方法。

（4）掌握审计风险的概念及审计风险模型的构成。

（5）理解审计风险、重要性和审计证据之间的关系。

知识单元7：风险评估（ACS_{40}）（核心）。

参考学时：6学时。

知识点：

风险评估的含义；

了解被审计单位及其环境；

了解被审计单位的内部控制；

评估重大错报风险；

与管理层和治理层的沟通；

审计工作记录。

学习目标：

（1）理解风险评估的意义及风险评估程序。

（2）理解被审计单位及其环境所包括的内容。

（3）掌握内部控制的内涵和要素。

（4）掌握注册会计师应当识别和评估的各层次的重大错报风险。

（5）理解审计工作记录的内容和方式。

知识单元8：风险应对（ACS_{41}）（核心）。

参考学时：6学时。

知识点：

针对财务报表层次重大错报风险的总体应对措施；

针对认定层次重大错报风险的进一步审计程序；

控制测试；

实质性程序；

评价列报的适当性；

评价审计证据的充分性和适当性；

审计工作记录。

学习目标：

（1）掌握财务报表层次重大错报风险的总体应对措施。

（2）掌握进一步审计程序的含义。

（3）掌握进一步审计程序的性质、时间和范围的含义及选择。

（4）掌握控制测试的性质、时间和范围的含义及选择。

（5）掌握实质性程序的含义和要求。

（6）掌握实质性程序的性质、时间和范围的含义及选择。

知识单元9：审计抽样（ACS_{42}）（核心）。

参考学时：3学时。

知识点：

审计抽样概述；

控制测试中抽样技术的应用；

实质性程序抽样技术的应用。

学习目标：

（1）理解审计抽样的含义和种类。

（2）掌握实施风险评估程序、控制测试和实质性程序时对审计抽样的考虑。

（3）理解对抽样风险和非抽样风险的考虑。

（4）掌握选取样本的方法、样本结果评价的程序及内容。

（5）掌握属性抽样中的基本概念。

（6）理解固定样本量抽样、停—走抽样和发现抽样方法。

（7）理解变量抽样的方法。

知识单元 10：审计报告（ACS$_{43}$）（核心）。

参考学时：4 学时。

知识点：

审计报告的含义与种类；

审计报告的基本内容；

标准无保留意见审计报告；

非标准审计报告；

期后发现的事实；

含有已审计财务报表的文件中的其他信息。

学习目标：

（1）掌握审计报告的基本内容。

（2）掌握审计报告的基本类型。

（3）掌握签发不同意见审计报告的条件要求及其编制。

（4）掌握对审计报告日后发现事实的不同处理。

知识单元 11：销售与收款循环审计（ACS$_{44}$）（核心）。

参考学时：8 学时。

知识点：

销售与收款循环概述；

销售与收款循环内部控制及其测试；

销售与收款循环的交易类别测试；

主营业务收入审计；

应收账款审计；

坏账准备审计；

其他相关账户审计。

学习目标：

（1）理解并识别与销售与收款循环相关的会计凭证、账户、主要经济业务活动。

（2）掌握销售与收款循环中内部控制要点及控制测试。

（3）设计与执行销售与收款循环交易实质性程序。

（4）理解与每种实质性程序相关的财务报表认定。

（5）掌握主营业务收入、应收账款、坏账准备等账户的审计目标以及实质性程序的基本程序。

知识单元 12：购货与付款循环审计（ACS$_{45}$）（核心）。

参考学时：4 学时。

知识点：

购货与付款循环概述；

购货与付款循环内部控制及其测试；

购货与付款循环的交易类别测试；

应付账款审计；

固定资产和累计折旧审计；

其他相关账户审计。

学习目标：

（1）理解并识别与购货与付款循环相关的会计凭证、账户、主要经济业务活动。

（2）掌握购货与付款循环中内部控制要点及控制测试。

（3）设计与执行购货与付款循环交易实质性程序。

（4）理解与每种实质性程序相关的财务报表认定。

（5）掌握应付账款、固定资产、累计折旧等账户的审计目标以及实质性程序的基本程序。

知识单元 13：生产与服务循环审计（ACS_{46}）（选修）。

参考学时：2 学时。

知识点：

生产与服务循环概述；

生产与服务循环内部控制及其测试；

生产与服务循环的交易类别测试；

存货成本审计；

存货监盘；

存货计价审计和截止测试；

应付职工薪酬审计；

其他相关账户审计。

学习目标：

（1）了解生产与服务循环涉及的主要财务报表项目、主要业务活动和主要凭证与记录。

（2）了解生产与服务循环中内部控制要点及控制测试程序。

（3）掌握生产与服务循环的交易类别测试程序。

（4）掌握存货项目的分析程序、存货的监盘程序以及存货监盘结果对审计报告的影响。

（5）掌握存货正确截止的基本要求和存货截止测试的方法。

知识单元 14：筹资与投资循环审计（ACS_{47}）（选修）。

参考学时：2 学时。

知识点：

筹资与投资循环概述；

筹资与投资循环内部控制及其测试；

筹资与投资循环的交易类别测试；

借款审计；

所有者权益审计；

投资审计；

其他相关账户审计。

学习目标：

（1）了解筹资与投资所涉及的主要业务活动、主要凭证和记录。

（2）了解筹资业务和投资业务的主要内部控制和控制测试程序。

（3）掌握所有者权益审计的目标和实质性程序。

（4）掌握投资审计的目标和实质性程序。

知识单元 15：验资和财务报表审阅（ACS_{48}）（选修）。

参考学时：1 学时。

知识点：

验资概述；

验资过程、审验程序、验资报告；

财务报表审阅的实施。

学习目标：

（1）了解验资过程和审验程序。

（2）了解验资报告要素和格式。

（3）了解财务报表审阅程序。

附录 B　审计学课程描述

课程：审计学。

参考学时：64 学时。

参考学分：3 学分。

概述：

审计学课程的教学目标：本课程的教学目的是使学生掌握本课程的基本审计理论，主要掌握以风险导向审计为主线的审计理论、程序和方法；对于审计实务，应注意运用与审计相关的其他学科的知识，注意企业会计准则、经济法、税法等内容的学习，掌握审计内部控制、控制测试、主要项目的实质性程序和交易循环的实质性程序框架。学生应明确审计与会计学科的联系和区别。通过该课程学习，要求学生了解社会主义市场经济体制下，加强审计工作的政治意义和经济意义，掌握审计的基本理论和方法，重点掌握注册会计师审计的理论、方法和实务，毕业后能够胜任会计师事务所和企业内部审计组织的工作。

前导课程：初级会计学、中级财务会计、成本会计、财务管理学等。

课程提纲：

（1）审计、鉴证与注册会计师职业。

（2）审计程序与审计技术。

（3）交易循环审计。

（4）其他类型鉴证业务与相关服务。

涵盖知识单元：ACS_{34}、ACS_{35}、ACS_{36}、ACS_{37}、ACS_{38}、ACS_{39}、ACS_{40}、ACS_{41}、ACS_{42}、ACS_{43}、ACS_{44}、ACS_{45}、ACS_{46}、ACS_{47}、ACS_{48}。

说明：适用于会计学专业所有专业方向，必修课程。

附录 C 审计学实验（实践）项目描述

一、设计性实验（DE）

实验项目 1：审计业务承接（必修）（DE_1）。

参考学时：2 学时。

涵盖知识单元：ACS_{37}、ACS_{39}。

学习目标：

（1）了解事务所承接业务的一般流程。

（2）了解审计业务约定书格式。

说明：专业必修。

实验项目 2：计划审计工作（必修）（DE_2）。

参考学时：4 学时。

涵盖知识单元：ACS_{39}、ACS_{40}、ACS_{41}。

学习目标：

（1）了解计划审计的重要地位和企业财务报表审计的工作步骤。

（2）掌握重大错报风险的评价、审计重要性水平的确定方法。

说明：专业必修。

实验项目 3：应收账款函证（必修）（DE_3）。

参考学时：4 学时。

涵盖知识单元：ACS_{39}、ACS_{44}。

学习目标：

（1）了解企业应收账款审计的目的、重要性和基本程序。

（2）掌握应收账款函证的工作要点。

说明：专业必修。

实验项目 4：销售收入审计（必修）（DE_4）。

参考学时：4 学时。

涵盖知识单元：ACS_{37}、ACS_{38}、ACS_{39}、ACS_{40}、ACS_{41}、ACS_{42}。

学习目标：

（1）了解销售业务的基本流程和特点。

（2）理解现代风险导向审计的特点和程序。

（3）掌握销售交易的控制测试和实质性程序。

（4）掌握企业在特定环境下公司收入舞弊的常用手段。

（5）掌握收入舞弊的相应审计对策。

说明：专业必修。

实验项目5：审计报告（必修）（DE_5）。

参考学时：2学时。

涵盖知识单元：ACS_{43}。

学习目标：

（1）了解审计报告的作用。

（2）熟悉审计调整事项的汇总和试算平衡表的编制。

（3）掌握审计意见的选择和审计报告的编制。

说明：专业必修。

第十三节　Financial Accounting 课程教学规范

一、Financial Accounting 课程在人才培养中的地位及作用

Financial Accounting 课程是会计学本科专业的专业核心课程之一，也是会计学专业的双语课程，是培养学生专业英语听、读、写能力的重要课程。

当前会计准则国际化趋同的发展现实和会计实务领域国际化水平的提高，要求会计学专业人才了解国际会计准则，掌握国际会计发展动态，具备基本的阅读外文文献和处理国际会计业务的专业技能，这也就客观上要求会计学专业培养的人才必须具备国际化的眼光和专业技能，必须能熟练地运用英语进行国际交往、掌握从事国际业务所需的专业知识和技术等。因此，本课程不仅能为学习者提供更加符合就业需要的素质提升环境，也能为其提供更加充足和丰富的可利用资源。从会计学专业英语的听、读、写、译等各个方面提高学生专业英语能力，使其能更好地进行专业英语交流，同时增强其自主学习能力，提高综合文化素养，以适应我国会计学专业发展和国际趋同的需要。

通过本课程的学习，学生能够熟练掌握专业领域内的术语，具备阅读专业文献的基本能力，具备独立撰写专业英文摘要的能力，能应用专业术语进行外资企业的英文账务处理，满足涉外企业会计业务处理的基本要求。同时，本课程的学习使学生了解国际会计体系与我国会计体系的差异，掌握国际会计发展最新动态，从而达到拓宽知识面、形成国际化眼光的教学目标。

二、Financial Accounting 课程教学目标

Financial Accounting 课程的教学目标：通过学习该课程，学生能掌握会计学专业常用专业术语，系统地掌握国际会计准则体系、基本业务流程和会计确认、计量、报告的方法，提升从事国际会计业务的专业技能，增加获取国外会计学发展领域最新信息的渠道和方法，扩充会计学专业的专业英文词汇。

（一）知识目标

Financial Accounting 课程的学习，必须包含与学生所学专业相关的所有核心知识单元，并达到相应的学习目标，此外还应包含专业相近的部分选修知识单元。知识单元的学习目标分为掌握、理解、了解三个层次：

（1）掌握：对所学知识内容准确理解、熟练掌握并能应用于实践。

（2）理解：对所学知识内容理解并能掌握，能应用所学知识分析、解决相关简单问题。

（3）了解：对内容初步了解，一般不要求应用。

（二）能力目标

以专业文献的听、读、写能力的形成为目标，培养学生进行财务分析和财务决策的综合应用能力，为其创新性地运用和发展专业技术能力、提高综合素质、获得全面发展奠定基础。具体包括以下几个方面：

（1）标准的专业术语的听、读、写能力。

（2）阅读和翻译会计学专业文献的能力。

（3）国际会计基本业务处理能力。

（4）团队合作与英语沟通的能力。

（三）素质目标

通过 Financial Accounting 课程的学习，培养学生严谨治学的科学态度和勇于探索的学习作风，培养学生具备会计职业道德和社会责任感。通过 Financial Accounting 专业术语和基本技能的学习，激发学生主动研究国内外会计学知识体系差异和探索国际会计新动向的求知欲望，培养学生独立创新意识的形成。

三、Financial Accounting 知识体系

知识体系的结构可以划分为三个层次，分别是知识领域、知识单元和知识点。财务管理学的知识体系由 5 个知识领域和 13 个知识单元构成，其中核心知识单元 12 个，选修知识单元 1 个。

（一）Financial Accounting 的知识体系

知识领域 9：国际会计（IA）。

知识单元 1：Introduction to Accounting and Business（IA$_1$）（必修）。

知识单元 2：Analyzing Transactions（IA_2）（核心）。

知识单元 3：The Matching Concept and the Adjusting Process（IA_3）（必修）。

知识单元 4：Completing the Accounting Cycle（IA_4）（必修）。

知识单元 5：Accounting Systems and Internal Controls（IA_5）（核心）。

知识单元 6：Accounting for Merchandising Business（IA_6）（核心）。

知识单元 7：Cash（IA_7）（核心）。

知识单元 8：Receivables（IA_8）（核心）。

知识单元 9：Inventories（IA_9）（核心）。

知识单元 10：Fixed Assets and Intangible Assets（IA_{10}）（核心）。

知识单元 11：Current Liabilities（IA_{11}）（必修）。

知识单元 12：Corporations：Organization，Capital Stock Transaction and Dividends（IA_{12}）（必修）。

知识单元 13：Financial Statement Analysis（IA_{13}）（选修）。

（二）Financial Accounting 知识体系描述（见附录 A）

财务管理学知识体系概要说明了知识领域、知识单元和知识点，以及哪个单元是核心、哪个单元是选修、所需的参考学时数等。本部分关于知识领域、知识单元和知识点的详细描述参见附录。

（三）Financial Accounting 知识体系汇总表

表内各核心单元后面的括弧内给出了它们各自的参考学时数，见表 2 - 25。

表 2 - 25　　　　　　　　　　　　　　知识体系汇总表

知识领域	核心知识单元（参考学时）	选修知识单元（参考学时）
知识领域 9： 国际会计 （IA）	IA_1：Introduction to Accounting and Business（6 学时） IA_2：Analyzing Transactions（4 学时） IA_3：The Matching Concept and the Adjusting Process（4 学时） IA_4：Completing the Accounting Cycle（4 学时） IA_5：Accounting Systems and Internal Controls（6 学时） IA_6：Accounting for Merchandising Business（10 学时） IA_7：Cash（4 学时） IA_8：Receivables（6 学时） IA_9：Inventories（6 学时） IA_{10}：Fixed assets and Intangible Assets（8 学时） IA_{11}：Current Liabilities（2 学时） IA_{12}：Corporations：Organization，Capital Stock Transaction and Dividends（2 学时）	IA_{13}：Financial Statement Analysis（2 学时）

四、Financial Accounting 课程体系

（一）课程设置，见表 2 - 26

表 2 - 26 课程设置

序号	课程名称	学时/学分(其中实验学时/学分)	实验项目	核心知识单元	选修知识单元	说明
1	Financial Accounting	64/3		IA_1、 IA_2、 IA_3、 IA_4、 IA_5、 IA_6、 IA_7、 IA_8、 IA_9、IA_{10}、IA_{11}、IA_{12}	IA_{13}	适合会计学专业各专业方向

（二）Financial Accounting 课程描述（见附录 B）

下面对该课程进行描述，主要对课程的前导课程、课程提纲、课程知识单元汇总等方面进行描述，见附录 B。

五、课程主要教学方式

（一）课堂讲授

1. 课堂讲授内容

Introduction to Accounting and Business（涵盖知识单元 IA_1）。

Analyzing Transactions（涵盖知识单元 IA_2）。

The Matching Concept and the Adjusting Process（涵盖知识单元 IA_3）。

Completing the Accounting Cycle（涵盖知识单元 IA_4）。

Accounting Systems and Internal Controls（涵盖知识单元 IA_5）。

Accounting for Merchandising Business（涵盖知识单元 IA_6）。

Cash（涵盖知识单元 IA_7）。

Receivables（涵盖知识单元 IA_8）。

Inventories（涵盖知识单元 IA_9）。

Fixed Assets and Intangible Assets（涵盖知识单元 IA_{10}）。

Current Liabilities（涵盖知识单元 IA_{11}）。

Corporations：Organization，Capital Stock Transaction and Dividends（涵盖知识单元 IA_{12}）。

2. 教学方法

Financial Accounting 课程是一门双语课程，教学中既要进行专业术语的讲解，也要进行专业知识的讲授。因此，教学方法应注重英语授课方法与专业教学方法的相互结合。

（1）采用参与式教学法。改变传统的单纯依赖教师讲授的方法，让学生参与到教学过程中，学生可以就教师的讲授内容发表自己的见解，对问题和现象表达自己的看法。教师通过让学生组织团队的方式，促进学生开展团队合作，进行小组讨论，使学

生由被动听课转为主动学习，全面激发学生学习的积极性和主动性，培养学生分析问题和解决问题的能力。

（2）采用全程英语教学。由于双语课程的语言特点，该门课程教学中应充分发挥英语教学的语言特点，根据学生英语水平，采用英语进行授课，训练学生的听、读能力，不断提升学生英语水平，为更高层次的专业英语学习奠定基础。

（3）采用对话式教学法。对于部分难度较低的知识点可以为学生预先设定题目，指导学生通过查阅文献、小组讨论、撰写英文报告等形式开展自学。课堂中要求学生以团队方式进行全英语展示，教师和其他同学对其展示进行全英文讨论，以团队为单位给予成绩评定。通过对话式的交流和讨论，一方面可以锻炼学生的听、说能力，另一方面也体现团队合作精神和专业知识的应用。

（4）双语作业。经常要求学生完成英文作业，以达到既掌握专业知识，又锻炼英文写作的目标。

3. 教学手段

教学手段应采取形式多样的方式，充分合理地运用多媒体等现代化教学手段，通过制作大量的幻灯片、投影片，同时充分利用网络视频，将较难理解的概念和方法直观化，将复杂的问题简明化，使学生对教学内容一目了然，促进教学效果的改善。

（二）自主学习

Financial Accounting 课程教学过程中要根据教学内容特点适当布置部分讲授内容由学生自学，并利用网络资源和图书馆提供丰富的教学资源，辅助学生开展自主学习，引导学生提高自学能力和获取知识能力。同时应加强网络课程建设，使学生可以利用网络课堂进行自学、复习和个性化学习。

（三）讨论课

Financial Accounting 课程课堂教学过程中，对部分易于理解、掌握的内容应在学生自主学习的基础上，采取小组讨论、集体讨论和学生讲授等多种方式开展，通过科学设置讨论主题、有效组织前期准备，引导学生自主分析问题、解决问题，引导学生掌握自主学习的方法，体现学生为主的教学理念，丰富课堂教学形式。

六、课程考核

考核是引导学生学习、检查教学效果、保证教学质量的重要环节，也是体现课程要求规范的重要标志，应根据 Financial Accounting 课程内容建立多元化的课程教学考核方法。考核评价不仅仅考核最终结果，更注重考核学习过程。多元化的考核方法主要是指课程成绩通过过程评价、结果评价及结果反馈评价等方面来体现，而且从比例上更体现对过程的重视，注重对学生自主学习能力、发现问题及解决问题能力、创新精神、团队合作精神等的评价。具体考核形式采取闭卷考试、作业考核、专题谈论展示相结合，建议各考核方式比例为 60：20：20。

七、说明

在保证大纲基本要求的前提下，可根据专业方向的不同，对教学内容、教学环节、学时分配等做适当调整。

附录 A　Financial Accounting 课程知识体系描述

知识领域 9：国际会计（IA）。

知识单元 1：Introduction to Accounting and Business（IA_1）（必修）。
知识单元 2：Analyzing Transactions（IA_2）（核心）。
知识单元 3：The Matching Concept and the Adjusting Process（IA_3）（必修）。
知识单元 4：Completing the Accounting Cycle（IA_4）（必修）。
知识单元 5：Accounting Systems and Internal Controls（IA_5）（核心）。
知识单元 6：Accounting for Merchandising Business（IA_6）（核心）。
知识单元 7：Cash（IA_7）（核心）。
知识单元 8：Receivables（IA_8）（核心）。
知识单元 9：Inventories（IA_9）（核心）。
知识单元 10：Fixed Assets and Intangible Assets（IA_{10}）（核心）。
知识单元 11：Current Liabilities（IA_{11}）（必修）。
知识单元 12：Corporations：Organization，Capital Stock Transaction and Dividends（IA_{12}）（必修）。
知识单元 13：Financial Statement Analysis（IA_{13}）（选修）。

说明：凡是对某个知识单元有较高要求的，则在该知识单元后面用"＊"标出，而在该知识单元中对某些知识点有较高要求的在知识点后面用"＊"标出。

知识单元 1：Introduction to Accounting and Business（IA_1）（必修）。
参考学时：6 学时。
知识点：
Nature of a business.
The role of accounting.
Accounting equation.
Financial statements.
学习目标：
（1）Understand the nature of a business.
（2）Grasp the role of accounting.
（3）Grasp accounting equation.

知识单元 2：Analyzing Transactions（IA$_2$）（核心）。

参考学时：4 学时。

知识点：

Usefulness of an accounting.

Characteristics of an accounting.

Double – entry accounting，analyzing and summarizing transactions in accounts.

Trial balance.

学习目标：

（1）Understand the characteristics of an accounting.

（2）Grasp double – entry accounting.

（3）Grasp trial balance.

知识单元 3：The Matching Concept and the Adjusting Process（IA$_3$）（必修）。

参考学时：4 学时。

知识点：

The matching concept.

Nature of the adjusting process.

Summary of adjusting process.

学习目标：

（1）Understand the matching concept.

（2）Grasp the adjusting accounting entry.

知识单元 4：Completing the Accounting Cycle（IA$_4$）（必修）。

参考学时：4 学时。

知识点：

Accounting cycle.

Financial statements.

Adjusting and closing entries.

Fiscal year.

学习目标：

（1）Understand accounting cycle.

（2）Grasp adjusting and closing entries.

（3）Understand fiscal year.

知识单元 5：Accounting Systems and Internal Controls（IA$_5$）（核心）。

参考学时：6 学时。

知识点：

Basic accounting systems.

Internal controls.

Manual accounting system.

E_ commerce.

学习目标：

（1）Understand basic accounting systems.

（2）Grasp internal controls.

（3）Understand manual accounting system.

知识单元6：Accounting for Merchandising Business（IA_6）（核心）。

参考学时：10 学时。

知识点：

Nature of merchandising business.

Financial statements for merchandising business.

Sales transactions.

Purchase transactions.

Transactions costs, sales taxes, trade discounts.

Illustration of accounting for merchandise transaction.

学习目标：

（1）Understand nature of merchandising business.

（2）Grasp sales transactions and purchase transactions.

（3）Grasp transactions costs, sales taxes, trade discounts.

（4）Understand illustration of accounting for merchandise transaction.

知识单元7：Cash（IA_7）（核心）。

参考学时：4 学时。

知识点：

Nature of cash and its control.

Bank accounts.

Bank reconciliation.

Petty cash.

Presentation on the balance sheet.

学习目标：

（1）Understand nature of cash and its control.

（2）Grasp bank reconciliation.

（3）Grasp petty cash.

（4）Understand presentation on the balance sheet.

知识单元8：Receivables（IA_8）（核心）。

参考学时：6学时。

知识点：

Classification of receivables.

Internal control.

Uncollectible receivables.

Notes receivable.

Receivables on the balance sheet.

Financial analysis and interpretation.

学习目标：

（1）Understand classification of receivables and internal control about it.

（2）Grasp uncollectible receivables and notes receivable.

（3）Understand report of receivables and financial analysis about it.

知识单元9：Inventories（IA_9）（核心）。

参考学时：6学时。

知识点：

Internal control of inventories.

Effect of inventory errors on financial statements.

Inventory cost flow assumptions.

Presentation.

Estimating inventory cost.

Financial analysis and interpretation of inventories.

学习目标：

（1）Understand internal control of inventories.

（2）Understand effect of inventory errors on financial statements.

（3）Grasp inventory cost flow assumptions.

（4）Grasp estimating method of inventory cost.

（5）Understand financial analysis and interpretation of inventories.

知识单元10：Fixed Assets and Intangible Assets（IA_{10}）（核心）。

参考学时：6学时。

知识点：

Nature of fixed assets.

Accounting for depreciation.

Capital and revenue expenditures.

Disposal of fixed assets.

Leasing fixed assets.

Internal control of fixed assets.

Natural resources.

Intangible assets.

Financial reporting for fixed assets and intangible assets.

学习目标：

（1）Understand nature of fixed assets.

（2）Grasp accounting for depreciation.

（3）Grasp capital and revenue expenditures and disposal of fixed assets.

（4）Understand leasing fixed assets and internal control of fixed assets.

（5）Understand natural resources.

（6）Understand intangible assets.

（7）Understand financial reporting for fixed assets and intangible assets.

知识单元 11：Current Liabilities（IA$_{11}$）（必修）。

参考学时：2 学时。

知识点：

The nature of current liabilities.

Contingent liabilities.

Payroll and payroll taxes.

Employees' fringe benefits.

学习目标：

（1）Understand the nature of current liabilities.

（2）Grasp contingent liabilities.

（3）Understand payroll and payroll taxes and employees' fringe benefits.

知识单元 12：Corporations：Organization，Capital Stock Transaction and Dividends （IA$_{12}$）（必修）。

参考学时：2 学时。

知识点：

Nature of a corporation.

Stockholders' equity.

Issuing stock.

Stock splits.

Accounting for dividends.

Reporting.

学习目标：

（1）Understand nature of a corporation and resources of stockholders' equity.

(2) Grasp accounting entry of issuing stock.

(3) Grasp stock splits.

(4) Grasp accounting for dividends.

(5) Understand reporting of stockholders' equity.

知识单元 13：Financial Statement Analysis（IA$_{13}$）（选修）。

参考学时：2 学时。

知识点：

Basic analytical procedures.

Solvency analysis.

Profitability analysis.

Summary of analytical measures.

Corporate annual reports.

学习目标：

(1) Understand basic analytical procedures.

(2) Understand solvency analysis and profitability analysis.

(3) Understand corporate annual reports.

附录 B Financial Accounting 课程描述

课程：Financial Accounting。

参考学时：64 学时。

参考学分：3 学分。

概述：

Financial Accounting 课程的教学目标：通过学习该课程，学生能够掌握会计学专业常用专业术语，系统地掌握国际会计准则体系、基本业务流程和会计确认、计量、报告的方法，提升从事国际会计业务的专业技能，增加获取国外会计学发展领域最新信息的渠道和方法，扩充会计学专业的专业英文词汇，达到以下能力培养目标：

(1) 标准的专业术语的听、读、写能力。

(2) 阅读和翻译会计学专业文献的能力。

(3) 国际会计基本业务处理能力。

(4) 团队合作与英语沟通的能力。

通过 Financial Accounting 课程，培养学生严谨治学的科学态度和勇于探索的学习作风，培养学生具备会计职业道德和社会责任感。通过 Financial Accounting 专业术语和基本技能的学习，激发学生主动研究国内外会计学知识体系的差异和探索国际会计新动向的求知欲望，培养学生独立创新意识的形成。

前导课程：初级会计学、中级财务会计、财务管理学。

课程提纲：

(1) Basic Principles of Accounting.

(2) Asset.

(3) Liabilities.

(4) Owner's Equity.

(5) Financial Analysis.

涵盖知识单元：IA_1、IA_2、IA_3、IA_4、IA_5、IA_6、IA_7、IA_8、IA_9、IA_{10}、IA_{11}、IA_{12}、IA_{13}。

说明：适用于会计学专业所有专业方向，必修课程。

第三部分　会计学专业核心课程教学大纲研究

第一节　经济法课程教学大纲

课程名称（英文）：Economic Law.

课程编号：19004。

适用专业：会计学专业。

课程性质：必修。

学分：3 学分。

课程学时：64 学时。

选修课程：政治经济学。

一、课程在人才培养中的地位及作用

本课程的设计方案是在岗位调研的基础上，由经济法概论团队教师共同开发的。课程的目的是适应企业经营管理人员其业务岗位对经济法律法规知识的要求以及提高其运用该知识解决企业经营管理中存在的问题的能力，本课程对接企业日常经营管理中的法律事务。教学过程就是教师指导学生运用经济法律法规知识处理企业经营管理过程中存在的法律问题的过程。教学内容是企业经营管理人员处理企业日常法律事务的工作内容。

1. 以企业经营管理从业人员职业能力培养为重点

本课程的设计以企业经营管理人员处理企业经营管理中日常法律事务为导向，先将企业经营管理人员运用所掌握的经济法律法规知识处理企业实际问题的能力分成多个能力项目，然后根据能力项目来确定教学项目，最后在各个教学项目中，以职业能力的形成为依据，选择教学内容。在教学方法上，理论教学采用以案例教学为主的多种教学形式，改变过去以教师讲授理论知识为主的教学方法，避免教师只讲授理论知识，学生死记硬背法律条文，只知道是什么，不知道为什么，更不知道怎么做的情况。实践教学分为十一个能力实训项目，对学生进行能力培养。本课程注重通过实训教学培养学生对知识和技能的掌握，注重通过真实的业务实践实现知识、技能和态度的整合和提升。以此为出发点，我们确定的经济法课程应该达到的职业能力培养目标见图 3-1。

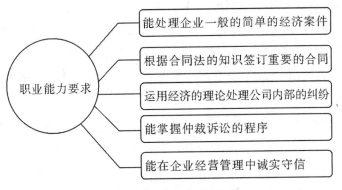

图 3-1　职业能力培养目标

2. 与行业企业合作进行基于工作过程的课程开发与设计

为搞好课程改革，自 2009 年 5 月份开始，经济法概论教学团队围绕相关专业的学生将经济法律法规知识在企业中运用能力的要求，会计职称、注册会计师等资格考试内容的要求、职业素养的要求以及其他要求进行了认真、广泛的社会调查。我们先后到山东天齐律师事务所、山东舜祥律师事务所、山东众英律师事务所、山东中强律师事务所、山东国曜律师事务所、德城区人民法院、德棉股份、华鲁恒升等行业和企业进行了调研，与专业人员进行了座谈，与学校老师一起对岗位工作任务及职业能力进行了科学分析，形成课程设计的依据。

在课程教学阶段，我们将律师自办案件的真实判决书带进课堂进行模拟教学，不仅如此，教师还带领学生到中大贝莱特等企业签订真实的合同、到律师事务所协助办理简单的真实的经济案件，实现了教学过程中的"工学交替"，为学生将来从事企业经营管理业务打下良好的基础。行业专家与教师一起共同设计真实的教学项目，并根据学生的就业岗位变化和企业实际情况对教学项目进行更新，学校教师再将更新的内容充实到教材中，及时更新教学内容。

二、课程教学目标

经济法课程的教学目标：使学生具备法律行业高素质人才所需要的基本功。为了结合实践，突出本课程特点，我们将本课程内容进行了整合。整合后的本课程学习内容分为两部分，即理论教学和实践教学。

第一部分理论教学：为了将来能够与学生的就业岗位对接，根据企业对经营管理人员运用经济法律法规知识解决企业经营管理过程中存在的实际问题的能力要求，我们对课程内容进行了改革，突出学生将来到企业经营管理所"必需"，打破了学科体系，将经济法整合为七个单元，即经济法基础知识、市场准入法律制度、经济组织法律制度、经济行为法律制度、经济保护法律制度、市场调控与监督法律制度、经济仲裁与经济诉讼，重点讲授与企业相关的经济法律法规。

第二部分实践教学：根据我系培养应用型人才的要求，我系经济法概论课程的教学重点强调实践性教学，突出七个单元的基本理论知识在企业经营管理中的具体应用，培养学生实际操作能力。为此，我们制定了本课程的实训大纲。我系的实践教学始终把育人放在第一位，并根据学生当前的就业形势进行适当的调整。根据实训大纲要求，把 2009 级学生实践教学内容分为十一个实训项目。每个实训项目包括四部分内容：实训目的、实训内容、能力训练、学习情景。根据不同的项目内容采取签订合同、录像观摩、案例分析、法律咨询、观摩开庭、模拟法庭等六种不同的实践教学形式。

（一）知识目标

经济法课程的学习，必须包含与学生所学专业相关的所有核心知识单元，并达到相应的学习目标，此外还应包含与专业相近的部分选修知识单元。知识单元的学习目标分为掌握、理解、了解三个层次：

（1）掌握：对内容透彻理解、牢固掌握并能熟练应用。

（2）理解：对内容理解并能掌握，会用它们分析、解决相关简单问题。

（3）了解：对内容初步了解，一般不要求应用。

（二）能力目标

根据教学内容的安排，培养学生的理论水平和实践能力，依据教育部、省市教育主管部门和学校的规定，以教学目标为指导，整合各种教学资源。我们的具体教学目标如为：

（1）注重实践教学。在平时的理论教学中，穿插实践教学，抽出专门的时间集中进行实践教学。

（2）教学特色明显。在理论教学和实践教学中，以培养学生的能力和技能为目标，授课老师多为双师型人才，配备有专门的实践课老师指导学生的实践教学。

（3）注重效果。为社会输送专业适销的人才。

（三）素质目标

通过经济法课程培养学生严谨求学的科学态度和刻苦钻研的学习作风，使其具有良好的社会责任感和职业道德。通过学习法律知识，学生提高了解社会利用社会的能力。教师激发学生的求知欲望、探索精神，培养学生独立创新的意识。

三、课程教学内容

（一）课程提纲

（1）经济法基础知识。

（2）市场准入法律制度。

（3）经济组织法律制度。

（4）经济行为法律制度。

（5）经济保护法律制度。

（6）市场调控与监督法律制度。

（7）经济仲裁与经济诉讼。

（二）课程知识体系

知识领域 2：法律基础（LB）。

知识单元 LB_1：经济法的概念（3 学时）。
知识单元 LB_2：经济法的体系和渊源（3 学时）。
知识单元 LB_3：经济法律关系（4 学时）。
知识单元 LB_4：公司法（6 学时）。
知识单元 LB_5：个人独资企业法（4 学时）。
知识单元 LB_6：合伙企业法（6 学时）。
知识单元 LB_7：外商投资企业法（5 学时）。
知识单元 LB_8：反垄断法（4 学时）。
知识单元 LB_9：反不正当竞争法（4 学时）。
知识单元 LB_{10}：消费者权益保护法（3 学时）。
知识单元 LB_{11}：产品质量法（3 学时）。
知识单元 LB_{12}：合同法（6 学时）。
知识单元 LB_{13}：税法（4 学时）。
知识单元 LB_{14}：证券法（4 学时）。
知识单元 LB_{15}：票据法（5 学时）。

（三）课程涵盖的知识单元

经济法课程涵盖的知识单元有：LB_1、LB_2、LB_3、LB_4、LB_5、LB_6、LB_7、LB_8、LB_9、LB_{10}、LB_{11}、LB_{12}、LB_{13}、LB_{14}、LB_{15}，见表 3-1。

表 3-1   知识体系汇总表

序号	知识领域（学时）	核心知识单元	选修知识单元
1	知识领域 2：法律基础（64）	LB_4、LB_5、LB_6、LB_7、LB_8、LB_9、LB_{10}	LB_1、LB_2、LB_3、LB_{13}、LB_{14}、LB_{15}
	合计（64）	共 9 单元（共 46 学时）	共 6 单元（共 18 学时）

（四）知识单元描述

知识单元 LB_1：经济法的概念（核心）。

参考学时：3 学时。

知识点：

经济法的概念；

经济法的调整对象；

经济法的定义。

学习目标：

（1）了解经济法产生及发展过程。

（2）掌握经济法的概念及调整对象。

（3）掌握经济法的定义。

知识单元 LB_2：经济法的体系和渊源（核心）。

参考学时：3 学时。

知识点：

经济法的体系；

经济法的渊源。

学习目标：

（1）了解经济法体系的概念。

（2）了解经济法体系的结构。

（3）掌握经济法渊源的概念。

（4）掌握经济法渊源的种类。

知识单元 LB_3：经济法律关系（核心）。

参考学时：4 学时。

知识点：

经济法律关系的概念；

经济法律关系的特征；

经济法律关系的主体；

经济法律关系的客体；

经济法律关系的内容；

经济法律事实；

经济法律关系的保护。

学习目标：

（1）掌握经济法律关系的主体、客体和内容。

（2）了解经济法律关系的保护途径及违反经济法的法律责任。

知识单元 LB_4：公司法（核心）。

参考学时：6 学时。

知识点：

公司的概念及种类；

公司法的概念；

有限责任公司的设立和组织机构；

一人有限公司和国有独资公司的特别规定；

股份有限公司的概念和特征；

股份有限公司的设立和组织机构；

上市公司；

有限责任公司的股权转让与股份有限公司的股份发行和转让；

公司债券的概念；

公司债券的发行条件公司债券的发行程序；

公司债券的种类；

公司财务、会计概述；

公司的合并、分立；

公司的终止。

学习目标：

（1）掌握公司、法人的概念和有限责任公司的设立条件和设立程序，理解有限责任公司的组织机构，了解国有独资公司相关的法律规定。

（2）掌握股份有限公司的设立条件和设立程序，理解股份有限公司股份的发行和转让、组织机构，了解上市公司相关的法律规定。

（3）掌握公司债券的概念、发行条件及发行程序，理解公司的合并、分立、终止，了解公司的财务、会计制度和违反公司法的法律责任。

知识单元 LB_5：个人独资企业法（核心）。

参考学时：4 学时。

知识点：

个人独资企业的概念和特征；

个人独资企业的设立条件；

个人独资企业的设立程序；

个人独资企业的权利；

个人独资企业的义务；

投资人的权利和责任；

个人独资企业的事务管理；

个人独资企业的解散；

个人独资企业的清算；

财产的分配。

学习目标：

（1）掌握个人独资企业的概念、特征、设立条件和设立程序。

（2）理解个人独资企业的权利、义务和投资人的事务管理。

（3）了解个人独资企业的解散和清算。

知识单元 LB_6：合伙企业法（核心）。

参考学时：6 学时。

知识点：

合伙企业的概念和特征；

合伙企业法的概念、立法宗旨和适用范围；

普通合伙企业的设立；

普通合伙企业财产的构成；

普通合伙企业财产的分割、转让及出质；

普通合伙事务执行的形式；

普通合伙企业事务的执行及监督；

合伙企业的利润分配及亏损分担；

合伙人及其他经营管理人员的义务；

普通合伙企业与善意第三人的关系；

普通合伙企业与其债权人的关系；

普通合伙企业与合伙人个人的债权人之间的关系；

普通合伙企业的入伙；

普通合伙企业的退伙；

特殊的普通合伙企业的概念；

特殊的普通合伙企业事务的责任承担；

特殊的普通合伙企业风险基金；

有限合伙企业的概念；

有限合伙企业的设立；

有限合伙企业的事务执行；

有限合伙企业财产；

有限合伙企业与第三人关系；

有限合伙企业中有限合伙人的变更；

合伙企业解散的事由；

合伙企业的清算。

学习目标：

（1）掌握普通合伙企业的概念、特征、利润分配及亏损分担，普通合伙企业与其债权人的关系，普通合伙企业入伙、退伙的法律责任；理解普通合伙企业财产的构成、性质、财产的分割、转让及出质，普通合伙企业与善意第三人的关系，普通合伙企业与合伙人个人的债权人之间的关系；了解普通合伙事务执行的形式，合伙人及其他经营管理人员的义务。

（2）掌握特殊的普通合伙企业的概念，理解特殊的普通合伙企业事务的责任承担，了解特殊的普通合伙企业风险基金。

（3）掌握有限合伙企业的概念；理解有限合伙企业财产转让及出质，有限合伙企业与第三人关系；了解有限合伙企业的事务执行，有限合伙企业中有限合伙人的变更。

（4）掌握合伙企业的清算，了解合伙企业解散的事由。

知识单元 LB_7：外商投资企业法（核心）。

参考学时：5 学时。

知识点：

外商投资企业的概念及种类；

中外合资经营企业的概念；

中外合资经营企业的设立；

中外合资经营企业的资本；

中外合资经营企业的权力机构和经营管理机构；

中外合资经营企业的期限、解散与清算；

中外合作经营企业的概念；

中外合作经营企业的设立；

中外合作经营企业合作各方的出资；

中外合作经营企业的权力机构和经营管理机构；

合作企业的经营管理；

中外合作经营企业的期限、解散与清算；

外资企业的概念；

外资企业的设立；

外资企业的资本；

外资企业的经营期限、终止和清算。

学习目标：

（1）掌握外商投资企业的概念及种类、中外合资经营企业的概念、中外合资经营企业的资本的概念，理解中外合资经营企业的设立、权力机构和经营机构，了解中外合资经营企业的期限、解散与清算。

（2）掌握中外合作经营企业和外资企业的概念、中外合作经营企业及外资企业的资本的概念，理解中外合作经营企业的设立、权力机构和经营管理机构，了解中外合资经营企业和外资的期限、解散与清算。

知识单元 LB_8：反垄断法（核心）。

参考学时：4 学时。

知识点：

垄断的概念和产生的原因；

垄断的立法目的和适用范围；

滥用市场支配地位的概念和特征；

反垄断法对滥用市场支配地位的规制；

经营者集中的概念和特征；

我国反垄断法对经营者集中的规制；

对滥用行政权力排除、限制竞争行为的规制；

反垄断法的实施。

学习目标：

（1）掌握垄断的概念和产生的原因，了解垄断的立法目的和适用范围。

（2）理解滥用市场支配地位的概念和特征，了解反垄断法对滥用市场支配地位的规制。

（3）掌握经营者集中的概念和特征，了解我国反垄断法对经营者集中的规制。

知识单元 LB_9：反不正当竞争法（核心）。

参考学时：4 学时。

知识点：

不正当竞争的概念和特征。

不正当竞争行为的一般构成要件。

市场混淆行为。

商业贿赂。

引人误解的虚假宣传。

侵犯商业秘密。

违反规定的有奖销售。

商业诽谤。

学习目标：

（1）掌握不正当竞争的概念及特征，理解不正当竞争行为的一般构成要件。

（2）掌握市场混淆行为、商业贿赂、引人误解的虚假宣传、侵犯商业秘密、违反规定的有奖销售、商业诽谤行为的概念和特征，了解上述行为的法律责任。

知识单元 LB_{10}：消费者权益保护法（核心）。

参考学时：3 学时。

知识点：

消费者的概念；

消费者权益保护法的概念；

消费者权益保护法的原则；

消费者的权利；

经营者的义务；

消费者权益的国家保护与社会保护；

权益争议的解决与法律责任的确定。

学习目标：

（1）掌握消费者的权利和经营者的义务，理解消费者的概念和权益争议解决。

（2）了解侵犯消费者权益行为的法律责任。

知识单元 LB_{11}：产品质量法（核心）。

参考学时：3 学时。

知识点：

产品质量的概念；

产品质量法的宗旨和指导原则；

各级人民政府的产品质量责任；

产品质量的标准化监督；

产品质量体系认证制度；

产品质量认证制度；

产品生产许可证制度；

产品质量的监督检查；

生产者的产品质量责任和义务；

销售者的产品质量责任和义务；

损害赔偿；

罚则。

学习目标：

（1）掌握产品质量的标准化监督、产品质量体系认证制度、产品质量认证制度、产品生产许可证制度，了解产品质量法的宗旨和指导原则。

（2）理解生产者的产品质量责任和义务、销售者的产品质量责任和义务，了解各级人民政府的产品质量责任、产品质量监督管理机构和损害赔偿及罚则。

知识单元 LB_{12}：合同法（核心）。

参考学时：6学时。

知识点：

合同的概念和特征；

合同的分类；

合同法的概念和立法目的；

合同法的基本原则；

合同成立的程序；

合同成立的时间和地点；

合同的内容和形式；

合同的解释；

有效合同；

无效合同；

可撤销合同；

效力待定合同；

合同履行的原则；

双务合同中的履行抗辩权；

合同履行的保全措施；

合同的担保；

合同的变更；

合同的转让；

合同的权利和义务终止的概念及具体情形；

承担违约责任的主要形式；

违约责任的免除；

合同法分则。

四、教材或参考书

[1] 马洪. 经济法概论［M］. 上海：上海财经大学出版社，2007.

[2] 李双元，蒋新苗. 世贸组织（WTO）的法律制度［M］. 北京：中国方正出版社，2001.

[3] 王继军. 市场规制法研究［M］. 北京：人民法院出版社，2005.

[4] 许步国，王凤民. 经济法学［M］. 广州：华东理工大学出版社，2006.

[5] 田水牛. 经济法教程［M］. 北京：中国广播电视出版社，2007.

[6] 曲振涛，王福友. 经济法［M］. 3版. 北京：高等教育出版社，2007.

[7] 张忠军. 经济法［M］. 北京：中国时政经济出版社，2007.

[8] 黄河，张卫华. 经济法概论［M］. 北京：中国政法大学出版社，2007.

[9] 吴志攀. 金融法概论［M］. 北京：北京大学出版社，2008.

[10] 常爱芳. 经济法概论［M］. 北京：中国广播电视出版社，2008.

[11] 王立波. 经济法教程［M］. 北京：清华大学出版社，北京交通大学出版社，2008.

[12] 戚伟平. 新编经济法概述［M］. 上海：上海财经大学出版社，2009.

五、课程主要教学方式和基本要求

（一）课程主要教学内容的学时分配，见表3－2

表3－2　　　　　　　　　　　　　　学时分配

	学时	讲授	讨论课	习题课	实验
经济法的概述	3	3			
经济法的体系和渊源	3	3			
经济法律关系	4	4			
公司法	6	5		1	
个人独资企业法	4	4			
合伙企业法	6	3	2	1	
外商投资企业法	5	4	1		
反垄断法	4	2	2		
反不正当竞争法	4	3	1		
消费者权益保护法	3	2	1		
产品质量法	3	2	1		

表3-2(续)

	学时	讲 授	讨论课	习题课	实 验
合同法	6	5		1	
税法	4	2	2		
证券法	4	4			
票据法	5	4	1		
合计（46）	64	50	11	3	0

（二）课堂讲授

1. 课堂讲授内容

第一章 法及经济法的基础知识

第一节 法的概念与特征

第二节 我国的法律体系

第三节 经济法概述

第四节 相关经济法律制度

第二章 经济法律关系

第一节 法律关系的概念与特征

第二节 经济法律关系的概念与特征

第三节 经济法律关系的构成要素

第四节 经济法律关系的产生、变更和终止

第五节 经济法的实施与经济法律关系的保护

第三章 市场准入与市场秩序法律制度概述

第一节 市场准入法律制度

第二节 市场秩序规制法律制度

第四章 经济组织法律制度

第一节 公司法律制度

第二节 公有制企业法律制度

第三节 个人独资与合伙企业法律制度

第四节 外商投资企业法律制度

第五节 企业破产法律制度

第五章 经济行为法律制度

第一节 合同法律制度

第二节 广告与反不正当竞争法律制度

第三节 劳动法律制度

第四节 证券法律制度

第五节 金融法律制度

第六章 经济保护法律制度

第一节 工业产权法律制度

第二节　消费者权益保护法律制度

第三节　产品质量法律制度

第四节　环境保护法律制度

第七章　市场调控与监督法律制度

第一节　价格法律制度

第二节　税收法律制度

第三节　技术监督法律制度

第四节　经济监督法律制度

第八章　经济仲裁与经济诉讼

第一节　经济仲裁

第二节　经济诉讼

第三节　经济检察

2. 教学方法

经济法课程教学应将课堂教学与实践教学并重，结合实际进行分析。

课堂讲授是一种基本教学方法，以概念、原理和方法等知识性内容为主，重在知识点的教学。在课堂教学过程中，尽可能充分利用网络环境、讨论辅导等多种教学手段，它们的特点在于向学生提供直接材料，有利于正确理解和掌握抽象的基础理论，也有助于集中学生的注意力和思维想象力，激发学生学习兴趣，使现代化的教学手段成为学习知识的桥梁，能达到提高课堂教学水平的目的。

3. 教学手段

教学手段上形式上应多样，可以采取多种方式，充分合理地运用多媒体等现代化教学手段。通过制作大量的幻灯片、投影片、教学录像片和多媒体教学软件，将抽象的概念直观化、复杂的问题简明化，使学生对教学内容一目了然，显著改善教学效果。

（三）讨论课

根据经济法的课程特点，习题课上精选一些既能培养学生分析和解决问题能力、巩固所学知识，又较贴近应用实际、可激发学生学习兴趣的优秀作品进行讲解，让学生举一反三。

（四）实践课

实践教学是本课程教学的重要环节。经济法是一门应用性很强的课程，因此，课程教学应从企业实际出发，侧重对学生解决实际能力的培养，系统设计课题的选择，保证课题的质量。

（五）自主学习

经济法课程教学过程中要适当布置学生自学的讲授内容，并利用网络和图书馆提供更丰富的教学资源，给学生提供课外学习的指导，帮助学生提高自学能力和获取知识能力。学生也可利用网络课堂进行自学、复习和个性化学习。

六、课程考核

考核是引导学生学习、检查教学效果、保证教学质量的重要环节，也是体现课程要求规范的重要标志，应根据课程内容建立多元化的课程教学考核方法。考核评价着重考核学习过程，而不仅仅考核最终结果。多元化的考核方法主要是指课程成绩通过过程评价、结果评价及结果反馈评价等方面来体现，而且从比例上更体现对过程的重视，注重对学生自主学习能力、发现问题及解决问题的能力、创新精神、团队合作精神等的评价。从评价主体上，也从原来的指导教师拓展到学生个体、企业、市场等。这种考核方式不仅尊重了学生的个性发展，而且更能激发学生的创新欲望，开发学生的潜能，提高学生的实践操作能力和创新能力。

七、说明

在保证大纲基本要求的前提下，可根据专业方向的不同，对教学内容、教学环节、学时分配等做适当调整。

第二节 税法课程教学大纲

课程名称（英文）：Tax Law.

课程编号：190064。

适用专业：会计学。

课程性质：必修。

学分：3 学分。

课程学时：64 学时。

选修课程：财务会计。

一、课程在人才培养中的地位及作用

税法课程是高等教育会计专业的专业主干课程之一，学生整体素质的提高包括两方面：一方面是学习能力的提高，另一方面则是实际运用知识能力的提高。本课程的任务是使学生具备会计高素质人才所需要的税收基本理论，即争取在有限的学时内，通过讲课、实习、实验等多种教学方式的灵活运用，使学生在最大限度内广泛的接触各税种、掌握一定的税收基础知识和基本技能，也培养学生将来进一步学习相关知识的能力。在实际运用过程中，学生的理论知识、方法都能得到相应的提高，为今后从事的会计专业工作打下必需的基础。课程所对应的相关职业岗位是会计专业方向学生就业主要渠道之一，在教学中举足轻重。

二、课程教学目标

采用任务驱动、"教、学、做"一体化教学模式，理论教学与实践操作有机结合，对课程内容进行整合，将课程内容任务化，每个课程单元内容以课程任务为开端，为完成该课程任务展开理论与实践操作内容，放弃教师满堂灌输的方式，采取单元任务驱动、教师引导、学生自主学习讨论、教师全程指导的教学方式。

理论讲授以"必须、够用"为度，将理论与操作实践紧密结合，通过课程的学习，学生在理论、实训技能和职业素质方面应达到如下要求：

（一）知识目标

本课程的教学，旨在使学生掌握税法的基本理论、基本知识，熟悉税制操作和运用的基本方法；了解我国税制在国家财政活动中的重要地位和作用；了解我国税制同经济生活密不可分的关系以及在我国社会主义市场经济中的重要作用。

（二）能力目标

能够熟练运用税收基本理论和知识，分析错综复杂的税收现象、处理税收征管实际问题；把握税制设计和运用的规律性，培养初步进行税收筹划的能力。

（三）素质目标

养成严肃、认真的科学态度和良好的自主学习习惯；培养严谨的科学思维和规范的操作意识；养成独立分析问题和解决问题的能力并具有协作和团队精神；能综合运用所学知识和技能独立解决实训中遇到的实际问题；具有一定的归纳、总结能力；具有一定的创新意识；具有一定的自学、表达、获取信息等各方面的能力。

三、课程教学内容

（一）课程提纲

（1）税收概论。

（2）税收实体法。

（3）税收程序法。

（二）课程知识体系

知识领域2：法律基础（LB）。

LB_{16}：税收基础知识（4学时）。
LB_{17}：流转类税（16学时）。
LB_{18}：所得类税（16学时）。
LB_{19}：资源类税（8学时）。
LB_{20}：行为目的类税（8学时）。
LB_{21}：财产类税（4学时）。
LB_{22}：税收征管法（4学时）。
LB_{23}：税收行政法（4学时）。

（三）课程涵盖的知识单元

课程涵盖的知识单元有：LB_{16}、LB_{17}、LB_{18}、LB_{19}、LB_{20}、LB_{21}、LB_{22}、LB_{23}，见

表 3 - 3。

表 3 - 3　　　　　　　　　　知识体系汇总表

序号	知识领域（学时）	核心知识单元	选修知识单元
1	知识领域 2：税法（64）	LB_{16}、LB_{17}、LB_{18}、LB_{19}、LB_{20}、LB_{21}	LB_{22}、LB_{23}
	合计（64）	共 6 单元（共 56 学时）	共 2 单元（共 8 学时）

（四）知识单元的描述

知识单元 LB_{16}：税收基础知识（必修）。

参考学时：4 学时。

知识点：

税法的定义；

税收法律关系；

税收法律关系的主体、客体、权利义务的具体内容；

税法的构成要素；

纳税义务人、征税对象、征税环节、税目、税率等要素的具体含义；

税法的分类；

流转税类、所得税类、财产税类、资源税类、行为目的税类等；

税法的作用。

学习目标：

（1）了解税法的定义。

（2）了解税收法律关系。

（3）了解税法的分类。

（4）掌握税法的构成要素。

知识单元 LB_{17}：流转类税（16 学时）（核心）。

参考学时：16 学时。

知识点：

增值税法；

消费税法；

营业税法；

关税法。

学习目标：

（1）了解流转税的征税范围。

（2）了解流转税纳税人。

（3）了解流转税征收方法。

知识单元 LB_{18}：所得类税（16 学时）（核心）。

参考学时：16 学时。

知识点：

征税对象；

征税范围；

征税环节；

征税地点。

学习目标：

（1）了解收入组成。

（2）了解计税依据。

（3）了解计算方法。

（4）了解税收优惠。

知识单元 LB_{19}：资源类税（8 学时）（核心）。

参考学时：8 学时。

知识点：

资源税；

土地增值税；

耕地占用税。

学习目标：

（1）了解征收范围。

（2）了解计税依据。

（3）了解计算方法。

（4）了解税收优惠。

知识单元 LB_{20}：行为目的类税（8 学时）（核心）。

参考学时：8 学时。

知识点：

征税对象；

征税范围；

征税环节；

征税地点。

学习目标：

（1）了解征收范围。

（2）了解计税依据。

（3）了解计算方法。

（4）了解税收优惠。

知识单元 LB_{21}：财产类税（4 学时）（核心）。

参考学时：4 学时。

知识点：

纳税义务人；

征税对象；

征税范围；

征税环节；

征税地点。

学习目标：

（1）了解征收范围。

（2）了解计税依据。

（3）了解计算方法。

（4）了解税收优惠。

知识单元 LB_{22}：税收征管法（2 学时）（选修）。

参考学时：4 学时。

知识点：

税务登记；

税款征收；

税务检查。

学习目标：

（1）了解税收登记内容。

（2）了解税款征收方法。

（3）了解税务检查手段。

知识单元 LB_{23}：税收行政法（2 学时）（选修）。

参考学时：4 学时。

知识点：

税收管理体制；

税务行政处罚；

税务行政诉讼。

学习目标：

（1）了解税收体系内容。

（2）了解处罚措施方法。

（3）了解税务争议解决。

四、教材或参考书

[1] 中国会计学会. 推动产学研战略联盟 培养应用型会计人才——《会计行业中

长期人才发展规划》系列解读之九 [EB/OL]. 财政部网站, 2011. 1.

[2] 财政部会计司. 关于征求《小企业会计准则（征求意见稿）》意见的函 [EB/OL]. 财政部网站, 2010. 11.

[3] 中国注册会计师协会. 2010 年度注册会计师统一考试辅导教材《税法》[M]. 北京：经济科学出版社, 2010.

[4] 段晓红. 关于法学专业《税法》课程实践教学的思考 [J]. 中国集体经济, 2008（6）.

五、课程主要教学方式和基本要求

（一）课程主要教学内容的学时分配，见表 3 - 4

表 3 - 4　　　　　　　　　　　学时分配

教学内容 ＼ 教学方式	学时	讲授	讨论课	习题课	实践
税收基础知识	4	4			
流转类税	16	10			6
所得类税	16	10			6
资源类税	8	7			1
行为目的类税	8	6			2
财产类税	4	3			1
税收征管法	4	4			
税收行政法	4	4			
合计	64	48			16

（二）课堂讲授

1. 课堂讲授内容

LB_{16}：税收基础知识（4 学时）。

LB_{17}：流转类税（16 学时）。

LB_{18}：所得类税（16 学时）。

LB_{19}：资源类税（8 学时）。

LB_{20}：行为目的类税（8 学时）。

LB_{21}：财产类税（4 学时）。

LB_{22}：税收征管法（4 学时）。

LB_{23}：税收行政法（4 学时）。

2. 教学方法

教学过程中使用基于问题式学习法，先提出实际工作中遇到的问题，再寻找解决办法，再上升到理论高度。此方法目的在于激起学生的学习兴趣，使学生带着问题去学习，调动学习积极性。问题的设置采用层层深入的办法，这样使学生不仅将问题弄懂了，而且知道如何学习、如何提问、如何深入研究问题、如何质疑，学生的思路被教师牢牢抓住，积极性得到调动，能力也逐步提高。

教师还可以经常启发学生对现行的税法加以评论，分析国家规定的出发点是什么？也就是法律制定者的初衷是什么？合理之处在哪？这样规定会不会产生新的问题？公不公平？如何改进更好？这样教学的好处是培养学生独立思考，有独到见解，提高创新能力，不是人云亦云，被动接受知识，而是主动研究问题。

实践教学是税法课程教学的重要环节。实践教学中采用实地实物操作，培养实践应用能力和创新能力，对激发学生的学习兴趣起到很大的作用。

3. 教学手段

教学方法、作业、考试等教改举措：教学方法开始尝试让学生合作讨论，强化学生的课堂主要角色；作业采用自编习题集，发给学生按进度完成；实验课程考试采用每次实验的考核成绩（纳税申报表和实验报告的填写）和期末上机考试成绩结合占90%，平时出勤占10%的办法，使学生更注重日常实验的操作。

（三）实践课

税法实践教学教材建设。税法实践教材要以最新税法为依据，设计适用各税种的相关票据以及纳税申报表，并设计好实务操作题供学生实践适用。针对增值税实践教学，设计一般纳税人增值税专用发票的开具、缴销、认证纸质专用发票及其相应的数据电文等实践内容，以及依据《税收征收管理》《增值税暂行条例》及《发票管理办法》规定编制一般纳税人《增值税纳税申报表》及其两个附表和《固定资产进项税额抵扣情况表》实践内容，并结合设计的实务操作题让学生判断纳税义务发生的时间、纳税期限、纳税地点等；针对企业所得税，设计某企业一年的主要业务（可以是汇总数），让学生判断企业所得税纳税地点、纳税期限，设计适用于实行查账征收的居民企业根据当期业务填制《企业所得税年度纳税申报表（A类）》以及相关附表的编制，练习涉及跨地区经营的企业如何汇总纳税以及合伙企业所得税的报税等。

在教材建设中要重视例题模拟实践教学。所谓例题模拟实践教学，就是把具体的纳税申报材料由老师通过例题和作业的形式呈现给学生，再通过讲解例题和完成作业两个环节，让学生了解和掌握纳税信息的处理、应纳税额的计算以及纳税申报等环节的具体问题。采用例题模拟教学，关键是要选择适当的模拟材料，既不能将某个纳税人某个时期的实际经营情况和纳税资料不加处理、简单地照抄照搬，也不能脱离实际凭空想象。主讲教师必须精心准备材料，一方面要突出税法理论上的重点内容；另一方面又要具有操作性，能够锻炼和提高学生的实践能力。只有这样，才能达到预期的教学效果。

税法实践教学实验室建设。通过建立税法实践教学实验室可以更好地进行税法实践，但结合院校自身条件，实验室可以单独建立，也可以和会计实验室建在一起。实验室主要配备实验资料、税务软件和税法教学光盘，应能供正常实践教学、税务软件操作演示以及学生进行手工模拟实训、岗位实训等。教学功能主要是学生在教师的指导下，一方面认识不同纳税人及其应当办理的各种涉税法律业务事项；另一方面通过学生动手操作，练习为各类纳税人办理纳税申报代理、纳税审核代理等业务。

网上实践教学栏目的开设。税法更新很快，可以利用校园网开设网上税法实践教学栏目。一是提供最新的税收法规；二是提供教师实践教学的课件供学生重复学习；三是提供实践练习；四是提供教师与学生交流平台，更好地开展实践教学。

（四）自主学习

税法课程教学过程中要适当布置学生自学的讲授内容，并利用网络和图书馆提供更丰富的教学资源，给学生提供课外学习的指导，帮助学生提高自学能力和知识获取能力。学生也可利用网络课堂进行自学、复习和个性化学习。

六、课程考核

考核是引导学生学习、检查教学效果、保证教学质量的重要环节，也是体现课程要求规范的重要标志。应根据税法课程内容建立多元化的课程教学考核方法。考核评价着重考核学习过程，而不仅仅考核最终结果。多元化的考核方法主要是指课程成绩通过过程评价、结果评价及结果反馈评价等方面来体现，而且从比例上更体现对过程的重视，注重对学生自主学习能力、发现问题及解决问题的能力、创新精神、团队合作精神等的评价。从评价主体上，也从原来的指导教师拓展到学生个体、企业、市场等。这种考核方式不仅尊重了学生的个性发展，而且更能激发学生的创新欲望，开发学生的潜能，提高学生的实践操作能力和创新能力。

具体考核方法采用考试与平时成绩相结合的方式：

（1）平时表现、作业、学习报告和回答问题占10%。

（2）考试应重点检查学生是否掌握基础知识、基本分析方法和结合实际分析问题、解决问题的能力。其中：期中考试占总成绩的20%，期末考试占总成绩的70%。

七、说明

在保证大纲基本要求的前提下，可根据专业方向的不同，对教学内容、教学环节、学时分配等做适当调整。

第三节　管理学课程教学大纲

课程名称：管理学（Management）。

课程编号：190092。

适用专业：会计学。

课程性质：必修。

课程学时：64。

学分：3。

选修课程：无。

一、课程在人才培养中的地位及作用

管理学是一门系统地研究管理活动的普遍规律和一般方法的科学，是人类近代史上发展最迅猛、对社会经济发展影响最为重大的一门学科。该课程内容建立在经济学、心理学、行为科学、社会学、数学、计算机技术等学科基础之上，是一门广泛吸收多学科知识的边缘科学，具有较强综合性、应用性和实践性。本课程与后续开设的其他职能管理课程如人力资源管理、生产管理、财务管理等关系紧密，为学习其他专业课程打下基础。

二、课程教学目标

本课程的教学目标在于通过教与学，使学生正确理解管理的概念，掌握管理的普遍规律、基本原理和一般方法，并能综合运用于对实际问题的分析，初步具有解决一般管理问题的能力，同时培养学生的综合管理素质，为以后学习其他专业管理课程和日后的实际管理工作奠定理论基础。

（一）知识目标

（1）正确理解管理的含义，掌握管理学所涉及的核心概念和基本原理。
（2）了解管理活动的产生、管理思想的演进及其主要理论流派。
（3）掌握管理四大职能即计划、组织、领导、控制的基本原理、内容及技术方法。
（4）认识企业文化的含义、功能及其塑造途径。

（二）能力目标

（1）初步掌握管理的基本原理及其学科体系，能够对现实中的管理现象进行正确的分析判断。
（2）能够制订基本的企业计划书，能够综合运用各种方法进行科学决策。
（3）能够运用组织结构设计的原则和理论，对真实组织进行合理的结构设计和职权配置。
（4）能够全面运用各种激励手段和沟通技巧，恰当处理领导工作中遇到的一般问题。
（5）能够综合运用管理理论和知识解决实际问题，为学习后续各门专业管理课奠定理论和方法基础。

（三）素质目标

（1）具有热爱所学专业、爱岗敬业的精神和强烈的法律意识。
（2）具有胜任管理工作的良好的业务素质和身心素质。
（3）具有管理方面的市场竞争意识、分析判断能力、开拓创新能力和科学决策能力。

三、课程教学内容

(一) 课程提纲

(1) 总论。

(2) 计划职能。

(3) 组织职能。

(4) 领导职能。

(5) 控制职能。

(二) 课程知识体系

知识领域 3：管理学基础（MSB）。

知识单元 MSB_1：管理活动与管理理论（8 学时）。

知识单元 MSB_2：决策原理与方法（6 学时）。

知识单元 MSB_3：计划与计划工作（6 学时）。

知识单元 MSB_4：战略性计划（4 学时）。

知识单元 MSB_5：组织设计（6 学时）。

知识单元 MSB_6：人力资源管理（4 学时）。

知识单元 MSB_7：组织变革与组织文化（4 学时）。

知识单元 MSB_8：领导（8 学时）。

知识单元 MSB_9：激励（6 学时）。

知识单元 MSB_{10}：管理沟通（4 学时）。

知识单元 MSB_{11}：控制的基础（4 学时）。

知识单元 MSB_{12}：组织中的控制系统（4 学时）。

(三) 课程涵盖的知识单元

管理学课程涵盖的知识单元见表 3-5。

表 3-5　　　　　　　　　　知识体系汇总表

知识领域	核心知识单元	选修知识单元
知识领域 3：管理学基础（MSB）	MSB_1、MSB_2、MSB_3、MSB_4、MSB_5、MSB_8、MSB_9、MSB_{11}、MSB_{12}	MSB_6、MSB_7、MSB_{10}
合计 (64)	共 9 单元（共 52 学时）	共 3 单元（共 12 学时）

(四) 知识单元的描述

知识单元 1：管理活动与管理理论（MSB_1）（核心）。

参考学时：8 学时。

知识点：

管理的职能与性质；

管理者的角色与技能；

中西方管理思想的发展。

学习目标：

（1）掌握管理、管理基本职能等基本概念；掌握现代管理学派的主要理论。

（2）了解管理者的分类、技能与角色；了解中国管理思想的演进；了解西方管理思想发展背景，掌握各阶段代表人物及其理论观点。

知识单元2：决策原理与方法（MSB_2）（核心）。

参考学时：6学时。

知识点：

决策概述；

决策的过程及影响因素；

决策的方法。

学习目标：

（1）掌握决策的分类，确定型、风险型和不确定型决策方法。

（2）理解决策的概念、作用与原则，决策的过程与影响因素。

（3）了解决策的相关理论。

知识单元3：计划与计划工作（MSB_3）（核心）。

参考学时：6学时。

知识点：

计划的内涵、特征与类型；

计划的编制过程；

计划的组织与实施方法。

学习目标：

（1）掌握计划与决策的逻辑关系，长期计划与短期计划、各种职能计划、战略性计划与战术性计划、具体性计划与指导性计划、程序性计划与非程序性计划之间的关系，计划层级体系，计划编制过程的内在逻辑。

（2）了解计划的概念及构成要素、计划的性质、计划的分类标准、计划编制过程。

知识单元4：战略性计划（MSB_4）（核心）。

参考学时：4学时。

知识点：

战略管理概述；

战略环境分析；

环境分析与战略选择。

学习目标：

（1）掌握SWOT分析方法、波特的五种竞争力量模型。

（2）理解战略、策略、规划、计划等概念的内涵。

（3）了解战略计划的过程、了解战略的基本类型及其选择。

知识单元 5：组织设计（MSB_5）（核心）。

参考学时：6 学时。

知识点：

组织与组织设计；

组织的部门化；

组织的层级化。

学习目标：

（1）掌握直线职能制、事业部制、矩阵制组织结构的优缺点；掌握管理幅度与管理层次、集权与分权等组织基本问题。

（2）理解组织的概念、组织设计的任务、组织设计的原则、组织设计的问题、影响管理幅度的因素、影响集权与分权的因素、直线制与职能制的优缺点、组织中各种关系的处理（直线与参谋、正式组织与非正式组织）。

（3）了解集团控股型、网络型、流程再造等新型组织结构形式。

知识单元 6：人力资源管理（MSB_6）（选修）。

参考学时：4 学时。

知识点：

人力资源计划；

员工的招聘；

人员的培训；

绩效评估；

职业计划与发展。

学习目标：

（1）掌握人力资源与人力资源管理的定义和基本内容；掌握员工培训的目的、内容和方法。

（2）理解绩效考核的概念、作用和方法；掌握薪酬的概念、构成和薪酬管理的内容。

（3）了解人力资源管理规划的基本原则；掌握人力资源招聘的来源、流程和标准；了解职业生涯规划的概念及阶段。

知识单元 7：组织变革与组织文化（MSB_7）（选修）。

参考学时：4 学时。

知识点：

组织变革的一般规律；

管理组织变革；

组织文化及其发展。

学习目标：

（1）掌握变革阻力的管理方法；掌握释放压力的方法。

（2）理解组织文化塑造的基本原则和步骤。

（3）了解组织变革的动因、内容和模式选择；了解压力的概念、来源；了解组织文化的含义和基本内容。

知识单元8：领导（MSB$_8$）（核心）。

参考学时：8学时。

知识点：

领导的内涵；

领导者的类型；

领导方式及其理论。

学习目标：

（1）掌握权力的实质及五种权力类型、领导有效性的影响因素；掌握支持关系理论、领导行为连续统一体理论；掌握领导四分图理论、管理方格论、费德勒得权变领导模式、领导生命周期理论和路径—目标理论。

（2）理解领导的含义、作用以及领导与管理的关系。

（3）了解有关领导的特质理论及其意义与不足。

知识单元9：激励（MSB$_9$）（核心）。

参考学时：6学时。

知识点：

激励的原理；

激励的内容理论；

激励的过程理论；

激励的一般形式和实务。

学习目标：

（1）掌握内容型激励理论：需要层次理论、ERG理论、双因素理论、社会需要（成就需要）理论、公平理论、期望理论、强化理论、波特和劳勒的综合模式；掌握四种人性假设及其相应的管理方式、指导作用。

（2）理解激励的概念、激励的过程。

（3）了解常用的激励方法。

知识单元10：管理沟通（MSB$_{10}$）（选修）。

参考学时：4学时。

知识点：

沟通的原理；

管理组织沟通；

组织冲突与谈判。

学习目标：

（1）掌握沟通障碍及应对策略；掌握建设性沟通的五大原则；掌握积极倾听的技巧。

（2）理解沟通的含义、类型、过程；理解倾听的概念；理解谈判的含义、分类、基本规则。

（3）了解谈判的策略。

知识单元 11：控制的基础（MSB_{11}）（核心）。

参考学时：4 学时。

知识点：

控制活动；

控制的过程；

有效控制。

学习目标：

（1）掌握控制理论的基本内容；掌握前馈控制、现场控制、反馈控制等基本控制类型；掌握控制的过程（确立标准、衡量绩效、纠正偏差）。

（2）理解管理控制的含义、控制原理。

（3）了解控制的必要性及常用的控制方法。

知识单元 12：组织中的控制系统（MSB_{12}）（核心）。

参考学时：4 学时。

知识点：

预算控制；

生产控制；

其他控制方法。

学习目标：

（1）掌握控制方法的种类、库存控制、经济订购批量、质量控制、全面质量管理。

（2）理解几种重要的比率。

（3）了解预算的编制、预算的种类、预算的作用和缺点、对供应商的控制、经营审计。

四、教材或参考书

[1] 周三多. 管理学原理与方法 [M]. 上海：复旦大学出版社，2004.

[2] 杨文士. 管理学原理 [M]. 北京：中国人民大学出版社，2001.

[3] 斯蒂芬·P. 罗宾斯. 管理学 [M]. 北京：中国人民大学出版社，1997.

[4] 张明玉. 管理学 [M]. 北京：科学出版社，2005.

五、课程主要教学方式和基本要求

（一）课程主要教学内容的学时分配，见表 3-6

表 3-6　　　　　　　　　　　　　　学时分配

学时＼教学方式＼教学内容	学时	讲授	讨论课	习题课	实践
管理活动与管理理论	8		2		
决策原理与方法	6				4
计划与计划工作	6		2		
战略性计划	4				
组织设计	6				6
人力资源管理	4				
组织变革与组织文化	4				
领导	8				6
激励	6		2		
管理沟通	4				
控制的基础	4				
组织中的控制系统	4				
合计	64		6		16

（二）课堂讲授

1. 课堂讲授内容

管理活动与管理理论（涵盖知识单元 MSB_1）。

决策原理与方法（涵盖知识单元 MSB_2）。

计划与计划工作（涵盖知识单元 MSB_3）。

战略性计划（涵盖知识单元 MSB_4）。

组织设计（涵盖知识单元 MSB_5）。

人力资源管理（涵盖知识单元 MSB_6）。

组织变革与组织文化（涵盖知识单元 MSB_7）。

领导（涵盖知识单元 MSB_8）。

激励（涵盖知识单元 MSB_9）。

管理沟通（涵盖知识单元 MSB_{10}）。

控制的基础（涵盖知识单元 MSB_{11}）。

组织中的控制系统（涵盖知识单元 MSB_{12}）。

2. 教学方法

管理学教学以课堂讲授、案例讨论和课程实验为主要教学方式。

课堂讲授。课堂讲授是一种基本教学方法，以概念、原理和方法等知识性内容为主，重在知识点的教学。在课堂教学过程中，尽可能充分利用图片、表格、视频等多种教学手段。它们的特点在于向学生提供感性材料，有利于正确理解和掌握抽象的基础理论，也有助于集中学生的注意力和思维想象力，激发学生学习兴趣，使现代化的教学手段成为学习知识的桥梁，达到提高课堂教学水平的目的。

案例讨论。在案例教学中实现大案例和小案例的充分结合，一般性问题利用小案例达到使学生深入理解的目的，对于具有较强艺术性的管理问题则采用大案例引导学生深入思考，利用所学知识提出解决问题的思路和办法。

实验教学。商业模拟和实验教学是利用软件或沙盘模拟企业管理，让学生能综合运用所学知识全面解决实际问题，实现课堂理论和实践的初步接轨。

3. 教学手段

教学手段上形式上应多样，可以采取多种方式，充分合理地运用多媒体等现代化教学手段。通过制作大量的幻灯片、教学录像片和多媒体教学软件，将抽象的概念直观化、复杂的问题简明化，使学生对教学内容一目了然，显著改善教学效果。

（三）自主学习

管理学课程教学过程中要适当布置学生自学的讲授内容，并利用网络和图书馆提供更丰富的教学资源，给学生提供课外学习的指导，帮助学生提高自学能力和获取知识能力。学生也可利用管理学网络教学资源进行自学、复习和个性化学习。

六、课程考核

（1）除传统作业形式外，还设计了案例分析、课程论文等形式的作业，突出综合性、实践性，重点在于帮助学生理解管理理论、熟练运用管理知识解决实际问题。

（2）建立以能力为核心的、开放式的全程化考核体系。课程最终成绩由 40% 的平时成绩及 60% 的期末闭卷考试成绩构成。平时成绩分为：出勤占 5%，课堂表现占 10%；课程学习论文、小组作业及个人贡献占 25%。

七、说明

在保证大纲基本要求的前提下，可根据专业方向的不同，对教学内容、教学环节、学时分配等做适当调整。

第四节　管理经济学课程教学大纲

课程名称（英文）：Managerial Economics.

课程编号：190027。

适用专业：会计学。

课程性质：必修。

学分：3 学分。

课程学时：64 学时。

选修课程：政治经济学、经济数学、管理学。

一、管理经济学课程在人才培养中的地位及作用

（1）通过本课程的学习，学生能够认识到管理经济学在现代企业经营管理和现代公共管理中的理论意义与实践意义。

（2）使学生了解管理经济学的基本知识：资源的稀缺性、资源有效配置和资源利用问题，经济学与管理经济学的关系，消费者行为与需求理论，成本理论、成本的经济性质和短期与长期成本分析，市场结构与市场竞争及企业生产决策的一般原理，风险与决策资本预算，技术进步与创新等。

（3）使学生理解管理经济学的基本理论：需求、供给与市场均衡，市场需求及其规律，市场供给及其规律，市场均衡，市场机制的作用，政府干预与价格政策分析，需求和供给弹性分析，短期生产函数、边际报酬递减规律与短期生产决策，长期生产函数、边际技术替代递减规律、生产要素的最优组合、规模与收益的关系及长期生产决策。

（4）使学生掌握政府对经济进行干预的理论、政策、方法及其后果，初步掌握在现代市场经济和政府宏观调控条件下进行企业管理和公共事业管理分析的能力。

二、管理经济学课程教学目标

（1）掌握经济学的基本概念与基本原理。

（2）掌握经济分析的主要方法。

（3）能够熟练使用经济学的原理及方法分析各种政策及管理决策。

（一）知识目标

该课程以中国人民大学出版社出版、李宝山编写的《管理经济学》为教材，讲课时以课本内容为基本线索，在其基础上做进一步挖掘、拓展、丰富和完善，讲课时多以启发式教学和命题自学为主。因为该课程具有一定的实践性，所以讲课时加以针对性的案例实验，为学生毕业后打下坚实的理论基础。

（二）能力目标

（1）将学到的理论知识应用于实际的生产中，提高解决实际问题的能力。

（2）将学到的理论知识用于帮助企业、事业单位提高产量或者工作效率。

（3）为学生成为创新型、应用型人才打下坚实的基础。

（三）素质目标

通过管理经济学的学习，学生能够掌握管理经济学的基本知识，具有良好的在企业、事业单位从事经济、管理的责任感和职业道德，为成为德才兼备创新型、应用型人才打下坚实的基础。

三、管理经济学课程教学内容

（一）课程提纲

（1）经济管理与管理经济的比较分析。

（2）管理经济学的学科界定。

（3）市场定位决策分析。

（4）市场供求机制分析。

（5）生产与成本决策分析。

（6）市场结构与企业行为分析。

（7）企业风险决策分析。

（8）市场失灵与政府政策分析。

（9）企业投资决策分析。

（二）管理经济学课程知识体系

知识领域4：经济学基础（Basis of Economics，EB）。

知识单元 EB_1：经济管理与管理经济的比较分析（4学时）。

知识单元 EB_2：管理经济学的学科界定（4学时）。

知识单元 EB_3：市场定位决策分析（8学时）。

知识单元 EB_4：市场供求机制分析（8学时）。

知识单元 EB_5：生产与成本决策分析（8学时）。

知识单元 EB_6：市场结构与企业行为分析（8学时）。

知识单元 EB_7：企业风险决策分析（8学时）。

知识单元 EB_8：市场失灵与政府政策分析（8学时）。

知识单元 EB_9：企业投资决策分析（8学时）。

（三）管理经济学课程涵盖的知识单元

管理经济学课程涵盖的知识单元有：EB_1、EB_2、EB_3、EB_4、EB_5、EB_6、EB_7、EB_8、EB_9，见表3-7。

表3-7　　　　　　　　　　　　知识体系汇总表

序号	知识领域（学时）	核心知识单元	选修知识单元
1	知识领域4：经济学基础（EB）（64）	EB_3、EB_4、EB_5、EB_6、EB_7、EB_8、EB_9	EB_1、EB_2
	合计（64）	共7单元（共56学时）	共2单元（共8学时）

（四）管理经济学课程知识单元的描述

知识单元 1（EB$_1$）：经济管理与管理经济的比较分析（选修）。

参考学时：4 学时。

知识点：

经济学的核心问题；

管理的性质和功能；

经营的基本准则；

企业产品的重新分类；

管理的资源属性；

管理的科学性和艺术性；

管理经济学的研究对象；

管理经济学与微观经济学的区别与联系。

学习目标：

（1）理解并重新思考企业经营管理的基本问题。

（2）提高对管理资源属性和现代大生产理念的认识。

（3）明确经济管理与管理经济的区别与联系。

（4）理解并能运用管理的资源属性和职业属性分析当前管理中存在的问题。

知识单元 2（EB$_2$）：管理经济学的学科界定（选修）。

参考学时：4 学时。

知识点：

管理经济学的研究对象；

管理经济学与微观经济学的关系；

虚拟企业、机会成本与经济利润的概念。

学习目标：

（1）掌握企业管理中常见的边际值的计算方法。

（2）掌握机会成本的计算和应用。

（3）利用边际分析法进行管理决策优化的方法。

知识单元 3（EB$_3$）：市场定位决策分析（核心）。

参考学时：8 学时。

知识点：

市场定位的关键及次序；

消费者细分与顾客定位；

产品细分与产品定位策略；

边际效用规律及其应用；

企业多元化经营的类型；

定价方法与定价策略。

学习目标：

（1）具备消费者分析与顾客定位能力。

（2）具备产品分析与产品定位能力。

（3）具备新产品开发的意识及分析能力。

（4）具备定价方法和定价策略的运用能力。

知识单元4（EB_4）：市场供求机制分析（核心）。

参考学时：8学时。

知识点：

需求规律及其应用；

供给规律及其应用；

供求规律及其应用；

价格弹性的计算及分类；

收入弹性的计算及分类；

交叉弹性的计算及分类；

市场需求估计的基本方法。

学习目标：

（1）具备数学模型的运用能力。

（2）具备竞争对手与合作伙伴的判断能力。

（3）具备市场调查与市场需求预测能力。

知识单元5（EB_5）：生产与成本决策分析（核心）。

参考学时：8学时。

知识点：

生产函数的概念；

短期生产函数与长期生产函数；

规模经济性分析与规模效益性分析；

短期成本函数与长期成本函数；

生产函数与成本函数的应用。

学习目标：

（1）具备投入与产出关系的分析与判断能力。

（2）具备产出与成本关系的分析与判断能力。

（3）具备投入要素优化能力。

（4）具备生产函数与成本函数的估计与分析能力。

知识单元6（EB_6）：市场结构与企业行为分析（核心）。

参考学时：8学时。

知识点：

市场结构的概念及其划分标准；

完全竞争市场的需求曲线及企业决策行为；

完全垄断企业的需求曲线及企业决策行为；

垄断竞争企业的需求曲线及企业决策行为；

寡头垄断市场分析的基本模式。

学习目标：

（1）具备市场竞争程度的分析及判断能力。

（2）具备不同市场条件下的价格及产量决策能力。

（3）具备非价格竞争手段的应用能力。

知识单元7（EB_7）：企业风险决策分析（核心）。

参考学时：8学时。

知识点：

风险的含义和特点；

风险的构成要素；

企业风险的分类；

风险识别的程序和方法；

风险评估；

风险价值链与风险效用；

风险防范的思路和对策。

学习目标：

（1）掌握风险识别的程序和方法。

（2）理解风险评估；风险价值链与风险效用。

（3）掌握风险防范的思路和对策。

知识单元8（EB_8）：市场失灵与政府政策分析（核心）。

参考学时：8学时。

知识点：

市场效率的概念；

帕累托最优标准；

劳伦斯曲线；

基尼系数的概念；

市场失灵的原因及表现形式；

政府在解决市场失灵方面的政策；

政府失灵及其矫正对策。

学习目标：

（1）理解市场失灵的原因及表现形式。

（2）掌握政府在解决市场失灵方面的政策。

（3）掌握政府失灵及其矫正对策。

知识单元9（EB_9）：企业投资决策分析（核心）。

参考学时：8学时。

知识点：

投资及其决策过程；

货币时间价值的计算；

现金流量的估计；

资金成本的估计；

投资方案的评价方法；

投资决策原理与方法的应用。

学习目标：

（1）具备现金流量的估计能力。

（2）具备资金成本的估计能力。

（3）具备投资方案的评价与论证能力。

四、教材或参考书

（一）推荐教材

[1]《管理经济学》 李宝山主编 中国人民大学出版社 2002年3月

[2]《管理经济学》 王建民编 北京大学出版社 2004（第二版）

（二）主要参考书

[1] 李宝山. 管理经济学［M］. 北京：企业管理出版社，1997.

[2] 王建民. 管理经济学［M］. 2版. 北京：北京大学出版社，2004.

[3] 陈章武. 管理经济学［M］. 北京：清华大学出版社，1996.

[4] 吴德庆，马月才. 管理经济学［M］. 北京：中国人民大学出版社，1996.

[5]［美］埃德温·曼斯菲尔德. 管理经济学［M］. 王志伟，等，译. 北京：经济科学出版社，2000.

[6]［美］彼得·德鲁克. 创新与创业精神［M］. 张炜，译. 上海：上海人民出版社，2002.

[7]［美］彼得·圣吉. 第五项修炼——学习型组织的艺术与实务［M］. 郭进隆，译. 上海：上海三联书店，1994.

[8]［美］哈罗德·孔茨. 管理学［M］. 10版. 张晓君，等，编译. 北京：经济科学出版社，1998.

[9] 吴照云. 管理学［M］. 4版. 北京：经济管理出版社，2003.

[10] 陈章武. 管理经济学［M］. 北京：清华大学出版社，1996.

[11] 韩庆祥. 市场营销学［M］. 北京：高等教育出版社，1999.

［12］孙耀君. 西方管理学名著提要［M］. 南昌：江西人民出版社，1997

［13］［美］吉福福·平肖第三（Pinchot，G. Ⅲ）. 创新者与企业革命——2000年的总经理与内企业家［M］. 丁康之，丁伟之，译. 北京：中国展望出版社，1986.

［14］［美］钱德勒. 看得见的手——美国企业的管理革命［M］. 重武，译. 北京：商务印书馆，1987.

［15］［德］迈诺尔夫·迪尔克斯. 组织学习与知识创新［M］. 上海社会科学院知识与信息课题组，译. 上海：上海人民出版社，2001.

［16］［美］比尔·盖茨. 未来时速［M］. 姜明，等，译. 北京：北京大学出版社，1999.

［17］于中宁. 现代管理新视野［M］. 北京：经济日报出版社，1996.

［18］翁君奕. 企业组织资本理论［M］. 北京：经济科学出版社，1999.

［19］秦言，李理. 中国经营观念批判［M］. 北京：中国计划出版社，1999.

［20］李仕模. 第五代管理［M］. 北京：中国物价出版社，2000.

［21］［美］F·赫塞尔本，等. 未来的组织［M］. 胡速云，储开方，译. 成都：四川人民出版社，2000.

［22］孙健. 海尔的管理模式［M］. 北京：企业管理出版社，2002.

［23］向洪，王世渊. 制造商机［M］. 成都：西南财经大学出版社，2001.

［24］［美］奈斯比特. 2000年大趋势：90年代十大新趋向［M］. 贾冠颜，译. 北京：中国人民大学出版社，1991.

［25］东方赢. 企业超速成长［M］. 北京：企业管理出版社，1997.

五、管理经济学课程主要教学方式和基本要求

（一）课程主要教学内容的学时分配，见表3－8

表3－8　　　　　　　　　　　　　学时分配

学时　　教学方式 教学内容	学时	讲授	讨论课	习题课	实践
经济管理与管理经济的比较分析	4	3	1		
管理经济学的学科界定	4	3	1		
市场定位决策分析	8	6	2		
市场供求机制分析	8	6	2		
生产与成本决策分析	8	6	2		
市场结构与企业行为分析	8	6	2		
企业风险决策分析	8	6	2		
市场失灵与政府政策分析	8	6	2		
企业投资决策分析	8	6	2		
合计	68	52	16		

（二）管理经济学课堂讲授

1. 课堂讲授内容

经济管理与管理经济的比较分析（涵盖知识单元 EB_1）。

管理经济学的学科界定（涵盖知识单元 EB_2）。

市场定位决策分析（涵盖知识单元 EB_3）。

市场供求机制分析（涵盖知识单元 EB_4）。

生产与成本决策分析（涵盖知识单元 EB_5）。

市场结构与企业行为分析（涵盖知识单元 EB_6）。

企业风险决策分析（涵盖知识单元 EB_7）。

市场失灵与政府政策分析（涵盖知识单元 EB_8）。

企业投资决策分析（涵盖知识单元 EB_9）。

2. 教学方法

（1）自学：在教师命题的基础上，教师掌握命题的大方向，通过启发留给学生足够的自学时间和空间，逐渐让学生体会自学的方法并掌握自学的方法。事实证明学生能做到并且有的学生能做的很好。

（2）及时纠正错误的方式：教师在讲课时留下大量的思考题，同时教师在批改作业时要格外仔细认真，对有普遍性的错误要及时纠正和反复强调，不能错过任何一处。

（3）深入浅出：讲课时教师要将深奥的理论知识用简单明了的语言表达出来，把复杂的问题通过的精炼语言简化。不能越讲越复杂，越讲越难理解。

（4）针对性的练习：教师通过有针对性的命题来完善和锻炼学生解决实际问题的能力。

3. 教学手段

现代常用的新的教学手段就是多媒体教学，特点是比较直观。在讲授管理经济学课程时，不是为了使用课件而人为地制作课件，而是教师经过多年研究和知识的积累，将课本上没有的内容通过多媒体展示出来。

（三）自主学习

锻炼学生自主学习的能力也是讲授这门课程的一种教学方法和手段。体现在教学上就是在授课期间教师出一些有针对性的命题式的练习题，帮助学生更好地自主学习。

（四）课外指导

在任意的时间，学生只要有问题，教师都可以进行课外辅导。

六、管理经济学课程考核

考核是引导学生学习、检查教学效果、保证教学质量的重要环节，也是体现课程要求规范的重要标志。考试时该课程不采用传统的试题试卷的命题方式，因为这是一门实践性很强的课程，若采用传统的命题试卷只能考核书本上的几个片面的问题，不能达到考核整本书的目的。针对这个问题，该门课程考试出一个题目，让它贯穿整本书的内容，考核学生掌握整本书的知识水平的能力和活学活用的能力，为成为创新型、应用型人才打下坚实的基础。

七、说明

（1）本课程实践性较强，课内外学时比应保证 2.5：1~2：1。

（2）在保证大纲基本要求的前提下，可根据专业方向的不同，对教学内容、教学环节、学时分配等做适当调整。

第五节　初级会计学课程教学大纲

课程名称（英文）：Junior Accounting.

课程编号：190043。

适用专业：会计学。

课程性质：必修。

学分：4 学分。

课程学时：96 学时。

选修课程：无。

一、课程在人才培养中的地位及作用

初级会计学课程是高等教育会计学专业的专业主干课程之一，是经济学科和管理学科各相关专业的一门统设必修课，是阐明会计学基本原理的课程。它既是财经类专业的专业基础课，又是初级会计岗位职业能力的"成型"课程，其内容主要分为专业理论和应用理论。初级会计学既是会计"基本技能、基本理论、基本知识"的载体，还是会计专业认同和会计岗位职业技能训练的载体。它的任务是使学生对会计专业加强理解和未来在会计岗位有所作为，培育学生的"会计情结"和"专业思维"，培养学生全面系统地掌握初级财务会计的基本理论、基本方法和基本技能和提高会计专业分析问题解决问题的能力，为学习其他专业课程和今后从事会计专业管理工作奠定扎实的理论基础和能力基础，并最终为本科院校培养合格的会计专业毕业生服务。课程所对应的相关职业岗位是会计专业方向学生就业主要渠道之一，在教学中举足轻重。

二、课程教学目标

初级会计学课程的教学目标：使学生具备会计行业高素质人才所需要的会计专业基本功。即争取在有限的学时内，通过讲课、实训辅导等多种教学方式的灵活运用，将教材所涉及的基本理论、基本方法和基本技能有机地与现实的会计实践结合起来，从而使学生在最大限度内将本课程的理论与实践有效结合。通过本课程的学习，学生能熟练把握原始单据、记账凭证等会计凭证的填制与审核的会计基本技能；能正确应用会计的基本规范，能理解会计的基本术语；能正确判断经济业务性质和内容，能准确按照会计的专门方法作会计基本业务处理；能根据案例资料建账、记账、算账、更改错账，能具备企业记账员岗位的基本能力。在理解会计的基本知识和关键的基本理论的基础上，为下一步的会计专业知识的学习打下坚实的基础。

（一）知识目标

初级会计学课程的学习，必须包含与学生所学专业相关的所有核心知识单元，并达到相应的学习目标，此外还应包含与专业相近的部分选修知识单元。知识单元的学习目标分为掌握、理解、了解三个层次：

（1）掌握：对内容透彻理解、牢固掌握并能熟练应用。

（2）理解：对内容理解并能掌握，会用它们分析、解决相关简单问题。

（3）了解：对内容初步了解，一般不要求应用。

（二）能力目标

以综合素质与能力的培养为目标，培养学生会计实务操作的基本能力，为其能综合运用和发展专业技术、提高综合素质、获得全面发展奠定基础。具体包括以下几个方面：

（1）提高运用课程的基本原理、基本方法解决问题的能力，使学生具备基本上岗的能力。

（2）掌握会计工作的实际流程和处理程序。

（3）具备填制审核凭证、建账及登记账簿的会计实践处理能力。

（4）具备算账、更改错账和编制简要会计报表的能力。

（三）素质目标

通过初级会计学课程，培养学生严谨求学的科学态度和刻苦钻研的学习作风，让其具有良好的社会责任感和职业道德。学生通过学习会计基本理论与方法，提高会计专业的认知能力，并具备一定的沟通能力和组织协调能力，同时还应具备一定的分析和运用会计信息进行评价的能力，同时，通过教学激发学生的求知欲望、探索精神，培养学生独立创新的意识。

三、课程教学内容

（一）课程提纲

（1）会计要素、会计等式、会计核算基本准则。

（2）会计账户。

（3）借贷记账法。

（4）会计凭证。

（5）会计账簿。

（6）会计报告。

（7）会计核算组织程序。

（二）课程知识体系

知识领域5：会计反映系统（ARS）。

知识单元 ARS_1：总论（12学时）。

知识单元 ARS_2：会计处理方法（2学时）。

知识单元 ARS_3：会计科目与账户（6学时）。

知识单元 ARS_4：复式记账原理及其应用（22学时）。

知识单元 ARS_5：会计凭证（8学时）。

知识单元 ARS_6：会计账簿（8学时）。

知识单元 ARS_7：成本计算（4学时）。

知识单元 ARS_8：编制报表前的准备工作（8学时）。

知识单元 ARS_9：财务会计报告（6学时）。

知识单元 ARS_{10}：会计核算组织程序（18学时）。

知识单元 ARS_{11}：会计工作组织（2学时）。

（三）课程涵盖的知识单元

初级会计学课程涵盖的知识单元有：ARS_1、ARS_2、ARS_3、ARS_4、ARS_5、ARS_6、ARS_7、ARS_8、ARS_9、ARS_{10}、ARS_{11}，见表3-9。

表3-9　　　　　　　　　　　　知识体系汇总表

序号	知识领域（学时）	核心知识单元	选修知识单元
1	知识领域5：会计反映系统（ARS）（96）	ARS_1、ARS_3、ARS_4、ARS_5、ARS_6、ARS_7、ARS_8、ARS_9、ARS_{10}	ARS_2、ARS_{11}
	合计（96）	共9单元（共92学时）	共2单元（共4学时）

（四）知识单元的描述

知识单元1：总论（ARS_1）（核心）。

参考学时：12学时。

知识点：

会计的含义、职能和目标；

会计对象、会计要素、会计等式；

会计核算的基本前提和会计信息质量要求；

会计方法。

学习目标：

（1）了解会计的产生和发展。

（2）了解会计发展与环境的关系。

知识单元 2：会计处理方法（ARS_2）（选修）。

参考学时：2 学时。

知识点：

会计确认；

会计计量；

会计记录；

会计报告；

会计循环。

学习目标：

（1）了解会计的基本内容。

（2）了解会计报告的基本内容。

（3）了解会计循环的整体过程。

知识单元 3：会计科目与账户（ARS_3）（核心）。

参考学时：6 学时。

知识点：

会计科目；

会计账户的格式；

会计账户的分类；

总账与明细账的平行登记。

学习目标：

（1）了解会计科目的内容。

（2）了解会计科目与账户之间的关系。

（3）了解会计账户的结构。

（4）了解设置会计科目的意义。

知识单元 4：复式记账原理及其应用（ARS_4）（核心）。

参考学时：22 学时。

知识点：

复式记账法的基本原理；

借贷记账法；

资金筹集业务的核算；

供应过程业务的核算；

生产过程业务的核算；

销售过程业务的核算；

财务成果形成与分配业务的核算；

账户按用途和结构分类。

学习目标：

（1）了解单式记账法。

（2）了解复式记账的基本原理。

（3）了解借贷记账法的主要内容。

（4）了解借贷记账法的应用。

知识单元 5：会计凭证（ARS_5）（核心）。

参考学时：8 学时。

知识点：

会计凭证含义；

原始凭证的分类；

原始凭证的填制与审核；

记账凭证的分类；

记账凭证的填制与审核；

会计凭证的传递。

学习目标：

（1）了解原始凭证各要素的作用。

（2）了解记账凭证各要素的作用。

（3）了解会计凭证的传递原则。

知识单元 6：会计账簿（ARS_6）（核心）。

参考学时：8 学时。

知识点：

会计账簿的分类及格式；

日记账、总分类账和明细分类账的格式及其具体登记方法；

账簿的使用和登记规则；

错账的更正规则与方法。

学习目标：

（1）了解会计账簿的作用和设置原则。

（2）了解会计账簿设置的意义。

（3）了解会计账簿各要素的作用。

（4）了解会计账簿的更换。

知识单元 7：成本计算（ARS_7）（核心）。

参考学时：4 学时。

知识点：

产品成本的主要内容；

外购材料取得成本的计算；

固定资本取得成本的计算；

产品成本的计算；

永续盘存制与实地盘存制。

学习目标：

（1）了解成本计算的意义、作用和基本内容。

（2）了解成本计算与会计计量的关系。

（3）了解成本计算在会计核算中的地位。

知识单元 8：编制报表前的准备工作（ARS$_8$）（核心）。

参考学时：8 学时。

知识点：

期末账项调整的主要内容；

对账工作；

结账的程序和内容；

存货清查结果的账务处理；

固定资产清查结果的账务处理；

银行存款余额调节表的编制。

学习目标：

（1）了解编表前准备工作的意义和内容。

（2）了解对账与结账的主要方法。

（3）了解财产清查的意义、种类及一般处理程序。

知识单元 9：财务会计报告（ARS$_9$）（核心）。

参考学时：6 学时。

知识点：

财务会计报告的组成；

财务会计报表的分类；

资产负债表的结构与编制；

利润表的结构与编制。

学习目标：

（1）了解财务会计报告的审批、报送程序。

（2）了解财务报告的定义、分类及设计原则。

（3）了解财务报告分析的内容与方法。

知识单元 10：会计核算组织程序（ARS$_{10}$）（核心）。

参考学时：18 学时。

知识点：

会计核算组织程序；

记账凭证核算组织程序；

科目汇总表核算组织程序。

学习目标：

（1）了解会计核算组织程序的含义、种类及其主要特点。

（2）了解汇总记账凭证核算组织程序和日记账核算组织程序。

（3）了解各种具体核算组织程序的异同点。

知识单元 11：会计工作组织（ARS$_{11}$）（选修）。

参考学时：2 学时。

知识点：

会计工作组织含义；

会计人员、会计机构设置；

会计工作的组织形式；

会计法规。

学习目标：

（1）了解组织会计工作的意义和要求。

（2）了解会计的档案的主要内容及保管期限。

（3）了解会计工作组织的主要内容。

四、教材或参考书

[1] 陈国辉. 基础会计［M］. 大连：东北财经大学出版社，2007.

[2] 葛家澍. 会计学［M］. 北京：高等教育出版社，2006.

[3] 栾甫贵. 基础会计［M］. 北京：机械工业出版社，2007.

[4] 蒋泽生. 基础会计［M］. 北京：中国人民大学出版社，2007.

[5] 桂良军. 会计学［M］. 北京：清华大学出版社，2009.

[6] 唐国平. 会计学基础［M］. 北京：高等教育出版社，2007.

[7] 朱小平. 初级会计学［M］. 北京：中国人民大学出版社，2009.

[8] 财政部会计司. 企业会计准则——应用指南［M］. 北京：中国财政经济出版社，2006.

五、课程主要教学方式和基本要求

（一）课程主要教学内容的学时分配，见表3－10

表3－10　　　　　　　　　　　学时分配

教学内容 ＼ 教学方式 / 学时	学时	讲授	讨论课	习题课	实践
总论	12	8	1	1	2
会计处理方法	2	2			
会计科目与账户	6	4			2
复式记账原理及应用	22	18	1	1	2
会计凭证	8	6			2
会计账簿	8	6			2
成本计算	4	2			2
编制报表前的准备工作	8	6			2
财务会计报告	6	4			2
会计核算组织程序	18	2			16
会计工作组织	2	2			
总计	96	60	2	2	32

（二）课堂讲授

1. 课堂讲授内容

总论（涵盖知识单元 ARS_1）。

会计处理方法（涵盖知识单元 ARS_2）。

会计科目与账户（涵盖知识单元 ARS_3）。

复式记账原理及其应用（涵盖知识单元 ARS_4）。

会计凭证（涵盖知识单元 ARS_5）。

会计账簿（涵盖知识单元 ARS_6）。

成本计算（涵盖知识单元 ARS_7）。

编制报表前的准备工作（涵盖知识单元 ARS_8）。

财务会计报告（涵盖知识单元 ARS_9）。

会计核算组织程序（涵盖知识单元 ARS_{10}）。

会计工作组织（涵盖知识单元 ARS_{11}）。

2. 教学方法

初级会计学课程教学应以课堂教学与实践教学并重，结合实际进行分析。

课堂讲授是一种基本教学方法，以概念、原理和方法等知识性内容为主，重在知识点的教学。在课堂教学过程中，尽可能充分利用图片、多媒体技术等多种教学手段，它们的特点在于向学生提供感性材料，有利于正确理解和掌握抽象的基础理论，也有助于集中学生的注意力和思维想象力，激发学生学习兴趣，使现代化的教学手段成为学习知识的桥梁，达到提高课堂教学水平的目的。

实践教学是初级会计学课程教学的重要环节。实践教学中采用仿真训练，融入企业会计实务中的凭证、账簿等，培养实践应用能力和创新能力，激发学生的学习兴趣。

3. 教学手段

教学手段上形式上应多样，可以采取多种方式，充分合理地运用多媒体等现代化教学手段。通过制作大量的幻灯片、投影片、教学录像片和多媒体教学软件，将抽象的概念直观化、复杂的问题简明化，使学生对教学内容一目了然，显著改善教学效果。

（三）讨论课

为提高学生的自主学习能力和会计实践能力，可以展示优秀的学生习作和会计实务中的凭证和账簿等，让学生参与讨论，加强师生之间、学生之间的交流，借此来调动学生学习的积极性。

（四）习题课

根据初级会计学的课程特点，在习题课上精选一些典型的会计案例让学生进行讨论，通过讨论可以让学生了解研究会计的实际工作内容及处理方法，深化会计的专业理论知识和职业技能，从中吸取知识，提高对会计处理的整理能力。

（五）实验课

实验课教学是初级会计学课程教学的重要环节。初级会计学是一门应用性很强的课程，因此课程教学应从企业实际出发，侧重对学生解决实际能力的培养。系统设计实验课课题的选择，保证会计实验课程的质量。

（六）课外作业

课外作业是引导学生自主学习、检查教学效果、拓宽学生知识面的重要环节。可布置学生在假期到企业实习和调研等内容作为课外作业。

（七）自主学习

初级会计学课程教学过程中要适当布置学生自学的讲授内容，并利用网络和图书馆提供更丰富的教学资源，给学生提供课外学习的指导，帮助学生提高自学能力和获取知识能力。学生也可利用初级会计学网络课堂进行自学、复习和个性化学习。

（八）课外指导

课外指导主要是切实做好课后对学生辅导答疑和质疑，一般来说，讲授一个知识单元答疑一次。辅导答疑时间可安排在晚上学生自习时间，解答学生本章学习存在的问题，如有普遍性问题可集体辅导。

六、课程考核

考核是引导学生学习、检查教学效果、保证教学质量的重要环节，也是体现课程要求规范的重要标志。应根据初级会计学课程内容建立多元化的课程教学考核方法。

考核评价着重考核学习过程，而不仅仅考核最终结果。多元化的考核方法主要是指课程成绩通过过程评价、结果评价及结果反馈评价等方面来体现，而且从比例上更体现对过程的重视，注重对学生自主学习能力、发现问题及解决问题的能力、创新精神、团队合作精神等的评价。从评价主体上，也从原来的指导教师拓展到学生个体、企业、市场等。这种考核方式不仅尊重了学生的个性发展，而且更能激发学生的创新欲望，开发学生的潜能，提高学生的实践操作能力和创新能力。

七、说明

在保证大纲基本要求的前提下，可根据专业方向的不同，对教学内容、教学环节、学时分配等做适当调整。

第六节　中级财务会计学课程教学大纲

课程名称（英文）：Intermediate Financial Accounting.
课程编号：190076。
适用专业：会计学。
课程性质：必修。
学分：7 学分。
课程学时：128 学时。
选修课程：初级会计学。

一、课程在人才培养中的地位及作用

中级财务会计学是高等教育会计学专业的专业核心课程，是财务会计实际工作中最重要的课程之一。本课程以会计目标的实现——提供会计信息为导向，以基本会计假设和会计原则为前提，以财务会计概念框架为理论基础，以会计要素为主线，系统阐述会计要素的确认、计量、记录和报告。在会计学专业课程设置中具有承上启下的作用，既要以先修课程初级会计学为基础，又是学习高级财务会计、成本会计、财务管理等专业课程的基础。本课程通过课堂教学、案例教学、实验教学多种教学方式，使学生具备专业判断能力所要求的基本素质，从而提高分析和解决实际问题的能力；提高学生的专业素养，为进一步学习其他专业课程打下必要的专业基础；培养能够体现会计专业人才培养目标、具有较强动手能力和实际操作技能、具有创新性的应用型会计专业综合人才，为今后的教学工作和学生将来从事的会计专业工作打下必要的基础。课程所对应的相关职业岗位是会计学专业方向学生就业主要渠道之一，在教学中举足轻重。

二、课程教学目标

中级财务会计学课程的教学目标：本课程以初级会计学为基础，以财务会计目标为导向，以对外报告信息的生成为主线，以四项基本会计假设为前提，以资产为依托，主要阐明企业的一般经济业务以及会计事项的确认、计量、记录和报告的财务会计基本理论和方法。在教学过程中，通过灵活多样的教学手段和方法，调动学生学习积极性和主动性，激发学生的学习兴趣和潜能，提高学生专业判断能力和分析问题、解决问题的能力。通过课堂教学、案例教学、实验教学多种教学方式，使学生具备专业判断能力所要求的基本素质，提高学生的专业素养，为后续专业课程打下坚实的基础。

（一）知识目标

中级财务会计学课程的学习，必须包含与学生所学专业相关的所有核心知识单元，并达到相应的学习目标，此外还应包含与专业相近的部分选修知识单元。知识单元的学习目标分为掌握、理解、了解三个层次：

（1）掌握：对内容透彻理解、牢固掌握并能熟练应用。

（2）理解：对内容理解并能掌握，会用它们分析、解决相关简单问题。

（3）了解：对内容初步了解，一般不要求应用。

（二）能力目标

以综合素质与能力的培养为目标，培养学生日常会计业务处理的基本能力，为其综合运用和发展专业技术能力、提高综合素质、获得全面发展奠定基础。具体包括以下几个方面：

（1）提高学生专业判断能力和分析问题、解决问题的能力。

（2）通过学习掌握会计日常业务处理方法和技巧。

（3）提高学生实践会计处理动手能力和会计综合业务的分析处理能力。

（4）提高学生将技巧灵活运用到实务中财务报告编制的能力

（三）素质目标

通过中级财务会计学课程，培养学生严谨求学的科学态度和刻苦钻研的学习作风，使其具有良好的社会责任感和职业道德。通过学习会计日常业务的处理程序和方法，提高学生专业判断能力和分析问题、解决问题的能力，激发学生的求知欲望、探索精神，从而具有较强动手能力和实际操作技能，培养学生独立创新意识。

三、课程教学内容

（一）课程提纲

（1）财务会计概念框架。

（2）资产的会计处理程序与方法。

（3）负债的会计处理程序与方法。

（4）所有者权益的会计处理程序与方法。

（5）收入、费用的会计处理。

（6）财务报告编制。

（二）课程知识体系

知识领域5：会计反映系统（Accounting Reflects System ARS）。

知识单元1：总论（ARS_{12}）（核心）。
知识单元2：货币资金（ARS_{13}）（核心）。
知识单元3：存货（ARS_{14}）（核心）。
知识单元4：金融资产（ARS_{15}）（核心）。
知识单元5：长期股权投资（ARS_{16}）（核心）。
知识单元6：固定资产（ARS_{17}）（核心）。
知识单元7：无形资产（ARS_{18}）（选修）。
知识单元8：投资性房地产（ARS_{19}）（核心）。
知识单元9：资产减值（ARS_{20}）（核心）。
知识单元10：负债（ARS_{21}）（核心）。
知识单元11：所有者权益（ARS_{22}）（选修）。
知识单元12：费用（ARS_{23}）（选修）。
知识单元13：收入和利润（ARS_{24}）（核心）。
知识单元14：财务报告（ARS_{25}）（核心）。
知识单元15：会计调整（ARS_{26}）（核心）。

（三）课程涵盖的知识单元

中级财务会计学课程涵盖的知识单元有：ARS_{12}、ARS_{13}、ARS_{14}、ARS_{15}、ARS_{16}、ARS_{17}、ARS_{18}、ARS_{19}、ARS_{20}、ARS_{21}、ARS_{22}、ARS_{23}、ARS_{24}、ARS_{25}、ARS_{26}，见表3-11。

表3-11 知识体系汇总表

序号	知识领域（学时）	核心知识单元	选修知识单元
1	知识领域5：会计反映系统（ARS）（128）	ARS_{12}、 ARS_{13}、 ARS_{14}、 ARS_{15}、 ARS_{16}、 ARS_{17}、 ARS_{19}、 ARS_{20}、 ARS_{21}、 ARS_{24}、 ARS_{25}、 ARS_{26}、	ARS_{18}、ARS_{22}、ARS_{23}
	合计（128）	共12单元（共122学时）	共3单元（共6学时）

（四）知识单元的描述

知识单元1：总论（ARS_{12}）（核心）。
参考学时：4学时。
知识点：
财务会计的概念；
财务会计的信息质量要求；
财务会计的基本假设；

会计确认与会计计量原则；

财务报告要素。

学习目标：

（1）掌握财务会计的概念和目标。

（2）理解财务会计的特征和信息使用者。

（3）深刻理解财务会计信息质量要求的八项原则。

（4）深刻理解财务会计的四个基本假设。

（5）掌握会计确认标准和会计计量属性。

（6）了解财务会计六大要素之间的关系。

知识单元 2：货币资金（ARS_{13}）（核心）。

参考学时：4 学时。

知识点：

现金的管理与核算；

银行存款的管理与核算；

其他货币资金的管理与核算。

学习目标：

（1）掌握货币资金的概念。

（2）掌握货币资金包括的基本内容。

（3）重点掌握现金的核算方法。

（4）重点掌握备用金的核算方法。

（5）掌握银行存款的核算方法。

（6）掌握其他货币资金的核算方法。

知识单元 3：存货（ARS_{14}）（核心）。

参考学时：12 学时。

知识点：

存货的概念、分类和确认；

存货的初始计量；

发出存货的计价；

计划成本法与存货估价法；

存货的期末计量*；

存货清查。

学习目标：

（1）掌握存货的概念和确认条件。

（2）重点掌握存货的初始计量方法。

（3）掌握发出存货的计价方法及账务处理。

（4）掌握存货的计划成本法和账务处理方法。

（5）掌握存货的期末计量和账务处理方法。

（6）掌握存货的清查方式和账务处理方法。

知识单元4：金融资产（ARS_{15}）（核心）[*]。

参考学时：16 学时。

知识点：

金融资产的概念和分类；

交易性金融资产；

持有至到期投资[*]；

贷款和应收款项；

可供出售金融资产[*]；

金融资产减值[*]。

学习目标：

（1）掌握金融资产的概念和分类。

（2）重点掌握交易性金融资产公允价值变动的会计处理。

（3）掌握持有至到期投资利息收入确认的会计处理。

（4）重点贷款和应收款项的会计处理方法。

（5）掌握可供出售金融资产公允价值变动的会计处理。

（6）掌握金融资产减值测试的方法和会计处理。

知识单元5：长期股权投资（ARS_{16}）（核心）[*]。

参考学时：16 学时。

知识点：

长期股权投资的初始计量[*]；

长期股权投资的成本法；

长期股权投资的权益法[*]；

长期股权投资成本法与权益法的转换[*]；

长期股权投资的处置。

学习目标：

（1）了解投资企业与联营企业及合营企业之间发生的未实现内部交易损益的抵销。

（2）深刻理解控制、共同控制和重大影响。

（3）掌握长期股权投资的概念、内容以及以非企业合并方式取得的长期股权投资的初始计量和长期股权投资的处置。

（4）重点掌握企业合并形成的长期股权投资的初始计量、长期股权投资的后续计量以及成本法和权益法的转换。

知识单元6：固定资产（ARS_{17}）（核心）。

参考学时：10 学时。

知识点：

固定资产的概念、分类和确认；

固定资产的初始计量*；

固定资产折旧*；

固定资产后续支出；

固定资产处置。

学习目标：

（1）了解固定资产的分类。

（2）掌握固定资产的概念、计价标准、确认条件以及后续支出和处置的会计处理。

（3）重点掌握固定资产的初始计量方法、折旧方法。

知识单元7：无形资产（ARS$_{18}$）（选修）。

参考学时：2学时。

知识点：

无形资产的概念、分类和确认；

无形资产的初始计量；

内部研发费用确认与计量；

无形资产的后续计量；

无形资产的处置。

学习目标：

（1）了解无形资产的概念、确认条件和初始计量方法。

（2）理解内部研发费用的确认原则和账务处理方法。

（3）了解无形资产的摊销方法及摊销、出售、报废的账务处理方法。

知识单元8：投资性房地产（ARS$_{19}$）（核心）。

参考学时：6学时。

知识点：

投资性房地产的概念、范围和确认；

投资性房地产的初始计量；

投资性房地产的后续计量*；

投资性房地产的后续支出；

投资性房地产与非投资性房地产的转换*；

投资性房地产的处置。

学习目标：

（1）了解投资性房地产的性质与范围。

（2）掌握投资性房地产的概念、确认条件以及投资性房地产的后续支出和处置。

（3）重点掌握投资性房地产的初始计量、后续计量模式及其变更、投资性房地产与非投资性房地产的转换。

知识单元9：资产减值（ARS_{20}）（核心）。

参考学时：6学时。

知识点：

资产减值的含义和确认；

资产可收回金额的计量；

资产减值损失的确认与计量*；

资产组的认定及减值处理*；

总部资产的减值测试；

商誉减值测试与处理。

学习目标：

（1）理解总部资产和商誉的减值测试方法及处理。

（2）掌握资产减值的含义及确认标准、资产组的认定及减值测试。

（3）重点掌握资产可收回金额的计量，资产减值损失的确认与计量。

知识单元10：负债（ARS_{21}）（核心）*。

参考学时：14学时。

知识点：

负债的含义、特征、分类和确认；

流动负债的核算内容及会计核算；

非流动负债的核算内容及会计核算*；

借款费用的确认与计量*；

债务重组的含义、特征、方式及会计核算。

学习目标：

（1）了解流动负债与长期负债的区别。

（2）掌握负债的特点与分类以及或有负债、债务重组、借款费用的含义。

（3）重点掌握应付职工薪酬、应交税费的会计处理。

（4）重点掌握长期借款、应付债券的会计处理。

（5）重点掌握预计负债、借款费用、债务重组的账务处理。

（6）理解借款费用资本化的条件及会计处理。

知识单元11：所有者权益（ARS_{22}）（选修）。

参考学时：2学时。

知识点：

所有者权益概述；

投入资本；

留存收益。

学习目标：

（1）了解所有者权益的概念、性质、来源和构成。

（2）了解实收资本和股本增减变动的账务处理。

（3）了解资本公积、留存收益的构成内容及会计处理方法。

（4）熟悉投入资本的主要法律规定。

知识单元 12：费用（ARS$_{23}$）（选修）。

参考学时：2 学时。

知识点：

费用的概念和分类；

费用的确认与计量；

生产成本的概念；

生产费用的归集和分配；

期间费用的核算。

学习目标：

（1）了解费用的概念和分类。

（2）了解费用的确认和计量方法。

（3）了解生产成本的概念及生产费用的归集和分配方法。

（4）熟悉期间费用的核算方法。

知识单元 13：收入和利润（ARS$_{24}$）（核心）[*]。

参考学时：14 学时。

知识点：

收入的概念、特征及其分类；

销售商品收入、提供劳务收入的确认与计量[*]；

让渡资产使用权收入、建造合同收入的确认与计量；

利润的构成、结转与分配；

所得税会计处理方法—资产负债表债务法[*]。

学习目标：

（1）了解收入的特征和分类，利润的组成内容，利润分配的基本程序。

（2）掌握收入的概念、确认和计量，利润形成的账务处理，利润分配的账务处理方法。

（3）重点掌握对各类收入进行会计核算的账务处理方法，资产计税基础和负债计税基础的确定，所得税费用的确认和计量。

（4）理解应纳税暂时性差异和可抵扣暂时性差异的确定，递延所得税资产和递延所得税负债的确认。

知识单元 14：财务报告（ARS$_{25}$）（核心）。

参考学时：14 学时。

知识点：

财务报告披露方式与列报要求；

资产负债表；

利润表；

现金流量表*；

所有者权益变动表；

财务报表附注。

学习目标：

（1）了解财务报告的披露方式、列报要求，财务报表的作用，中期财务报告的编报。

（2）理解财务报表附注中重要项目的披露。

（3）掌握财务报告的概念，财务报表的种类，报表附注的形式及中期财务报告的种类。

（4）重点掌握资产负债表、利润表、现金流量表和所有者权益变动表的概念、格式、编制原理、编制方法及主要项目的填列。

知识单元 15：会计调整（ARS$_{26}$）（核心）。

参考学时：6 学时。

知识点：

会计政策及其变更*；

会计估计及其变更；

前期差错更正*；

资产负债表日后事项*。

学习目标：

（1）了解资产负债表日后事项的非调整事项。

（2）深刻理解会计政策、会计估计，资产负债表日后事项涵盖期间。

（3）掌握会计调整、会计政策变更、会计估计变更的含义，会计变更的未来适用法，资产负债表日后事项的类别。

（4）重点掌握会计政策变更的追溯调整法、前期差错更正的追溯重述法、资产负债表日后调整事项的调整方法。

四、教材或参考书

［1］刘永泽，陈立军. 中级财务会计［M］. 大连：东北财经大学出版社，2012.

［2］杜兴强. 中级财务会计学［M］. 北京：高等教育出版社，2007.

［3］葛家澍. 中级财务会计学［M］. 北京：中国人民大学出版社，2007.

［4］中国注册会计师协会. 会计［M］. 北京：中国财政经济出版社，2011.

［5］财政部会计资格评价中心. 中级会计实务［M］. 北京：经济科学出版社，2012.

［6］企业会计准则2006［M］. 北京：经济科学出版社，2006.

五、课程主要教学方式和基本要求

（一）课程主要教学内容的学时分配，见表 3 - 12

表 3 - 12　　　　　　　　　　　　学时分配

教学内容 ＼ 教学方式	学时	讲授	讨论课	习题课	实践
总论	4	3	1		
货币资金	4	2	1		1
存货	12	7	2	2	1
金融资产	16	11	2	2	1
长期股权投资	16	11	2	2	1
固定资产	10	5	2	2	1
无形资产	2	1			1
投资性房地产	6	4	1		1
资产减值	6	5	1		
负债	14	9	2	2	1
所有者权益	2	1			1
费用	2	1			1
收入和利润	14	9	2	2	1
财务报告	14	7	2		5
会计调整	6	4	2		
合计	128	80	20	12	16

（二）课堂讲授

1. 课堂讲授内容

总论（涵盖知识单元 ARS_{12}）。

货币资金（涵盖知识单元 ARS_{13}）。

存货（涵盖知识单元 ARS_{14}）。

金融资产（涵盖知识单元 ARS_{15}）。

长期股权投资（涵盖知识单元 ARS_{16}）。

固定资产（涵盖知识单元 ARS_{17}）。

无形资产（涵盖知识单元 ARS_{18}）。

投资性房地产（涵盖知识单元 ARS_{19}）。

资产减值（涵盖知识单元 ARS_{20}）。

负债（涵盖知识单元 ARS_{21}）。

所有者权益（涵盖知识单元 ARS_{22}）。

费用（涵盖知识单元 ARS_{23}）。

收入和利润（涵盖知识单元 ARS_{24}）。

财务报告（涵盖知识单元 ARS_{25}）。

会计调整（涵盖知识单元 ARS_{26}）。

2. 教学方法

中级财务会计学课程教学应以课堂教学、案例教学、实验教学并重，结合实际财务工作进行。

课堂面授主要讲知识的背景、讲重点、讲难点、讲热点、讲获取知识和信息的方法和手段；案例分析讨论构建师生交流的平台，调动学生学习的积极性和主动性；多媒体教学使教学内容更加形象直观、丰富多彩、生动活泼，活跃课堂气氛；网络课堂提高学生自主学习的兴趣；课外练习巩固课堂所学的知识，提高学生独立分析问题和解决问题的能力；课程实验和分章节实训使学生在全真模拟环境下全面了解会计实务，提高实际操作技能；考试制度在考查学生学习效果的同时为客观评价学生的学习成绩提供了依据。

3. 教学手段

教学手段上、形式上应多样，可以采取多种方式，充分合理地运用多媒体等现代化教学手段。通过制作大量的幻灯片、投影片、教学录像片和多媒体教学软件，将抽象的概念直观化、复杂的问题简明化，使学生对教学内容一目了然，显著改善教学效果。

（三）实训实验课

将实训、实验指导作为教学过程的重要环节，注重以多种方式对学生动手能力进行训练。课程每章都配有仿真的实训资料，组织学生进行课程实训，及时完成从专业知识学习向实践能力锻炼的转化。利用专门的课程实验软件进行课程实验，把感性认识与实务操作有机结合起来，在实践教学中注重对学生分析问题和解决问题的综合能力的训练。

（四）案例教学

案例教学鼓励学生关注热门会计问题，组织学生开展小组讨论，培养其分析问题、解决问题的能力以及团队合作精神。课前布置案例和学习任务，由学生代表发言，教师授课仍以主题案例为主线，提示案例要点并加以延伸，引导学生进一步讨论，教师点评并对案例进行解析，课后讨论作业案例。

六、课程考核

考核是引导学生学习、检查教学效果、保证教学质量的重要环节，也是体现课程要求规范的重要标志。应根据中级财务会计学课程内容建立多元化的课程教学考核方法。考核评价着重考核学习过程，而不仅仅考核最终结果。多元化的考核方法主要是指课程成绩通过过程评价、结果评价及结果反馈评价等方面来体现，而且从比例上更体现对过程的重视，注重对学生自主学习能力、发现问题及解决问题的能力、创新精神、团队合作精神等的评价。

理论与实践分别考核，单独计算学分。理论考核部分：出勤成绩，占理论课总分的5％，由理论授课教师根据每次上课的考勤记录评定；案例讨论成绩，占理论课总分的10％，由案例讨论课教师根据学生参与讨论发言及提交的案例材料情况评定；作业和实训成绩，占理论课总分的15％，由作业批改教师根据学生提交的作业完成情况和实训完成情况评定；期末理论笔试成绩，占理论课总分的70％，由试卷批改教师根据学生提交的试卷完成情况评定。实践考核部分：出勤成绩，在课程实验总分中占20％，由课程实验指导教师根据每日的考勤记录评定；实验操作技能成绩，占课程实验总分的80％，由实验指导老师根据学生实验完成后提交的实验材料、实验软件提供的成绩并参考现场实验情况评定。

七、说明

在保证大纲基本要求的前提下，可根据专业方向的不同，对教学内容、教学环节、学时分配等做适当调整。

第七节　高级会计学课程教学大纲

课程名称（英文）：Advanced Financial Accounting.

课程编号：190401。

适用专业：会计学。

课程性质：必修。

学分：2学分。

课程学时：32学时。

选修课程：初级会计学、中级财务会计、成本会计学、财务管理学、审计学、计算机基础、数据库应用系统、管理信息系统等课程知识。

一、高级会计学课程在人才培养中的地位及作用

高级会计学是会计学专业的重要专业课程之一，是学生必须熟练掌握的一门专业主干课程。该课程研究企业特殊的会计问题，包括特殊的财务报告（如控股公司的合并财务报表、海外子公司的外币报表折算等）、特殊会计事项的处理方法（如外币交易会计、租赁会计等），以及特殊状况下的会计处理问题（如企业合并、企业破产和清算等），是一门前瞻性较强的专业理论和实务课程，其研究内容具有一定复杂性。

二、高级会计学课程教学目标

本课程的教学旨在培养学生掌握有关复杂经济活动的财务会计理论和方法，使学生具有分析复杂经济业务并进行会计处理的能力，同时使学生了解会计领域中的前沿理论问题，最终培养出符合社会需要、具有完整会计知识结构、高质量的会计人才。

（一）知识目标

高级会计学课程的学习，必须包含与学生所学专业相关的所有核心知识单元，并达到相应的学习目标，此外还应包含与专业相近的部分选修知识单元。知识单元的学习目标分为掌握、理解、了解三个层次：

（1）掌握：对内容透彻理解、牢固掌握并能熟练应用。

（2）理解：对内容理解并能掌握，会用它们分析、解决相关简单问题。

（3）了解：对内容初步了解，一般不要求应用。

（二）能力目标

通过本课程学习，学生应当能够掌握企业主要的特殊业务会计的基本理论方法和基本技能。具体包括以下几个方面：

（1）掌握持续经营情况下特殊业务的会计分录编制方法，特殊业务包括企业合并、外币业务、租赁、股份支付等。

（2）掌握非持续经营情况下企业破产清算会计分录编制方法。

（3）掌握特殊财务报告编制方法，包括控股公司的合并报表、外币报表折算、一般购买力会计报表、破产清算财务报告等。

（三）素质目标

通过高级会计学课程的学习，培养学生严谨求学的科学态度和刻苦钻研的学习作风，使其具有良好的社会责任感和职业道德。通过强化会计理论基础，提高学生对于复杂会计方法的应用能力和职业判断能力，完善其知识结构，培养社会需求的高层次会计人才。

三、课程教学内容

（一）课程提纲

（1）企业合并。

（2）合并报表。

（3）外币核算。

（4）租赁会计。

（5）衍生金融工具。

（6）股份支付。

（7）物价变动会计。

（8）企业重组与清算会计。

（二）课程知识体系

知识领域5：会计反映系统（ARS）。

知识单元1：企业合并（ARS_{27}）（核心）。

知识单元 2：合并会计报表（ARS$_{28}$）（核心）。

知识单元 3：外币核算（ARS$_{29}$）（核心）。

知识单元 4：租赁会计（ARS$_{30}$）（核心）。

知识单元 5：衍生金融工具（ARS$_{31}$）（选修）。

知识单元 6：股份支付（ARS$_{32}$）（核心）。

知识单元 7：物价变动会计（ARS$_{33}$）（选修）。

知识单元 8：企业重组与清算会计（ARS$_{34}$）（核心）。

（三）课程涵盖的知识单元

高级会计学课程涵盖的知识单元：AF1、AF2、AF3、AF4、AF5、AF6、AF7、AF8，见表 3 – 13。

表 3 – 13　　　　　　　　　　　　知识体系汇总表

知识领域	核心知识单元（参考学时）	选修知识单元（参考学时）
知识领域 5： 会计反映系统（ARS）	ARS$_{27}$：企业合并（8） ARS$_{28}$：合并会计报表（6） ARS$_{29}$外币核算（4） ARS$_{30}$：租赁会计（4） ARS$_{32}$：股份支付（4） ARS$_{34}$：企业重组与清算会计（2）	ARS$_{31}$：衍生金融工具（选修）（2） ARS$_{33}$：物价变动会计（选修）（2）
合计	共 6 单元（28 课时）	共 2 单元（4 课时）

（四）知识单元的描述

知识单元 1：企业合并（ARS$_{27}$）（核心）。

参考学时：8 学时。

知识点：

权益结合法；

购买法。

学习目标：

（1）了解企业合并的动因、含义与方式，同一控制下与非同一控制下的企业合并。

（2）掌握企业合并的购买法、购买成本的确定、购买法的特征、被并企业净资产的确认和评估、商誉与负商誉的处理方法以及购买法的账务处理。

（3）掌握企业合并的权益结合法。

（4）了解权益结合法与购买法的比较。

（5）了解企业合并在财务报表中的披露。

知识单元 2：合并会计报表（ARS$_{28}$）（核心）。

参考学时：6 学时。

知识点：

合并资产负债表；

合并利润表；

合并现金流量表。

学习目标：

（1）了解合并财务报表概述，控股合并的特点与优点，合并财务报表的性质与合并范围，合并财务报表的作用与局限性。

（2）掌握购买日的合并财务报表，合并财务报表工作底稿结构、编制程序及基本的抵销项目。

（3）掌握购买日后的合并财务报表。

（4）掌握企业集团内部的存货交易业务抵销。

（5）掌握企业集团内部的固定资产交易抵销。

（6）掌握企业集团内部的债券交易抵销。

知识单元3：外币核算（ARS_{29}）（核心）。

参考学时：4学时。

知识点：

外币交易核算；

外币期末调整；

外币报表折算。

学习目标：

（1）了解外币交易会计概述，汇率概念与分类，汇兑损益的含义、分类及其计算，外币交易的会计问题。

（2）掌握外币交易会计处理，外币交易会计处理的一般原则与基本方法。

（3）了解外币财务报表折算概述，外币财务报表折算性质、折算的主要会计问题。

（4）掌握外币财务报表折算方法，现行汇率法、区分货币与非货币项目法、区别流动与非流动性项目法以及时态法，折算方法比较。

知识单元4 租赁会计（ARS_{30}）（核心）。

参考学时：4学时。

知识点：

经营租赁；

融资租赁；

售后租回。

学习目标：

（1）了解租赁概述，租赁性质与分类，租赁的特征。

（2）了解经营租赁，经营租赁交易会计处理的一般原则、出租方与承租方的账务处理。

（3）掌握融资租赁，融资租赁的标准，融资租赁中涉及的重要概念及其处理，融资租赁交易会计处理的一般原则，"实质重于形式"原则在融资租赁中的体现，融资租赁交易出租方与承租方的账务处理。

（4）掌握租赁中的特殊会计问题，余值，未担保余值，售后租回。

（5）了解租赁在财务报告中的披露。

知识单元5：衍生金融工具（ARS$_{31}$）（选修）。

参考学时：2学时。

知识点：

衍生金融工具会计基本问题；

套期会计基本理论。

学习目标：

（1）了解衍生金融工具会计基本问题。

（2）了解套期会计基本理论。

（3）了解衍生金融会计基本账务处理。

知识单元6：股份支付会计（ARS$_{32}$）（选修）。

参考学时：4学时。

知识点：

以权益结算的股份支付；

以现金结算的股份支付；

股份支付的特殊问题。

学习目标：

（1）了解股份支付的含义与种类。

（2）掌握以权益结算的股份支付。

（3）掌握以现金结算的股份支付。

（4）了解股份支付的特殊问题与信息披露。

知识单元7：物价变动会计（ARS$_{33}$）（选修）。

参考学时：2学时。

知识点：

一般购买力会计；

现行成本会计。

学习目标：

（1）了解原始成本会计的局限性、原始成本会计的特点、通货膨胀对会计和财务的影响、资本保全观念、会计模式与物价变动会计模式。

（2）了解一般购买力会计、两种不同的物价变动、一般购买力会计的处理方法特点、货币性项目与非货币性项目的划分、货币性项目购买力损益计算、非货币性项目的调整计算、一般购买力会计报表。

（3）了解现行成本会计、现行成本会计的一般特征、现行成本的确定、持有损益的性质及计算。

知识单元8：企业重组与破产清算会计（ARS$_{34}$）（核心）。

参考学时：2学时。

知识点：

企业重组；

企业清算。

学习目标：

（1）了解企业重组与破产清算、破产的界定与种类、破产程序、破产清算会计特征。

（2）了解企业重组会计。

（3）掌握破产清算会计、破产清算会计要素确认与计量、清算组会计记录与报告。

四、教材或参考书

[1] 梁莱歆. 高级财务会计 [M]. 北京：清华大学出版社出版.

[2] 张俊民. 高级财务会计教程 [M]. 上海：立信会计出版社，2008.

[3] 中华人民共和国财政部. 企业会计准则——应用指南 [M]. 中国财政经济出版社，2006.

[4] 王华. 高级财务会计 [M]. 大连：东北财经大学出版社，2007.

[5] 阎达五，耿建新，戴德明. 高级会计学 [M]. 北京：中国人民大学出版社，2008.

[6] 王文彬，林钟高. 高等会计学 [M]. 上海：立信会计出版社，2008.

[7] 余国杰. 高级财务会计 [M]. 武汉：武汉大学出版社，2008.

[8] 常勋. 财务会计三大难题 [M]. 上海：立信会计出版社，1999.

五、课程主要教学方式和基本要求

（一）课程主要教学内容的学时分配，见表3-14

表3-14 学时分配

教学方式　　学时　教学内容	学时	讲授	讨论课	习题课	实践
企业合并	8	6	1	1	
合并会计报表	6	5		1	
外币核算	4	4			
租赁会计	4	4			
衍生金融工具	2	1	1		

表3-14(续)

学时 教学内容	学时	讲授	讨论课	习题课	实践
股份支付会计	4	4			
物价变动会计	2		2		
企业重组与清算会计	2	2			
合计	32	26	4	2	

(二) 课堂讲授

1. 课堂讲授内容

企业合并 (涵盖知识单元 ARS_{27})。

合并报表 (涵盖知识单元 ARS_{28})。

外币核算 (涵盖知识单元 ARS_{29})。

租赁会计 (涵盖知识单元 ARS_{30})。

衍生金融工具 (涵盖知识单元 ARS_{31})。

股份支付 (涵盖知识单元 ARS_{32})。

物价变动会计 (涵盖知识单元 ARS_{33})。

企业重组与清算会计 (涵盖知识单元 ARS_{34})。

2. 教学方法

高级会计学课程教学以理论讲述与案例教学并重,结合实际进行分析。

理论讲授是一种基本教学方法,以概念、原理和方法等知识性内容为主,重在知识点的教学。在课堂教学过程中,尽可能充分利用演示、示范、软件辅导等多种教学手段,它们的特点在于向学生提供感性认知,有利于正确理解和掌握抽象的基础理论,也有助于集中学生的注意力和思维想象力,激发学生学习兴趣,使现代化的教学手段成为学习知识的桥梁,达到提高课堂教学水平的目的。

案例教学的方式也有多种,一种是让学生先掌握相关知识,然后引导学生利用所学知识进行案例剖析;或者先通过案例介绍把问题引出,从解决这些问题的需要出发,一一讲授相关教学内容。通常会把多个专业知识融会于一个案例之中,一方面提高学生融会贯通能力,拓宽学生分析问题的思路;另一方面,上市公司案例中不断出现的新业务也给学生以启示,使他们考虑问题时不拘泥于课本和现行的会计准则、制度,而是独立思考解决方案,从而达到预期教学目的。

3. 教学手段

教学手段上形式上应多样,可以采取多种方式,充分合理地运用多媒体等现代化教学手段。通过制作大量的幻灯片、投影片、教学录像片和多媒体教学软件,将抽象的概念直观化、复杂的问题简明化,使学生对教学内容一目了然,显著改善教学效果。

(二) 案例课

案例教学是高级会计学课程教学的重要环节。高级会计学是一门应用性很强的课程，因此课程教学应从企业实际出发，侧重对学生解决实际问题能力的培养。

（三）自主学习

高级会计学课程教学过程中要适当布置学生自学的讲授内容，并利用网络和图书馆提供更丰富的教学资源，给学生提供课外学习的指导，帮助学生提高自学能力和获取知识能力。学生也可利用高级会计学网络课堂进行自学、复习和个性化学习。

六、课程考核

考核是引导学生学习、检查教学效果、保证教学质量的重要环节，也是体现课程要求规范的重要标志。应根据高级会计学课程内容建立多元化的课程教学考核方法。考核评价着重考核学习过程，而不仅仅考核最终结果。多元化的考核方法主要是指课程成绩通过过程评价、结果评价及结果反馈评价等方面来体现，而且从比例上更体现对过程的重视，注重对学生自主学习能力、发现问题及解决问题的能力、创新精神、团队合作精神等的评价。从评价主体上，也从原来的指导教师拓展到学生个体、企业、市场等。这种考核方式不仅尊重了学生的个性发展，而且更能激发学生的创新欲望，开发学生的潜能，提高学生的实践操作能力和创新能力。

七、说明

在保证大纲基本要求的前提下，可根据专业方向的不同，对教学内容、教学环节、学时分配等做适当调整。

第八节　会计信息系统课程教学大纲

课程名称（英文）：Accounting Information System.

课程编号：190184。

适用专业：会计学。

课程性质：必修。

学分：3 学分。

课程学时：64 学时。

选修课程：初级会计学、中级财务会计、成本会计学、财务管理学、审计学、计算机基础、数据库应用系统、管理信息系统等课程知识。

一、会计信息系统课程在人才培养中的地位及作用

会计信息系统是会计学专业的重要专业课程之一，是学生必须熟练掌握的一门专业主干课程。该课程是一门将电子计算机科学、管理科学、信息科学和会计科学融为一体的边缘学科。学生必须先完成计算机基本知识和会计学专业相关知识（基础会计、财务会计、成本会计、财务管理、审计、计算机基础、数据库应用系统、管理信息系

统课程等）的学习，才能学好本课程。同时，通过学习本课程，学生可以巩固、提高以前所学知识，并促进后续其他课程的学习。

二、会计信息系统课程教学目标

通过本课程的学习，学生能够认识到会计信息系统在组织管理中的重要性，掌握会计信息系统的基本概念和体系结构，了解利用信息技术和系统论等知识为实际企业建立、运行、维护会计信息系统的基本过程和基本方法，掌握总账系统、会计报表系统、采购与应付系统、存货系统、销售与应收系统、工资系统、固定资产系统、成本系统、财务分析系统、资金管理系统等的实现原理与流程分析和日常业务处理，精通用友、金蝶、速达等一家或多家财务软件产品的操作，了解网络财务的基本概念和典型应用方案，从而培养学生观察问题、分析问题、解决问题和实际的动手能力，并对本学科的发展方向有一定的了解。学生通过本课程的学习，增强资金流意识、物流意识、财务分析与管理的意识以及全局意识、团队意识和市场意识，并注意专业素养的不断提高。

（一）知识目标

会计信息系统课程的学习，必须包含与学生所学专业相关的所有核心知识单元，并达到相应的学习目标，此外还应包含与专业相近的部分选修知识单元。知识单元的学习目标分为掌握、理解、了解三个层次：

（1）掌握：对内容透彻理解、牢固掌握并能熟练应用。

（2）理解：对内容理解并能掌握，会用它们分析、解决相关简单问题。

（3）了解：对内容初步了解，一般不要求应用。

（二）能力目标

以综合素质与能力的培养为目标，培养学生账务处理的基本能力，为其综合运用和发展专业技术能力、提高综合素质、获得全面发展奠定基础。具体包括以下几个方面：

（1）了解利用信息技术和系统论等知识为实际企业建立、运行、维护会计信息系统的基本过程和基本方法。

（2）理解财务软件的基本程序结构及基本数据流程。

（3）掌握用友、金蝶、速达等财务软件的操作，包括系统初始化、日常账务处理、固定资产核算、工资核算、成本核算、报表编制等。

（三）素质目标

通过会计信息系统课程，培养学生严谨求学的科学态度和刻苦钻研的学习作风，使其具有良好的社会责任感和职业道德。通过学习电算化账务处理的方法，提高学生的资金流意识、物流意识、财务分析与管理的意识以及全局意识、团队意识和市场意识，激发学生的求知欲望、探索精神，培养学生独立创新的意识。

三、课程教学内容

（一）课程提纲

（1）系统应用基础。

（2）财务管理系统。

（3）供应链管理系统。

（二）课程知识体系

知识领域5：会计反映系统（ARS）。

知识单元1：系统应用基础（ARS_{35}）（选修）。

知识单元2：系统管理与企业应用平台（ARS_{36}）（核心）。

知识单元3：总账管理（ARS_{37}）（核心）。

知识单元4：UFO报表管理（ARS_{38}）（核心）。

知识单元5：薪资管理（ARS_{39}）（选修）。

知识单元6：固定资产管理（ARS_{40}）（选修）。

知识单元7：应收应付款管理（ARS_{41}）（选修）。

知识单元8：供应链管理（ARS_{42}）（核心）。

知识单元9：采购管理（ARS_{43}）（核心）。

知识单元10：采购管理（ARS_{44}）（核心）。

知识单元11：采购管理（ARS_{45}）（核心）。

知识单元12：采购管理（ARS_{46}）（核心）。

（三）课程涵盖的知识单元

会计信息系统课程涵盖的知识单元：ARS_{35}、ARS_{36}、ARS_{37}、ARS_{38}、ARS_{39}、ARS_{40}、ARS_{41}、ARS_{42}、ARS_{43}、ARS_{44}、ARS_{45}、ARS_{46}，见表3-15。

表3-15　　　　　　　　　　　知识体系汇总表

知识领域	核心知识单元（参考学时）	选修知识单元（参考学时）
知识领域5：会计反映系统（ARS）	ARS_{36}：系统管理与企业应用平台（2学时） ARS_{37}：总账管理（12学时） ARS_{38}：UFO报表管理（4学时） ARS_{42}：供应链管理（4学时） ARS_{43}：采购管理（8学时） ARS_{44}：销售管理（8学时） ARS_{45}：库存管理（4学时） ARS_{46}：存货核算（4学时）	ARS_{35}：系统应用基础（选修）（2学时） ARS_{39}：薪资管理（ARS_5）（选修）（4学时） ARS_{40}：固定资产管理（选修）（4学时） ARS_{41}：应收应付款管理（选修）（4学时）
合计	共8单元（46课时）	共4单元（10课时）

（四）知识单元的描述

知识单元 1：系统应用基础（ARS_{35}）（选修）。

参考学时：2 学时。

知识点：

用友 ERP - U8 管理软件简介；

功能特点；

总体结构；

数据关联。

学习目标：

（1）了解会计信息系统的概念。

（2）了解会计信息系统的功能特点。

（3）了解会计信息系统的总体结构。

（4）了解会计信息系统的数据关联。

知识单元 2：系统管理与企业应用平台（ARS_{36}）（核心）。

参考学时：4 学时。

知识点：

系统管理；

企业应用平台。

学习目标：

（1）了解系统管理功能概述。

（2）建立新年度核算体系。

（2）了解企业应用平台概述。

（3）了解基础设置。

知识单元 3：总账管理（ARS_{37}）（核心）。

参考学时：12 学时。

知识点：

总账管理系统的业务处理流程；

总账管理系统初始设置；

总账管理系统日常业务处理；

总账管理系统期末处理。

学习目标：

（1）了解总账管理系统的业务处理流程。

（2）掌握设置控制参数，设置基础数据，输入期初余额。

（3）掌握凭证管理，出纳管理，账簿管理。

（4）掌握银行对账、自动转账、对账、结账。

知识单元 4 UFO 报表管理（ARS_{38}）（核心）。

参考学时：4 学时。

知识点：

报表系统概述；

报表管理。

学习目标：

（1）了解功能概述、UFO 报表管理系统与其他系统的主要关系。

（2）了解报表定义及报表模板。

（3）掌握报表数据处理。

（4）掌握表页管理及报表输出。

知识单元 5：薪资管理（ARS_{39}）（选修）。

参考学时：4 学时。

知识点：

薪资管理系统的业务处理流程；

薪资管理系统日常业务处理；

薪资管理系统期末处理。

学习目标：

（1）了解薪资管理系统的基本功能、薪资管理系统与其他系统的主要关系。

（2）了解薪资管理系统的业务处理流程。

（3）掌握薪资管理系统的初始化、日常业务处理、期末处理。

知识单元 6：固定资产管理（ARS_{40}）（选修）。

参考学时：4 学时。

知识点：

固定资产管理系统的业务处理流程；

固定资产管理系统日常业务处理；

固定资产管理系统期末处理。

学习目标：

（1）了解固定资产管理系统的基本功能、固定资产管理系统与其他系统的主要关系。

（2）了解固定资产管理系统的业务处理流程。

（3）掌握固定资产管理系统的初始化、日常业务处理、期末处理。

知识单元 7：应收应付款管理（ARS_{41}）（选修）。

参考学时：4 学时。

知识点：

应收款管理系统的业务处理流程；

日常业务处理；

期末处理。

学习目标：

（1）了解应收款管理系统的基本功能、与其他系统的主要关系。

（2）了解应收款管理系统的业务处理流程。

（3）掌握应收款管理系统的初始化、日常业务处理、期末处理。

（4）掌握应付款管理系统的业务流程、初始化、日常业务处理、期末处理。

知识单元8：供应链管理（ARS_{42}）（核心）。

参考学时：4学时。

知识点：

供应链管理系统应用方案；

供应链管理系统的业务处理流程；

供应链管理系统初始化。

学习目标：

（1）了解供应链管理系统应用方案。

（2）供应链管理系统的业务处理流程。

（3）供应链管理系统初始化。

知识单元9：采购管理（ARS_{43}）（核心）。

参考学时：8学时。

知识点：

采购管理系统日常业务处理；

综合查询；

月末结账。

学习目标：

（1）了解采购系统的基本功能、与其他系统的主要关系。

（2）掌握普通采购业务、直运采购业务、采购退货业务、现付业务、受托代销业务等日常业务的处理。

（3）掌握采购系统综合查询、月末结账。

知识单元10：销售管理（ARS_{44}）（核心）。

参考学时：8学时。

知识点：

销售管理系统日常业务处理；

综合查询；

月末结账。

学习目标：

（1）了解销售系统的基本功能、与其他系统的主要关系。

（2）掌握普通销售业务、委托代销业务、直运销售业务、分期收款销售业务、销售调拨业务、零售业务、销售退货业务、现收业务等处理。

（3）掌握销售系统综合查询、月末结账。

知识单元 11：库存管理（ARS$_{45}$）（核心）。

参考学时：4 学时。

知识点：

入库业务；

出库业务；

其他业务。

学习目标：

（1）了解库存管理系统的基本功能、与其他系统的主要关系。

（2）掌握入库业务、出库业务、其他业务的处理。

知识单元 12：存货核算（ARS$_{46}$）（核心）。

参考学时：4 学时。

知识点：

存货核算系统应用模式；

存货核算系统日常业务处理与月末处理。

学习目标：

（1）了解存货核算系统的基本功能、与其他系统的主要关系、存货核算系统应用模式。

（2）掌握入库业务、出库业务、单据记账、调整业务、暂估处理。

（3）掌握生成凭证、综合查询、月末结账。

四、教材或参考书

[1] 乔治·H.博德纳，威廉·S.霍普伍德. 会计信息系统［M］. 8 版. 陈静，等，译. 北京：清华大学出版社，2004.

[2] 黄正瑞，黄徽平. 会计信息系统［M］. 北京：经济科学出版社，2007.

[3] 张耀武. 会计信息系统［M］. 武汉：武汉大学出版社，2003.

[4] 薛祖云. 会计信息系统［M］. 厦门：厦门大学出版社，2003.

[5] 李世宗，李闻一，等. 会计信息系统［M］. 武汉：华中科技大学出版社，2006.

[6] 王新玲，吕智杰. 用友 ERP 财务管理系统实验教程［M］. 北京：清华大学出版社，2009.

[7] 石焱，程新华. 用友 ERP 供应链管理系统实验教程［M］. 北京：清华大学出版社，2009.

[8] 薛云奎，饶艳超. 会计信息系统［M］. 上海：复旦大学出版社，2007.

［9］吴扬俊. 会计信息系统教程［M］. 北京：电子工业出版社，2008.

［10］文锋，卢燕. 会计信息系统［M］. 成都：西南财经大学出版社，2008.

［11］杨周南，张瑞君. 会计信息系统［M］. 北京：经济科学出版社，2004.

［12］王新玲，陈利霞，汪刚. 会计信息系统实验教程（用友 ERP － U8.61·第 2 版）［M］. 北京：清华大学出版社，2010.

五、课程主要教学方式和基本要求

（一）课程主要教学内容的学时分配，见表 3 - 16

表 3 - 16　　　　　　　　　　　　学时分配

学时　　　教学方式 教学内容	学时	讲授	讨论课	习题课	实践
系统应用基础	2	2			
系统管理与企业应用平台	2	1			1
账务处理子系统	12	5	1		6
UFO 报表管理系统	4	2			2
薪资管理系统	4	2			2
固定资产管理系统	4	2			2
应收应付款管理系统	4	2			2
供应链管理初始设置	2	1			1
采购管理系统	8	4			4
销售管理系统	8	4			4
库存管理系统	4	2			2
存货核算系统	4	2			2
综合实训	6	1	1		4
合计	64	30	2		32

（二）课堂讲授

1. 课堂讲授内容

系统应用基础（涵盖知识单元 ARS_{35}）。

财务管理系统（涵盖知识单元 ARS_{36}、ARS_{37}、ARS_{38}、ARS_{39}、ARS_{40}、ARS_{41}）。

供应链管理系统（涵盖知识单元 ARS_{42}、ARS_{43}、ARS_{44}、ARS_{45}、ARS_{46}）。

2. 教学方法

本课程将多种教学方法如案例教学、研究性学习、合作学习模式等相结合，达到互相取长补短的目的。在教学过程中，针对不同学习内容，灵活应用这几种方法，取得了理想的教学效果。教学过程也根据内容的需要灵活穿插角色模拟分工、讨论、测试、参观、网上学习等多种教学方法。如课堂教学中进行角色模拟分工，组织学生进行课程分组讨论，相互启发，老师归纳总结并进行课堂测验；组织学生到企业实训基地参观，通过设置目标任务引导学生自主探索，使用网络资源进行在线实操、答题等多种以学生为中心的教学方法，教学过程中，提示、示范、练习、检查指导、讲解相结合，教学效果很好。通过多种教学方法将研究性学习、探究性学习、协作学习等现代教育理念应用于教学中，有效地调动了学生积极参与学习，促进了学生积极思考，培养了学生发现问题、分析问题和解决问题的能力，循序渐进地提高了学生的会计实务技能。

3. 教学手段

教学手段形式上应多样，可以采取多种方式，充分合理地运用多媒体等现代化教学手段。通过制作多媒体教学软件、教学录像等，将抽象的概念直观化、复杂的问题简明化，使学生对教学内容一目了然，显著改善教学效果。

（三）实践课

实践教学是会计信息系统课程教学的重要环节。会计信息系统是一门应用性很强的课程，因此课程教学应从企业实际出发，侧重对学生解决实际能力的培养。

（四）自主学习

会计信息系统课程教学过程中要适当布置学生自学的讲授内容，并利用网络和图书馆提供更丰富的教学资源，给学生提供课外学习的指导，帮助学生提高自学能力和获取知识能力。学生也可利用会计信息系统网络课堂进行自学、复习和个性化学习。

六、课程考核

会计信息系统的考核方式及考核内容从学生的培养目标及课程的教学目的考虑，制订了考核标准。即理论与实践相结合，重点突出应用性，全面考核学生。本课程的考核内容从以理论为主转向考核学生单元实践测试等综合技能，考核方式从期末笔试为主（期末笔试70%，平时30%）转向平时考核、实际动手操作与笔试相结合（期末笔试50%，实践操作35%，平时15%），并进行了课外成绩加分的尝试。

七、说明

在保证大纲基本要求的前提下，可根据专业方向的不同，对教学内容、教学环节、学时分配等做适当调整。

第九节　财务管理学课程教学大纲

课程名称（英文）：Financial Management.

课程编号：190090。

适用专业：会计学。

课程性质：必修。

学分：3学分。

课程学时：64 学时。

选修课程：初级会计学。

一、课程在人才培养中的地位及作用

财务管理学课程是会计学本科专业的专业核心课程之一，是培养学生财务决策能力和辅助管理决策能力的重要课程。本课程作为会计控制系统的关键课程，旨在为企业培养中高级财务主管，是提升会计信息价值的重要手段和工具，因此是会计学专业学生决策能力形成的先导课程。

通过本课程的学习，学生能够熟练掌握开展财务分析和财务决策的基本技能，具备开展筹资决策、投资决策和股利分配决策的综合决策能力，具备财务规划的战略眼光。在规定学时内通过课堂讲授、课程实验、模拟练习和案例分析等多种教学方式的灵活运用，使学生全面掌握财务决策的基本技能，形成系统全面的财务管理知识体系。本课程充分发挥课程实验和案例教学的作用，促进理论知识和实际应用的有效融合，使学生的动手操作能力得到实际训练。并且通过课堂讨论、案例分析报告的撰写全面提升学生的综合分析能力、财务决策能力和促进团队合作精神的形成，为今后的专业课程学习和学生将来从事企业理财工作打下必需的基础。总体而言，本课程作为会计学专业学生就业岗位不可或缺的关键能力培养的核心课程，在专业教学中举足轻重。

二、课程教学目标

财务管理学课程的教学目标：通过学习该课程，学生能够理解和掌握财务管理的基本知识与基本技能，具备运用财务管理观念、财务分析方法、财务管理实务等理论知识解决企业实务领域内决策问题的能力，形成财务管理战略理念和职业思维，为后续的会计控制系统课程的学习奠定基础。

（一）知识目标

财务管理学课程的学习，必须包含与学生所学专业相关的所有核心知识单元，并达到相应的学习目标，此外还应包含专业相近的部分选修知识单元。知识单元的学习目标分为掌握、理解、了解三个层次：

（1）掌握：对所学知识内容准确理解、熟练掌握并能应用于实践。

（2）理解：对所学知识内容理解并能掌握，能应用所学知识分析、解决相关简单问题。

（3）了解：对内容初步了解，一般不要求应用。

（二）能力目标

以财务决策能力的形成为目标，培养学生开展财务分析和财务决策的综合应用能力，为其创新性地运用和发展专业技术能力、提高综合素质、获得全面发展奠定基础。具体包括以下几个方面：

（1）提高学生对系统性知识体系的理解和运用能力。

（2）掌握财务决策的基本技能。

（3）具备解决企业财务领域实际问题能力和进行案例分析的能力。

（4）具备团队合作完成项目财务决策方案设计的能力。

（三）素质目标

通过财务管理学课程，培养学生严谨治学的科学态度和勇于探索的学习作风，培养学生具备会计职业道德和社会责任感。通过财务管理学相关决策方法的学习，引导学生形成发现问题、分析问题和解决问题的系统思维能力，激发学生主动研究专业领域内新知识和新动向的求知欲望，培养学生独立创新意识的形成。

三、课程教学内容

（一）课程提纲

（1）财务管理学基础理论。

（2）财务分析与计划工具。

（3）筹资决策。

（4）投资决策。

（5）营运资本管理。

（6）股利决策。

（7）财务管理特殊领域。

（二）课程知识体系

知识领域6：会计控制系统（Accounting Control System ACS）。

知识单元 ACS_1：财务管理学总论（2学时）。

知识单元 ACS_2：财务管理的价值观念（2学时）。

知识单元 ACS_3：财务分析（10学时）。

知识单元 ACS_4：财务战略与预算（4学时）。

知识单元 ACS_5：长期筹资方式（2学时）。

知识单元 ACS_6：资本结构决策（14学时）。

知识单元 ACS_7：投资决策原理（4学时）。

知识单元 ACS_8：投资决策实务（14学时）。

知识单元 ACS_9：短期资产管理（4学时）。

知识单元 ACS_{10}：短期筹资管理（4学时）。

知识单元 ACS_{11}：股利理论与政策（2学时）。

知识单元 ACS_{12}：公司并购管理（2学时）。

（三）课程涵盖的知识单元

财务管理学课程涵盖的知识单元有：ACS_1、ACS_2、ACS_3、ACS_4、ACS_5、ACS_6、ACS_7、ACS_8、ACS_9、ACS_{10}、ACS_{11}、ACS_{12}，见表3-17。

表 3 - 17　　　　　　　　　　知识体系汇总表

序号	知识领域（学时）	核心知识单元	选修知识单元
1	知识领域 6：会计控制系统（ACS）（64）	ACS_1、ACS_2、ACS_3、ACS_4、ACS_5、ACS_6、ACS_7、ACS_8、ACS_9、ACS_{10}、ACS_{11}	ACS_{12}
	合计（64）	共 11 单元（共 62 学时）	共 1 单元（共 2 学时）

（四）知识单元的描述

知识单元 1：财务管理学总论（ACS_1）（必修）。

参考学时：2 学时。

知识点：

财务管理的概念；

财务管理的目标；

企业组织形式与财务管理；

财务管理的环境。

学习目标：

（1）了解财务管理的概念。

（2）掌握财务管理的目标。

（3）了解财务管理的环境。

知识单元 2：财务管理的价值观念（ACS_2）（必修）。

参考学时：2 学时。

知识点：

货币时间价值；

风险与收益；

证券股价。

学习目标：

（1）掌握货币时间价值的计算方法。

（2）掌握风险计算方法。

（3）了解证券股价模型。

知识单元 3：财务分析（ACS_3）（核心）。

参考学时：10 学时。

知识点：

财务分析基础；

财务能力分析；

财务趋势分析；

财务综合分析。

学习目标：

（1）掌握财务分析方法。

（2）掌握财务能力分析的各指标的计算方法和判断标准。

（3）掌握横向分析方法。

（4）掌握杜邦分析法。

知识单元4：财务战略与预算（ACS_4）（必修）。

参考学时：4学时。

知识点：

财务战略；

全面预算体系；

筹资数量的预测。

财务预算

学习目标：

（1）掌握财务战略分析方法。

（2）掌握预测资金需要量的方法。

（3）理解全面预算体系。

知识单元5：长期筹资方式（ACS_5）（核心）。

参考学时：2学时。

知识点：

长期筹资概述；

股权性筹资；

债务性筹资；

混合型筹资。

学习目标：

（1）掌握长期筹资基本方式。

（2）掌握权益性融资和债务性融资方式特点。

（3）理解混合型融资方式特点。

知识单元6：资本结构决策（ACS_6）（核心）。

参考学时：14学时。

知识点：

资本结构的理论；

资本成本的测算；

杠杆利益与风险的衡量；

资本结构决策分析。

学习目标：

（1）理解资本结构理论。

（2）掌握不同融资方式资本成本计算方法。

（3）掌握杠杆原理。

（4）掌握资本结构决策方法。

知识单元7：投资决策原理（ACS_7）（核心）。

参考学时：4学时。

知识点：

长期投资概述；

投资现金流量的分析；

折现现金流量方法；

非折现现金流量方法；

投资决策指标的比较。

学习目标：

（1）掌握投资不同期间现金流量计算方法。

（2）掌握折现现金流决策方法。

（3）掌握非折现现金流量决策方法。

（4）理解不同决策方法的不同。

知识单元8：投资决策实务（ACS_8）（核心）。

参考学时：14学时。

知识点：

现实中现金流量的计算；

项目投资决策；

风险投资决策。

学习目标：

（1）掌握投资特殊情况下现金流量计算方法。

（2）掌握不同情况下的项目决策方法。

（3）掌握风险投资决策方法。

知识单元9：短期资产管理（ACS_9）（必修）。

参考学时：4学时。

知识点：

营运资本管理；

短期资产管理；

现金管理；

短期金融资产管理；

应收账款管理；

存货规划及控制。

学习目标：

（1）掌握最佳现金持有量决策方法。

（2）掌握应收账款信用决策方法。

（3）掌握最佳存货批量决策方法。

（4）理解营运资本政策。

（5）了解短期金融资产管理。

知识单元10：短期筹资管理（ACS_{10}）（必修）。

参考学时：4学时。

知识点：

短期筹资政策；

自然性筹资；

短期借款筹资；

短期融资券。

学习目标：

（1）掌握自然性筹资特点。

（2）掌握短期借款特点。

（3）理解短期筹资政策的匹配决策原理。

知识单元11：股利理论与政策（ACS_{11}）（核心）。

参考学时：2学时。

知识点：

股利及其分配；

股利理论；

股利政策及其选择；

股票分割与股票回购。

学习目标：

（1）理解股利分配理论。

（2）掌握常见股利政策主要内容。

（3）理解股票分割与股票回购。

知识单元12：公司并购管理（ACS_{12}）（选修）。

参考学时：2学时。

知识点：

公司并购的概念与类型；

公司并购理论；

公司并购的价值评估。

学习目标：

（1）了解公司并购概念与类型。

（2）了解公司并购理论。

（3）了解公司并购价值评估方法。

四、教材或参考书

[1] 荆新，王化成，刘俊彦. 财务管理学 [M]. 北京：中国人民大学出版社，2007.

[2] 道格拉斯·R. 爱默瑞，约翰·D. 芬尼特. 公司财务管理 [M]. 荆新，王化成，李焰，等，译. 北京：中国人民大学出版社，1999.

[3] 王化成. 财务管理教学案例 [M]. 北京：中国人民大学出版社，2001.

[4] 财政部会计资格评价中心. 财务管理 [M]. 北京：中国财政经济出版社，2008.

[5] 中国注册会计师协会. 财务成本管理 [M]. 北京：中国财政经济出版社，2012.

五、课程主要教学方式和基本要求

（一）课程主要教学内容的学时分配，见表3-18

表3-18   学时分配

教学内容 \ 学时 \ 教学方式	学时	讲授	讨论课	习题课	实践
财务管理学总论	2	1	1		
财务管理的价值观念	2	1		1	
财务分析	10	6			4
财务战略与预算	4	3	1		
长期筹资方式	2		2		
资本结构决策	14	6		2	6
投资决策原理	4	4			
投资决策实务	14	6		2	6
短期资产管理	4	4			
短期筹资管理	4	4			
股利理论与政策	2	1	1		
公司并购管理	2	1	1		
合计	64	37	6	5	16

（二）课堂讲授

1. 课堂讲授内容

财务管理学总论（涵盖知识单元 ACS_1）。

财务管理的价值观念（涵盖知识单元 ACS_2）。

财务分析（涵盖知识单元 ACS_3）。

财务战略与预算（涵盖知识单元 ACS_4）。

长期筹资方式（涵盖知识单元 ACS_5）。

资本结构决策（涵盖知识单元 ACS_6）。

投资决策原理（涵盖知识单元 ACS_7）。

投资决策实务（涵盖知识单元 ACS_8）。

短期资产管理（涵盖知识单元 ACS_9）。

短期筹资管理（涵盖知识单元 ACS_{10}）。

股利理论与政策（涵盖知识单元 ACS_{11}）。

公司并购管理（涵盖知识单元 ACS_{12}）。

2．教学方法

财务管理学课程教学应以课堂教学与实验教学并重，结合实际进行分析。

课堂讲授作为一种基本教学方法，以概念、原理和方法等知识性内容为主，重在知识点的教学。在课堂教学过程中，尽可能充分利用多媒体、案例、视频等多种教学手段，促进学生对理论知识的正确理解和掌握，也有助于启发学生的创造力，激发学生学习兴趣，使现代化的教学手段成为学习知识的桥梁，达到提高课堂教学水平的目的。

实验教学是财务管理学课程教学的重要环节。实验教学中采用软件模拟训练，运用模拟企业资料，训练学生财务决策基本技能，培养实践应用能力和创新能力，全面激发学生自主学习的兴趣，培养创新性思维的形成。

3．教学手段

教学手段应采取形式多样的方式，充分合理地运用多媒体等现代化教学手段。通过制作大量的幻灯片、投影片，充分利用网络视频和网络数据，将较难理解的概念和方法直观化、将复杂的问题简明化，使学生对教学内容一目了然，促进教学效果的改善。

（二）实验课

实验教学是财务管理学课程教学的重要环节。财务管理学是一门实践性很强的课程，因此课程教学应从企业财务管理实际出发，注重对学生解决实际问题能力的培养和战略性决策眼光的形成。要系统设计实验项目，保证实验项目贴近企业实际，具备可行性。

（三）自主学习

财务管理学课程教学过程中要根据教学内容特点适当布置部分讲授内容由学生自学，并利用网络资源和图书馆提供丰富的教学资源，辅助学生开展自主学习，引导学生提高自学能力和获取知识能力。同时应加强网络课程建设，使学生可以利用网络课堂进行自学、复习和个性化学习。

（四）讨论课

财务管理学课程课堂教学过程中，对部分易于理解、掌握的内容应在学生自主学习的基础上，采用小组讨论、集体讨论和学生讲授等多种方式开展，通过科学设置讨论主题、有效组织前期准备，引导学生自主分析问题、解决问题，引导学生掌握自主学习的方法，体现学生为主的教学理念，丰富课堂教学形式。

六、课程考核

考核是引导学生学习、检查教学效果、保证教学质量的重要环节，也是体现课程要求规范的重要标志。应根据财务管理学课程内容建立多元化的课程教学考核方法。考核评价不仅仅考核最终结果，更注重考核学习过程。多元化的考核方法主要是指课程成绩通过过程评价、结果评价及结果反馈评价等方面来体现，而且从比例上更体现对过程的重视，注重对学生自主学习能力、发现问题及解决问题能力、创新精神、团队合作精神等的评价。评价主体也从原来的授课教师拓展到学生个体、企业、市场等。具体考核形式采取闭卷考试、作业考核、案例分析报告、实验操作考核、实验报告考核相结合。

七、说明

在保证大纲基本要求的前提下，可根据专业方向的不同，对教学内容、教学环节、学时分配等做适当调整。

第十节　管理会计学课程教学大纲

课程名称（英文）：Management Accounting.

课程编号：190082。

适用专业：会计学。

课程性质：必修。

学分：3 学分。

课程学时：64 学时。

选修课程：成本会计。

一、课程在人才培养中的地位及作用

管理会计是会计学的一门将管理与会计相结合的学科，涉及战略管理、经济学、会计学、经济数学等多方面知识，主要研究变动成本法、本量利分析、经营预测、经营决策、存货决策、标准成本、绩效考核、战略管理会计等问题。它既是我校会计学专业的重要专业必修课，也是工商管理、国际贸易等专业的重要选修课，为学生掌握市场经济环境下现代企业的管理和信息系统的运作打下坚实的基础。

二、课程教学目标

管理会计学是一门管理理论与会计理论的交叉学科，也是从传统的会计中分离出来的、与财务会计并列的一门独立的新兴学科。它以适应企业内部管理的需要而产生，其职能在于预测经济前景、参与经济决策、规划经营目标、控制经济过程、考评经营业绩，同时巧妙地把"管理"与"会计"结合起来，成为现代管理科学的一个组成部分，也是实现企业管理现代化的手段。

（一）知识目标

课程的知识单元的学习目标分为了解、理解两个层次：

（1）理解管理会计的定义，了解管理会计的形成与发展、管理会计与财务会计的区别与联系、管理会计人员的职业道德和职业教育。

（2）理解管理会计的具体内容和方法，理解新的竞争环境下企业经营理念的变革。

（3）了解管理会计的环境要求，对管理会计的应用和发展有一个客观的、正确的认识。

（二）能力目标

围绕企业开展管理会计的具体内容的应用，使学生能够做到理论联系实际、学以致用，加深对管理会计基础理论的认识，并深刻理解管理会计的相关方法在企业的运用，掌握管理会计应用的基本技术和技能。

（三）素质目标

通过本课程，加强学生信息素质教育，提高他们利用管理会计知识提高企业经营能力、降低经营成本水平的能力。

三、课程教学内容

（一）课程提纲

（1）管理会计概论。

（2）变动成本法。

（3）本—量—利分析。

（4）经营预测。

（5）经营决策常用的成本概念及基本方法。

（6）经营决策。

（7）存货决策。

（8）投资决策。

（9）标准成本法。

（10）作业成本计算法。

（11）全面预算。

（12）业绩考核与评价。

（二）课程知识体系

知识领域6：会计控制系统（ACS）。

管理会计绪论（涵盖知识单元 ACS_{13}）。

变动成本法（涵盖知识单元 ACS_{14}）。

本—量—利分析（涵盖知识单元 ACS_{15}）。

经营预测（涵盖知识单元 ACS_{16}）。

经营决策常用的成本概念及基本方法（涵盖知识单元 ACS_{17}）。

经营决策（涵盖知识单元 ACS_{18}）。

存货决策（涵盖知识单元 ACS_{19}）。

投资决策（涵盖知识单元 ACS_{20}）。

标准成本法（涵盖知识单元 ACS_{21}）。

作业成本计算法（涵盖知识单元 ACS_{22}）。

全面预算（涵盖知识单元 ACS_{23}）。

业绩考核与评价（涵盖知识单元 ACS_{24}）。

（三）课程涵盖的知识单元

管理会计学课程涵盖的知识单元有：ACS_{13}、ACS_{14}、ACS_{15}、ACS_{16}、ACS_{17}、ACS_{18}、ACS_{19}、ACS_{20}、ACS_{21}、ACS_{22}、ACS_{23}、ACS_{24}，见表 3 - 19。

表 3 - 19　　　　　　　　　　　　　学时分配

序号	知识领域（学时）	核心知识单元	选修知识单元
1	知识领域6：会计控制系统（ACS）（64）	ACS_{13}：管理会计概论（2） ACS_{14}：变动成本法（8） ACS_{15}：本—量—利分析（6） ACS_{16}：经营预测（4） ACS_{17}：经营决策常用的概念和基本方法（6） ACS_{18}：经营决策（8） ACS_{19}：存货决策（6） ACS_{20}：投资决策（6） ACS_{21}：标准成本法（4） ACS_{22}：作业成本计算法（4） ACS_{23}：全面预算（6）	ACS_{24}：业绩考核与评价（4）

（四）知识单元的描述

知识单元1：管理会计概论（ACS_{13}）（核心）。

参考学时：2 学时。

知识点：

管理会计的定义；

管理会计的形成与发展；

管理会计的基本理论；

管理会计与财务会计的区别与联系。

学习目标：

（1）理解管理会计的本质。

（2）理解管理会计与财务会计的联系与区别。

（3）了解管理会计研究的基本内容。

知识单元 2：变动成本法（ACS_{14}）（核心）。

参考学时：8 学时。

知识点：

成本的分类；

混合成本的分解；

变动成本法与完全成本法。

学习目标：

（1）掌握成本按性态分类和混合成本的分解。

（2）理解成本性态及其在决策中的重要作用。

（3）了解变动成本法的具体应用。

知识单元 3：本—量—利分析（ACS_{15}）（核心）。

参考学时：6 学时。

知识点：

本—量—利分析的基本假设；

本—量—利分析；

本—量—利分析的扩展。

学习目标：

（1）掌握本—量—利的基本原理和分析方法。

（2）理解本—量—利的基本假设和成本按性态划分的意义。

（3）了解本—量—利在预测、决策中的用途。

知识单元 4：经营预测（ACS_{16}）（核心）。

参考学时：4 学时。

知识点：

经营预测概述；

销售预测；

成本预测；

利润预测；

资金需要量预测。

学习目标：

（1）掌握经营预测的各种预测方法和适用条件，掌握成本预测的具体步骤。

（2）理解销售预测与成本预测、利润预测、资金需要量预测的关系。

（3）了解经营预测的基本原则和程序。

知识单元5：经营决策常用的概念和基本方法（ACS_{17}）（核心）。

参考学时：6学时。

知识点：

经营决策常用的成本概念；

经营决策的基本方法。

学习目标：

（1）掌握不同概念在经营决策中的不同作用。

（2）掌握不同决策方法的原理、应用条件及其应用程序。

知识单元6：经营决策（ACS_{18}）（核心）。

参考学时：8学时。

知识点：

产品功能成本决策；

品种决策；

产品组合优化决策；

生产组织决策；

定价决策。

学习目标：

（1）理解和掌握有关概念和方法的灵活应用。

（2）掌握各种经营决策方法的应用程序、内容展开和方法原理，并能够结合实际融会贯通地掌握经营决策的相关内容。

知识单元7：存货决策（ACS_{19}）（核心）。

参考学时：6学时。

知识点：

存货的成本；

经济订购批量；

存货决策模型的扩展应用；

不确定情况下的存货决策；

零存货管理。

学习目标：

（1）了解存货决策需要考虑的成本因素并掌握不同成本在不同情况下与决策的相关性。

（2）了解经济订购批量基本数学模型的推导原理及基本应用。

（3）了解在有关因素影响的基础上经济订购批量基本数学模型的扩展。

（4）了解适时制的存货观。

知识单元8：投资决策（ACS_{20}）（核心）。

参考学时：6学时。

知识点：

投资决策基础；

投资决策指标；

几种典型的长期投资决策；

投资决策的扩展。

学习目标：

（1）掌握进行投资决策分析所必需的基本知识及进行投资决策时所采用的各种评价标准。

（2）理解正确估计现金流量是影响投资决策准确性的关键。

（3）了解并灵活运用几种典型的长期投资决策方法。

知识单元9：标准成本法（ACS_{21}）（核心）。

参考学时：4学时。

知识点：

标准成本及成本差异；

变动成本差异的计算、分析和控制；

固定制造费用成本差异的计算、分析和控制；

成本差异的账务处理。

学习目标：

（1）掌握成本差异的计算及其账务处理。

（2）理解标准成本法的基本原理、成本差异的计算以及成本差异在成本控制中的意义。

（3）了解标准成本法的发展及优缺点。

知识单元10：作业成本计算法（ACS_{22}）（核心）。

参考学时：4学时。

知识点：

作业成本计算法概述；

作业成本计算法的基本理论；

作业成本计算。

学习目标：

（1）掌握作业成本计算法的基本概念、基本理论、基本方法及应用。

（2）理解不同成本分类的作用。

（3）了解传统成本计算方法与作业成本计算法在不同环境中的结合应用。

知识单元 11：全面预算（ACS_{23}）（核心）。

参考学时：6 学时。

知识点：

全面预算管理概述；

全面预算系统及管理程序；

全面预算的编制；

预算编制方法。

学习目标：

（1）掌握财务预算编制的各种方法，重点关注预算编制中对经营预算、财务预算和资本支出预算间勾稽关系的处理。

（2）理解全面预算作为一个管理系统所特有的管理程序，以及全面预算的编制原则。

（3）了解全面预算的作用及与其他管理体系的关系。

知识单元 12：业绩考核与评价（ACS_{24}）（选修）。

参考学时：4 学时。

知识点：

业绩考核与评价系统；

以企业为主体的业绩考核与评价；

以责任中心为主体的业绩考核与评价；

基于 EVA 的业绩考核与评价；

基于战略的业绩考核与评价。

学习目标：

（1）了解业绩考核与评价系统的构成要素及其相互关系。

（2）了解以企业为主体的业绩考核与评价指标的优缺点。

（3）了解责任中心业绩考核与评价指标的应用、EVA 的经济内涵、战略业绩考核与评价的不同模式。

四、教材或参考书

［1］孙茂竹，文光伟，杨万贵. 管理会计学［M］. 北京：中国人民大学出版社，2010.

［2］严敏. 管理会计学［M］. 北京：中国农业大学出版社，1999.

［3］孙茂竹. 管理会计的理论思考与架构［M］. 北京：中国人民大学出版社，2002.

［4］王忠，周剑杰，胡静波. 管理会计学教学案例［M］. 北京：中国审计出版社，2001.

五、课程主要教学方式和基本要求

（一）课程主要教学内容的学时分配，见表3-20

表3-20   学时分配

教学内容 \ 教学方式	学时	讲授	讨论课
管理会计概论	2	2	
变动成本法	8	8	
本—量—利分析	6	6	
经营预测	4	4	
经营决策常用的概念和基本方法	6	6	
经营决策	8	8	
存货决策	6	6	
投资决策	6	6	
标准成本法	4	4	
作业成本计算法	4	4	
全面预算	6	6	
业绩考核与评价	4	4	
合计	64	64	

（二）课堂讲授

1. 课堂讲授内容

管理会计绪论（涵盖知识单元 ACS_{13}）。

变动成本法（涵盖知识单元 ACS_{14}）。

本—量—利分析（涵盖知识单元 ACS_{15}）。

经营预测（涵盖知识单元 ACS_{16}）。

经营决策常用的成本概念及基本方法（涵盖知识单元 ACS_{17}）。

经营决策（涵盖知识单元 ACS_{18}）。

存货决策（涵盖知识单元 ACS_{19}）。

投资决策（涵盖知识单元 ACS_{20}）。

标准成本法（涵盖知识单元 ACS_{21}）。

作业成本计算法（涵盖知识单元 ACS_{22}）。

全面预算（涵盖知识单元 ACS_{23}）。

业绩考核与评价（涵盖知识单元 ACS_{24}）。

2. 教学方法

在管理会计学课程建设中，我们首先认真地抓好授课环节的各项工作。教师在授课前，不仅认真准备课本上的有关内容，不断修改电子课件中的错误，而且针对一些会计学热点问题进行授课内容的创新。为了便于学生复习，我们还将教学大纲、教学进度安排、经过最新修改的课件等电子教学资源及时挂到教学主页上，以便学生随时下载。此外，我们还在授课过程中预留适当的时间，让学生针对授课内容提问或讨论，努力实现教与学的互动。

3. 教学手段

课堂教学以 PPT 为主，配以必要的课堂板书，并采用多媒体动画演示。

（三）讨论课

管理会计学是一门管理学与会计学紧密结合的课程，与企业的各项管理活动有着密切的联系。为此，我们在教学活动中非常注重真实案例的分析，努力通过案例分析的教学方法使学生理解授课内容。在案例分析的方法中，我们采用了"以学生为主"的方法。

（四）课外作业

一般性的理论知识的复习、笔头作业主要是选择一些简单的实际问题让同学分析。

（五）自主学习

管理会计学课程教学过程中要适当布置一些课题要求学生在课下查阅资料完成。

（六）课外指导

利用公共邮箱进行资料的补充及答疑。

六、课程考核

利用所建立的题库，不定期地对学生所学内容进行抽查，抽查方式包括考核全体同学某部分内容或部分同学的全部所学内容或部分内容。由于信息技术带来的方便，这种考核方式既避免了一次性"赌博"，也制止了学生"临时抱佛脚"，从而做到"以查促学"。

七、说明

在保证大纲基本要求的前提下，可根据专业方向的不同，对教学内容、教学环节、学时分配等做适当调整。

第十一节　成本会计学课程教学大纲

课程名称（英文）：Cost Accounting.

课程编号：191014。

适用专业：会计学。

课程性质：必修。

学分：3 学分。

课程学时：64 学时。

选修课程：初级会计学、中级财务会计学。

一、课程在人才培养中的地位及作用

成本会计学是会计学专业的专业主干课程之一，其理论及实务性都比较强。会计专业人才培养的核心目标是培养创新性、应用型复合人才，这就要求学生不仅能有较好的专业理论基础，还需要具备较强的实务操作能力以满足实际工作的需要。成本会计学的任务是使学生对各行业企业尤其是工业企业的成本管理有全面的了解和掌握，涵盖理论研究的同时亦重视应用能力的形成。我们争取在有限的学时内，通过讲课、案例分析、课堂讨论、上机实训等多种教学方式的灵活运用，使学生在最大限度内广泛的接触各个行业的成本管理，掌握一定的成本核算与管理知识。实际工作中，成本管理是增加企业利润的主要手段之一，因此成本核算岗位在会计工作中占有举足轻重的地位。通过各种成本核算及管理方法的学习，锻炼学生的思维能力的同时，也培养学生将来进一步学习相关知识的能力，为今后的教学工作和学生将来从事会计工作打下必需的基础。本课程的学习对于学生将来的其他专业课程的学习、就业、考研及考证具有十分重要的作用，在课程体系中具有不可替代的地位。

二、课程教学目标

成本会计学的教学目标：通过以知识单元为单位的教学活动，使学生熟悉费用的分类，理解成本核算的一般程序，掌握各个环节的具体核算方式，掌握成本报表的编制与分析，熟练运用各种成本计算的基本方法、辅助方法解决相关实际问题，顺利完成成本会计岗位的工作任务。同时了解相关的先进成本管理理论，为进一步研究打下基础。

（一）知识目标

成本会计的学习，必须包含与学生所学专业相关的所有核心知识单元，并达到相应的学习目标，此外还应包含与专业相近的部分选修知识单元。知识单元的学习目标分为掌握、理解、了解三个层次：

（1）掌握：对内容透彻理解、牢固掌握并能熟练应用。

（2）理解：对内容理解并能掌握，会用它们分析、解决相关简单问题。

（3）了解：对内容初步了解，一般不要求应用。

（二）能力目标

以创新性与应用能力为目标，培养学生进行成本核算、成本管理的基本能力，为其综合运用和发展专业技术能力、提高综合素质、获得全面发展奠定基础。具体包括以下几个方面：

（1）根据企业生产特点进行成本核算程序设计的能力。

（2）进行要素费用及综合费用的归集与分配、编制各种分配表的能力。

（3）根据企业实际生产情况选择适当的成本核算与管理方法，并正确核算产品成本的能力。

（4）具备制定成本费用各项定额、配合管理部门进行生产绩效考核的能力。

（5）具备编制主要成本报表并进行相关分析，参与部门成本决策的能力。

（三）素质目标

（1）具有良好的会计职业道德。

（2）具有爱岗敬业的团队协作精神。

（3）具有严谨的工作作风及创新意识。

三、课程教学内容

（一）课程提纲

（1）工业企业成本核算过程

（2）工业企业产品成本核算方法

（3）其他行业成本核算及理论前沿

（4）成本管理

（5）成本报表

（二）课程知识体系

知识领域6：会计控制系统（ACS）。

知识单元 ACS_{25}：总论（2学时）。

知识单元 ACS_{26}：工业企业成本核算概述（2学时）。

知识单元 ACS_{27}：工业企业成本核算各个环节费用的核算方法（8学时）。

知识单元 ACS_{28}：产品成本核算的基本方法（26学时）。

知识单元 ACS_{29}：产品成本核算的辅助方法（8学时）。

知识单元 ACS_{30}：其他行业成本会计（2学时）。

知识单元 ACS_{31}：成本会计前沿理论（2学时）。

知识单元 ACS_{32}：成本预测、决策及控制（8学时）。

知识单元 ACS_{33}：成本报表与分析（6学时）。

（三）课程涵盖的知识单元

成本会计学课程涵盖的知识单元有：ACS_1、ACS_2、ACS_3、ACS_4、ACS_5、ACS_6、ACS_7、ACS_8、ACS_9，见表3-21。

表3-21 知识体系汇总表

序号	知识领域（学时）	核心知识单元	选修知识单元
1	知识领域6：会计控制系统（ACS）	ACS_{25}、ACS_{26}、ACS_{27}、ACS_{28}、ACS_{29}、ACS_{32}、ACS_{33}	ACS_{30}、ACS_{31}

（四）知识单元的描述

　　知识单元1：总论（ACS_{25}）（核心）。

　　参考学时：2学时。

　　知识点：

　　成本的经济实质；

　　成本会计的对象；

　　成本计量的发展历史；

　　成本会计的职能与任务；

　　成本会计的工作组织。

　　学习目标：

　　（1）理解理论成本与实际工作中成本范围的含义。

　　（2）理解成本会计对象的三个层次。

　　（3）了解成本会计的职能、任务及工作组织形式。

　　知识单元2：工业企业成本核算概述（ACS_{26}）（核心）。

　　参考学时：2学时。

　　知识点：

　　工业企业成本核算的要求；

　　成本费用的分类；

　　工业企业成本核算的一般程序及主要会计科目。

　　学习目标：

　　（1）理解成本核算的要求。

　　（2）掌握成本费用各个角度的分类方式。

　　（3）掌握并熟悉工业企业成本核算的一般程序。

　　知识单元3：工业企业成本核算各个环节费用的核算方法（ACS_{27}）（核心）。

　　参考学时：8学时。

　　知识点：

　　费用分配概述；

　　要素费用分配*；

　　待摊费用及预提费用的归集和分配；

　　辅助生产费用的归集和分配*；

　　制造费用的归集和分配；

　　废品损失及停工损失的核算；

　　完工产品与在产品之间的费用分配*；

　　期间费用的结转。

学习目标：

（1）理解各环节费用分配的整体情况。

（2）掌握要素费用、跨期摊提费用的处理。

（3）掌握并熟练运用辅助生产费用分配的方法。

（4）理解制造费用的分配方法、废品损失的核算。

（5）了解停工损失核算、期间费用核算。

（6）重点掌握完工产品与在产品之间费用分配的方法。

知识单元4：产品成本核算的基本方法（ACS_{28}）（核心）。

参考学时：26学时。

知识点：

产品成本核算方法概述；

产品成本核算的品种法 *；

产品成本核算的分批法 *；

产品成本核算的分步法 *。

学习目标：

（1）理解三种方法的特点及适用范围。

（2）掌握三种基本方法的基本原理。

（3）熟练应用品种法、分批法及分步法。

知识单元5：产品成本核算的辅助方法（ACS_{29}）（核心）。

参考学时：8学时。

知识点：

产品成本核算的分类法；

产品成本核算的定额法 *；

各种成本核算方法的实际运用。

学习目标：

（1）理解两种辅助方法的特点及适用范围。

（2）掌握分类法、定额法的基本原理，并熟练应用定额法。

（3）理解各种成本核算方法结合运用与同时应用的方式。

知识单元6：其他行业成本会计（ACS_{30}）（选修）。

参考学时：2学时。

知识点：

农业企业成本核算；

建筑施工企业成本核算；

物流企业成本核算。

学习目标：

（1）了解农业企业生产特点及成本核算基本原理。

（2）了解建筑施工企业成本核算基本原理。

（3）了解物流企业成本核算基本原理。

知识单元7：成本会计前沿理论（ACS_{31}）（选修）。

参考学时：2学时。

知识点：

质量成本会计；

作业成本会计；

环境成本会计。

学习目标：

（1）了解质量成本会计的含义及基本原理。

（2）了解作业成本会计的含义及基本原理。

（3）了解环境成本会计的含义及基本原理。

知识单元8：成本预测、决策及控制（ACS_{32}）（核心）。

参考学时：8学时。

知识点：

成本预测；

成本决策；

成本控制。

学习目标：

（1）了解成本预测、成本决策及成本控制的作用。

（2）理解成本预测、决策与控制的程序。

（3）掌握成本预测、决策与控制的方法。

知识单元9：成本报表编制与分析（ACS_{33}）（核心）。

参考学时：6学时。

知识点：

成本报表的种类及特点；

成本报表的编制方法；

成本报表的分析方法。

学习目标：

（1）了解成本报表的种类及特点。

（2）掌握主要成本报表的编制方法。

（3）掌握成本报表的分析方法。

四、教材或参考书

[1] 于富生，黎来芳. 成本会计学 [M]. 北京：中国人民大学出版社，2009.

[2] 万寿义，任月君. 成本会计 [M]. 大连：东北财经大学出版社，2010.

[3] 赵桂娟，王伶. 成本会计学——有效管理的工具 [M]. 修订版. 北京：机械工业出版社，2011.

[4] 亨格瑞，福斯特，达塔. 工商管理经典译丛——成本会计（上）[M]. 北京：中国人民大学出版社，2003.

[5] 亨格瑞，福斯特，达塔. 工商管理经典译丛——成本会计（下）[M]. 北京：中国人民大学出版社，2003.

[6] 林万祥. 成本会计研究 [M]. 北京：机械工业出版社，2008.

[7] 冯巧根. 成本会计 [M]. 北京：北京师范大学出版社，2007.

五、课程主要教学方式和基本要求

（一）课程主要教学内容的学时分配，见表 3 - 22

表 3 - 22　　　　　　　　　　　　学时分配

学时　　　　教学方式 教学内容	学时	讲授	讨论课	习题课	实践
总论	2	2			
工业企业成本核算概述	2	2			
工业企业成本核算各个环节费用的核算方法	8	6	1	1	
产品成本核算的基本方法	26	7	2	1	16
产品成本核算的辅助方法	8	7		1	
其他行业成本会计	2	2			
成本会计前沿理论	2	2			
成本预测、决策及控制	8	8			
成本报表与分析	6	4		2	
合计	64	40	3	5	16

（二）课堂讲授

1. 课堂讲授内容

知识单元 1：总论（ACS_{25}）（核心）。

知识单元 2：工业企业成本核算概述（ACS_{26}）（核心）。

知识单元 3：工业企业成本核算各个环节费用的核算方法（ACS_{27}）（核心）*。

知识单元 4：产品成本核算的基本方法（ACS_{28}）（核心）*。

知识单元 5：产品成本核算的辅助方法（ACS_{29}）（核心）*。

知识单元 6：其他行业成本会计（ACS_{30}）（选修）。

知识单元7：成本会计前沿理论（ACS_{31}）（选修）。

知识单元8：成本预测、决策及控制（ACS_{32}）（核心）。

知识单元9：成本报表与分析（ACS_{33}）（核心）。

2. 教学方法

成本会计学课程教学应以课堂教学为主，辅以课堂讨论和习题课，结合课程实训、课后作业和课外辅导进行全面、系统的教学。

课堂讲授是一种基本教学方法，以概念、原理和方法等知识性内容为主，重在知识点的教学。在课堂教学过程中，尽可能充分利用幻灯片、账簿及表格实物等多种教学手段，它们的特点在于向学生提供感性材料，有利于正确理解和掌握抽象的基础理论，也有助于集中学生的注意力和思维想象力，激发学生学习兴趣，使现代化的教学手段成为学习知识的桥梁，达到提高课堂教学水平的目的。

3. 教学手段

教学手段上形式上应多样，可以采取多种方式，充分合理地运用多媒体等现代化教学手段。通过制作大量的幻灯片、投影片、教学录像片和多媒体教学软件，将抽象的概念直观化、复杂的问题简明化，使学生对教学内容一目了然，显著改善教学效果。

（二）课程实训

课程实训是成本会计课程教学的重要环节。利用课程实训软件，融入企业生产经营实例，作为对课堂内容的补充，增加学生感性认识的同时，也培养了其电算化操作能力和实践应用能力，对激发学生的学习兴趣起到很大的作用。

（三）讨论课

通过案例分析的教学方法使学生理解授课内容。在案例分析的方法中，采用研究性教学方法。

讨论课1：辅助生产费用的分配方法。

参考学时：1学时。

涵盖知识单元：ACS_{27}。

学习目标：

（1）掌握辅助生产费用具体运用。

（2）掌握实际生产经营环境的判断。

讨论课2：产品成本核算的基本方法。

参考学时：2学时。

涵盖知识单元：ACS_{28}。

学习目标：

掌握三种基本方法，尤其是分步法的具体实际应用。

（四）课后作业

一般性的理论知识的复习及书面作业主要是选择一些具体案例让学生分析，形式上包括教材配套练习册和补充资料。

（五）课外指导

利用电子邮箱进行资料的补充及答疑。

六、课程考核

考核是引导学生学习、检查教学效果、保证教学质量的重要环节，也是体现课程要求规范的重要标志。成本会计学课程考核内容包括期末试卷、课后作业、课堂表现、出勤率及课程实验几部分，属于多元化的课程教学考核方法。考核评价着重考核学习过程，而不仅仅考核最终结果。多元化的考核方法主要是指课程成绩通过过程评价、结果评价及结果反馈评价等方面来体现，而且从比例上更体现对过程的重视，注重对学生自主学习能力、发现问题及解决问题的能力、创新精神、团队合作精神等的评价。从评价主体上，也从原来的指导教师拓展到学生个体、企业、市场等。这种考核方式不仅尊重了学生的个性发展，而且更能激发学生的创新欲望，开发学生的潜能，提高学生的实践操作能力和创新能力。

七、说明

在保证大纲基本要求的前提下，可根据专业方向的不同，对教学内容、教学环节、学时分配等做适当调整。

第十二节　审计学课程教学大纲

课程名称（英文）：Auditing.

课程编号：190094。

适用专业：会计学。

课程性质：必修。

学分：3 学分。

课程学时：64 学时（含实验 16 学时）。

选修课程：初级会计学、中级财务会计、成本会计、财务管理学。

一、课程在人才培养中的地位及作用

审计学是会计学专业的一门必修课，是研究审计学基本理论、对审计实务和某些专题审计进行理论和实践探讨、研究其规律性的一门学科。通过本课程的教学，使学生了解审计在市场经济条件下的地位和作用，认识审计的本质，掌握审计的基本理论、基本方法，并能运用审计的基本原理、方法对企事业单位、股份制企业的经济活动、会计报表进行审查，以评价经济责任，维护财经法纪，加强经营管理，提高经济效益，为加强宏观调控提供依据。

二、课程教学目标

本课程的教学目的是使学生掌握本课程的基本审计理论，主要掌握以风险导向审计为主线的审计理论、程序和方法；对于审计实务，应注意运用与审计相关的其他学科的知识，注意企业会计准则、经济法、税法等内容的学习，掌握审计内部控制、控制测试、主要项目的实质性程序和交易循环的实质性程序框架。学生应明确审计与会计学科的联系和区别。通过学习该课程，学生能够了解社会主义市场经济体制下加强审计工作的政治意义和经济意义，掌握审计的基本理论和方法，重点掌握注册会计师审计的理论、方法和实务，毕业后能够胜任会计师事务所和企业内部审计组织的工作。

（一）知识目标

通过对本课程的学习学生能掌握对经济活动的合法性、合规性、合理性以及效益性进行检查监督的基本理论和方法。

（1）掌握：要求学生对这些内容深入领会，并能熟练运用。

（2）理解：要求学生对这些内容全面理解，但对一些定理的复杂推导一般不作要求，只要求会用其进行分析、计算有关简单问题。

（3）了解：只要求学生对这些内容有所了解，一般不要求应用。

（二）能力目标

通过本课程的学习，学生应获得如下能力：

（1）必要的审计工作技能与分析数据的能力；

（2）较强的逻辑推理能力；

（4）较强的自主学习能力，提高学生学习审计学的积极性，激发学习兴趣，增强学习的信心；

（5）主动探索和独立思考的能力，提高学生的创新意识。

（三）素质目标

通过本课程的教学，应注意培养学生以下素质：

（1）在审计方面的思维能力、表达能力和创造能力；

（2）深入理解审计学的基本概念和基本方法，掌握用审计学知识解决实际问题的方法与手段，对各种问题能以多角度探寻解决问题的道路的素养；

（3）具有良好的科学态度和创新精神。

三、课程教学内容

（一）课程提纲

（1）审计、鉴证与注册会计师职业。

（2）审计程序与审计技术。

（3）交易循环审计。

（4）其他类型鉴证业务与相关服务。

（二）课程知识体系

知识领域 6：会计控制系统（ACS）。

知识单元 ACS_{34}：审计概论（核心）。

知识单元 ACS_{35}：注册会计师执业准则（核心）。

知识单元 ACS_{36}：执业责任与法律责任（核心）。

知识单元 ACS_{37}：审计目标与审计过程（核心）。

知识单元 ACS_{38}：审计证据与审计工作底稿（核心）。

知识单元 ACS_{39}：计划审计工作（核心）。

知识单元 ACS_{40}：风险评估（核心）。

知识单元 ACS_{41}：风险应对（核心）。

知识单元 ACS_{42}：审计抽样（核心）。

知识单元 ACS_{43}：审计报告（核心）。

知识单元 ACS_{44}：销售与收款循环审计（核心）。

知识单元 ACS_{45}：购货与付款循环审计（核心）。

知识单元 ACS_{46}：生产与服务循环审计（选修）。

知识单元 ACS_{47}：筹资与投资循环审计（选修）。

知识单元 ACS_{48}：验资和财务报表审阅（选修）。

（三）课程涵盖的知识单元

审计学课程涵盖的知识单元有：ACS_{34}、ACS_{35}、ACS_{36}、ACS_{37}、ACS_{38}、ACS_{39}、ACS_{40}、ACS_{41}、ACS_{42}、ACS_{43}、ACS_{44}、ACS_{45}、ACS_{46}、ACS_{47}、ACS_{48}，见表 3 - 23。

表 3 - 23　　　　　　　　　　　知识体系汇总表

序号	知识领域（学时）	核心知识单元	选修知识单元
1	知识领域 6：会计控制系统（ACS）（64）	ACS_{34}、ACS_{35}、ACS_{36}、ACS_{37}、ACS_{38}、ACS_{39}、ACS_{40}、ACS_{41}、ACS_{42}、ACS_{43}、ACS_{44}、ACS_{45}	ACS_{46}、ACS_{47}、ACS_{48}
	合计（64）	共 12 单元（共 59 学时）	共 3 单元（共 5 学时）

（四）知识单元的描述

知识单元 1：审计概论（ACS_{34}）（核心）。

参考学时：2 学时。

知识点：

注册会计师审计的起源与发展；

注册会计师审计基本概念；

注册会计师审计与其他类型审计的关系。

学习目标：

（1）了解注册会计师审计的起源与发展。

（2）理解审计的类别与方法。

（3）理解审计监督体系。

（4）理解注册会计师审计与其他审计的关系。

知识单元2：注册会计师执业准则（ACS_{35}）（核心）。

参考学时：4学时。

知识点：

注册会计师执业准则概述；

注册会计师业务准则；

会计师事务所质量控制准则；

注册会计师职业道德规范。

学习目标：

（1）了解中国注册会计师执业准则体系的构成及相互之间的关系。

（2）了解业务质量控制的目的。

（3）掌握注册会计师执业准则的含义、作用、构成与内容。

（4）掌握会计师事务所质量控制准则的含义、作用、要素与内容。

（5）掌握中国注册会计师职业道德规范的主要内容。

知识单元3：执业责任与法律责任（ACS_{36}）（核心）。

参考学时：4学时。

知识点：

职业责任；

法律责任；

避免法律诉讼的对策。

学习目标：

（1）了解注册会计师法律责任的成因。

（2）明确被审计单位管理层和治理层对财务报表的责任与注册会计师的责任。

（3）掌握企业经营失败、审计失败与审计风险的区别和联系。

（4）掌握注册会计师法律责任的种类、概念及区别。

（5）掌握中国注册会计师职业道德规范的主要内容。

（6）掌握会计师事务所及注册会计师避免法律诉讼的应对措施。

知识单元4：审计目标与审计过程（ACS_{37}）（核心）。

参考学时：6学时。

知识点：

审计目标；

审计范围；

财务报表循环；

审计目标的实现过程。

学习目标:

(1) 理解审计总目标的演变阶段。

(2) 掌握我国财务报表审计的目标。

(3) 掌握被审计单位管理层认定的相关内容。

(4) 理解注册会计师在评价财务报表的合法性与公允性时应当考虑的内容。

(5) 掌握审计具体目标的确定依据。

(6) 理解审计目标的实现过程。

知识单元5:审计证据与审计工作底稿(ACS_{38})(核心)。

参考学时:6学时。

知识点:

审计证据;

审计工作底稿。

学习目标:

(1) 了解财务信息生成和储存方式对审计程序的影响。

(2) 掌握审计证据的定义、内容、特性。

(3) 掌握审计工作底稿的形成。

(4) 理解审计证据的获取和审计工作底稿的复核。

知识单元6:计划审计工作(ACS_{39})(核心)。

参考学时:6学时。

知识点:

初步业务活动;

总体审计策略和具体审计计划;

审计重要性;

审计风险。

学习目标:

(1) 理解初步业务活动的内容。

(2) 掌握总体审计策略和具体审计计划的内容。

(3) 掌握重要性的含义及重要性的确定方法。

(4) 掌握审计风险的概念及审计风险模型的构成。

(5) 理解审计风险、重要性和审计证据之间的关系。

知识单元7:风险评估(ACS_{40})(核心)。

参考学时:6学时。

知识点:

风险评估的含义;

了解被审计单位及其环境；

了解被审计单位的内部控制；

评估重大错报风险；

与管理层和治理层的沟通；

审计工作记录。

学习目标：

（1）理解风险评估的意义及风险评估程序。

（2）理解了解被审计单位及其环境所包括的内容。

（3）掌握内部控制的内涵和要素。

（4）掌握注册会计师应当识别和评估的各层次的重大错报风险。

（5）理解审计工作记录的内容和方式。

知识单元8：风险应对（ACS$_{41}$）（核心）。

参考学时：6学时。

知识点：

针对财务报表层次重大错报风险的总体应对措施；

针对认定层次重大错报风险的进一步审计程序；

控制测试；

实质性程序；

评价列报的适当性；

评价审计证据的充分性和适当性；

审计工作记录。

学习目标：

（1）掌握财务报表层次重大错报风险的总体应对措施。

（2）掌握进一步审计程序的含义。

（3）掌握进一步审计程序的性质、时间和范围的含义及选择。

（4）掌握控制测试的性质、时间和范围的含义及选择。

（5）掌握实质性程序的含义和要求。

（6）掌握实质性程序的性质、时间和范围的含义及选择。

知识单元9：审计抽样（ACS$_{42}$）（核心）。

参考学时：3学时。

知识点：

审计抽样概述；

控制测试中抽样技术的应用；

实质性程序抽样技术的应用。

学习目标：

（1）理解审计抽样的含义和种类。

（2）掌握实施风险评估程序、控制测试和实质性程序时对审计抽样的考虑。

（3）理解对抽样风险和非抽样风险的考虑。

（4）掌握选取样本的方法、样本结果评价的程序及内容。

（5）掌握属性抽样中的基本概念。

（6）理解固定样本量抽样、停—走抽样和发现抽样方法。

（7）理解变量抽样的方法。

知识单元 10：审计报告（ACS$_{43}$）（核心）。

参考学时：4 学时。

知识点：

审计报告的含义与种类；

审计报告的基本内容；

标准无保留意见审计报告；

非标准审计报告；

期后发现的事实；

含有已审计财务报表的文件中的其他信息。

学习目标：

（1）掌握审计报告的基本内容。

（2）掌握审计报告的基本类型。

（3）掌握签发不同意见审计报告的条件要求及其编制。

（4）掌握对审计报告日后发现事实的不同处理。

知识单元 11：销售与收款循环审计（ACS$_{44}$）（核心）。

参考学时：8 学时。

知识点：

销售与收款循环概述；

销售与收款循环内部控制及其测试；

销售与收款循环的交易类别测试；

主营业务收入审计；

应收账款审计；

坏账准备审计；

其他相关账户审计。

学习目标：

（1）理解并识别与销售与收款循环相关的会计凭证、账户、主要经济业务活动。

（2）掌握销售与收款循环中内部控制要点及控制测试。

（3）设计与执行销售与收款循环交易实质性程序。

（4）理解与每种实质性程序相关的财务报表认定。

（5）掌握主营业务收入、应收账款、坏账准备等账户的审计目标以及实质性程序的基本程序。

知识单元 12：购货与付款循环审计（ACS$_{45}$）（核心）。

参考学时：4 学时。

知识点：

购货与付款循环概述；

购货与付款循环内部控制及其测试；

购货与付款循环的交易类别测试；

应付账款审计；

固定资产和累计折旧审计；

其他相关账户审计。

学习目标：

（1）理解并识别与购货与付款循环相关的会计凭证、账户、主要经济业务活动。

（2）掌握购货与付款循环中内部控制要点及控制测试。

（3）设计与执行购货与付款循环交易实质性程序。

（4）理解与每种实质性程序相关的财务报表认定。

（5）掌握应付账款、固定资产、累计折旧等账户的审计目标以及实质性程序的基本程序。

知识单元 13：生产与服务循环审计（ACS$_{46}$）（选修）。

参考学时：2 学时。

知识点：

生产与服务循环概述；

生产与服务循环内部控制及其测试；

生产与服务循环的交易类别测试；

存货成本审计；

存货监盘；

存货计价审计和截止测试；

应付职工薪酬审计；

其他相关账户审计。

学习目标：

（1）了解生产与服务循环涉及的主要财务报表项目、主要业务活动和主要凭证与记录。

（2）了解生产与服务循环中内部控制要点及控制测试程序。

（3）掌握生产与服务循环的交易类别测试程序。

（4）掌握存货项目的分析程序、存货的监盘程序以及存货键盘结果对审计报告的影响。

（5）掌握存货正确截止的基本要求和存货截止测试的方法。

知识单元 14：筹资与投资循环审计（ACS$_{47}$）（选修）。

参考学时：2 学时。

知识点：

筹资与投资循环概述；

筹资与投资循环内部控制及其测试；

筹资与投资循环的交易类别测试；

借款审计；

所有者权益审计；

投资审计；

其他相关账户审计。

学习目标：

（1）了解筹资与投资所涉及的主要业务活动、主要凭证和记录。

（2）了解筹资业务和投资业务的主要内部控制和控制测试程序。

（3）掌握所有者权益审计的目标和实质性程序。

（4）掌握投资审计的目标和实质性程序。

知识单元 15：验资和财务报表审阅（ACS$_{48}$）（选修）。

参考学时：1 学时。

知识点：

验资概述；

验资过程、审验程序、验资报告；

财务报表审阅的实施。

学习目标：

（1）了解验资过程和审验程序。

（2）了解验资报告要素和格式。

（3）了解财务报表审阅程序。

四、教材或参考书

[1] 刘明辉，史德刚. 审计 [M]. 4 版. 大连：东北财经大学出版社，2011.

[2] 中国注册会计师协会. 审计 [M]. 北京：经济科学出版社，20011.

[3] 耿建新. 审计学 [M]. 北京：中国人民大学出版社，2008.

[4] 孙坤，徐平. 审计习题与案例 [M]. 大连：东北财经大学出版社，2008.

[5] 陈汉文. 审计学 [M]. 沈阳：辽宁人民出版社，2003.

五、课程主要教学方式和基本要求

（一）课程主要教学内容的学时分配，见表 3 – 24

表 3 – 24 学时分配

学时 教学方式 教学内容	学时	讲授	讨论课	习题课	实践
审计概论	2	2			
注册会计师执业准则	4	4			
执业责任与法律责任	4	2			2
审计目标与审计过程	6	4			2
审计证据与审计工作底稿	6	4			2
计划审计工作	6	4			2
风险评估	6	5			1
风险应对	6	4			2
审计抽样	3	2			1
审计报告	4	2			2
销售与收款循环审计	8	6			2
购货与付款循环审计	4	4			
生产与服务循环审计	2	2			
筹资与投资循环审计	2	2			
验资和财务报表审阅	1	1			
合计	64	48			16

（二）课堂讲授

1. 课堂讲授内容

审计概论（涵盖知识单元 ACS_{34}）。

注册会计师执业准则（涵盖知识单元 ACS_{35}）。

执业责任与法律责任（涵盖知识单元 ACS_{36}）。

审计目标与审计过程（涵盖知识单元 ACS_{37}）。

审计证据与审计工作底稿（涵盖知识单元 ACS_{38}）。

计划审计工作（涵盖知识单元 ACS_{39}）。

风险评估（涵盖知识单元 ACS_{40}）。

风险应对（涵盖知识单元 ACS_{41}）。

审计抽样（涵盖知识单元 ACS_{42}）。

审计报告（涵盖知识单元 ACS_{43}）。

销售与收款循环审计（涵盖知识单元 ACS_{44}）。

购货与付款循环审计（涵盖知识单元 ACS_{45}）。

生产与服务循环审计（涵盖知识单元 ACS_{46}）。

筹资与投资循环审计（涵盖知识单元 ACS_{47}）。

验资和财务报表审阅（涵盖知识单元 ACS_{48}）。

2．教学方法

采用启发式、讨论式等多种行之有效的教学方法，加强师生之间、学生之间的交流，引导学生独立思考，强化科学思维的训练。

3．教学手段

审计学课程的教学中，由于该课程涉及众多概念、程序，书写量过大难于板书，故以多媒体教学为主。另外，由于该课程实践性较强，所以需结合案例进行教学以增强学生对理论知识的理解与掌握。

（三）课外作业

在讲授过程中可适当布置作业，可使用教材上的习题，也可使用配套习题集中的习题。另外，还可布置课后讨论案例和读书笔记及课外阅读等丰富课外作业内容。

（四）自主学习

审计学课程教学过程中要适当布置学生自学的讲授内容，并利用网络和图书馆提供更丰富的教学资源，给学生提供课外学习的指导，帮助学生提高自学能力和获取知识能力。学生也可利用审计学网络课堂进行自学、复习和个性化学习。

（五）课外指导

通过公共邮箱及兴趣小组进行课外辅导、答疑。

六、课程考核

1．考试命题

可采用笔试的方式，题型设有选择、判断、简答、论述、案例等，针对审计学基本概念、基本程序的理解和掌握以及审计程序的应用能力进行考核，考试内容不超出大纲。

2．考核方式

考试：每学期平时成绩（包括作业成绩、缺课和听课情况）占总评成绩的20%～30%，期末考试成绩占70%～80%。也可采用其他灵活多变的考核方式，如结课论文等。

七、说明

在保证大纲基本要求的前提下，可根据专业方向的不同，对教学内容、教学环节、学时分配等做适当调整。

第十三节 Financial Accounting 课程教学大纲

课程名称（英文）：Financial Accounting.

课程编号：190010。

适用专业：会计学。

课程性质：必修。

学分：3 学分。

课程学时：64 学时。

选修课程：初级会计学、中级财务会计、财务管理学。

一、课程在人才培养中的地位及作用

Financial Accounting 课程是会计学本科专业的专业核心课程之一，也是会计学专业的双语课程，是培养学生专业英语听、读、写能力的重要课程。

当前会计准则国际化趋同的发展现实和会计实务领域国际化水平的提高，要求会计学专业人才了解国际会计准则，掌握国际会计发展动态，具备基本的阅读外文文献和处理国际会计业务的专业技能，这也就客观上要求会计学专业培养的人才必须具备国际化的眼光和专业技能，必须能熟练地运用外语进行国际交往、掌握从事国际业务所需的专业知识和技术等。因此，本课程不仅能为学习者提供更加符合就业需要的素质提升环境，也能为其提供更加充足和丰富的可利用资源。从会计学专业英语的听、读、写、译等各个方面提高学生专业英语能力，使其能更好地进行专业英语交流，同时增强其自主学习能力、提高综合文化素养，以适应我国会计学专业发展和国际趋同的需要。

通过本课程的学习，学生能够熟练掌握专业领域内的术语，具备阅读专业文献的基本能力，具备独立撰写专业英文摘要的能力，能应用专业术语进行外资企业的英文账务处理，满足涉外企业会计业务处理的基本要求。同时，通过本课程的教学使学生了解国际会计体系与我国会计体系的差异，掌握国际会计发展最新动态，从而达到拓宽知识面、形成国际化眼光的教学目标。

二、课程教学目标

Financial Accounting 课程的教学目标：通过学习该课程，学生能掌握会计学专业常用专业术语，系统地掌握国际会计准则体系、基本业务流程和会计确认、计量、报告的方法，提升从事国际会计业务的专业技能，增加获取国外会计学发展领域最新信息的渠道和方法，扩充会计学专业的专业英文词汇。

（一）知识目标

Financial Accounting 课程的学习，必须包含与学生所学专业相关的所有核心知识单元，并达到相应的学习目标，此外还应包含专业相近的部分选修知识单元。知识单元的学习目标分为掌握、理解、了解三个层次：

（1）掌握：对所学知识内容准确理解、熟练掌握并能应用于实践。

（2）理解：对所学知识内容理解并能掌握，能应用所学知识分析、解决相关简单问题。

（3）了解：对内容初步了解，一般不要求应用。

（二）能力目标

以专业文献的听、读、写能力的形成为目标，培养学生进行财务分析和财务决策的综合应用能力，为其创新性地运用和发展专业技术能力、提高综合素质、获得全面发展奠定基础。具体包括以下几个方面：

（1）标准的专业术语的听、读、写能力。

（2）阅读和翻译会计学专业文献的能力。

（3）国际会计基本业务处理能力。

（4）团队合作与英语沟通的能力。

（三）素质目标

通过 Financial Accounting 课程的学习，培养学生严谨治学的科学态度和勇于探索的学习作风，培养学生具备会计职业道德和社会责任感。通过 Financial Accounting 专业术语和基本技能学习，激发学生主动研究国内外会计学知识体系差异和探索国际会计新动向的求知欲望，培养学生独立创新意识的形成。

三、课程教学内容

（一）课程提纲

（1）Basic Principles of Accounting.

（2）Asset.

（3）Liabilities.

（4）Owner's Equity.

（5）FinancialAnalysis.

（二）课程知识体系

知识领域 9：国际会计（InternationalAccounting IA）。

知识单元 IA_1：Introduction to Accounting and Business（6 学时）。

知识单元 IA_2：Analyzing Transactions（4 学时）。

知识单元 IA_3：The Matching Concept and the Adjusting Process（4 学时）。

知识单元 IA_4：Completing the Accounting Cycle（4 学时）

知识单元 IA_5：Accounting Systems and Internal Controls（6 学时）。

知识单元 IA_6：Accounting for Merchandising Business（10 学时）。

知识单元 IA_7：Cash（4 学时）。

知识单元 IA_8：Receivables（6 学时）。

知识单元 IA_9：Inventories（6 学时）。

知识单元 IA_{10}：Fixed Assets and Intangible Assets（8 学时）。

知识单元 IA_{11}：Current Liabilities（2 学时）。

知识单元 IA_{12}：Corporations：Organization，Capital Stock Transaction and Dividends（2 学时）。

知识单元 IA_{13}：Financial Statement Analysis（2 学时）。

（三）课程涵盖的知识单元

Financial Accounting 课程涵盖的知识单元有：IA_1、IA_2、IA_3、IA_4、IA_5、IA_6、IA_7、IA_8、IA_9、IA_{10}、IA_{11}、IA_{12}、IA_{13}，见表 3 - 25。

表 3 - 25   知识体系汇总表

序号	知识领域（学时）	核心知识单元	选修知识单元
1	知识领域 9：国际会计（64）	IA_1、IA_2、IA_3、IA_4、IA_5、IA_6、IA_7、IA_8、IA_9、IA_{10}、IA_{11}、IA_{12}	IA_{13}
	合计（64）	共 12 单元（共 62 学时）	共 1 单元（共 2 学时）

（四）知识单元的描述

知识单元 1：Introduction to Accounting and Business（IA_1）（必修）。

参考学时：6 学时。

知识点：

Nature of a business.

The role of accounting.

Accounting equation.

Financial statements.

学习目标：

（1）Understand the nature of a business.

（2）Grasp the role of accounting.

（3）Grasp accounting equation.

知识单元 2：Analyzing Transactions（IA_2）（核心）。

参考学时：4 学时。

知识点：

Usefulness of an accounting.

Characteristics of an accounting.

Double - entry accounting，analyzing and summarizing transactions in accounts.

Trial balance.

学习目标：

（1）Understand the characteristics of an accounting.

（2）Grasp double－entry accounting.

（3）Grasp trial balance.

知识单元3：The Matching Concept and the Adjusting Process（IA_3）（必修）。

参考学时：4学时。

知识点：

The matching concept.

Nature of the adjusting process.

Summary of adjusting process.

学习目标：

（1）Understand the matching concept.

（2）Grasp the adjusting accounting entry.

知识单元4：Completing the Accounting Cycle（IA_4）（必修）。

参考学时：4学时。

知识点：

Accounting cycle.

Financial statements.

Adjusting and closing entries.

Fiscal year.

学习目标：

（1）Understand accounting cycle.

（2）Grasp adjusting and closing entries.

（3）Understand fiscal year.

知识单元5：Accounting Systems and Internal Controls（IA_5）（核心）。

参考学时：6学时。

知识点：

Basic accounting systems.

Internal controls.

Manual accounting system.

Ecommerce.

学习目标：

（1）Understand basic accounting systems.

（2）Grasp internal controls.

（3）Understand manual accounting system.

知识单元 6：Accounting for Merchandising Business（IA$_6$）（核心）。

参考学时：10 学时。

知识点：

Nature of merchandising business.

Financial statements for merchandising business.

Sales transactions.

Purchase transactions.

Transactions costs, sales taxes, trade discounts.

Illustration of accounting for merchandise transaction.

学习目标：

（1）Understand nature of merchandising business.

（2）Grasp sales transactions and purchase transactions.

（3）Grasp transactions costs, sales taxes, trade discounts.

（4）Understand illustration of accounting for merchandise transaction.

知识单元 7：Cash（IA$_7$）（核心）。

参考学时：4 学时。

知识点：

Nature of cash and its control.

Bank accounts.

Bank reconciliation.

Petty cash.

Presentation on the balance sheet.

学习目标：

（1）Understand nature of cash and its control.

（2）Grasp bank reconciliation.

（3）Grasp petty cash.

（4）Understand presentation on the balance sheet.

知识单元 8：Receivables（IA$_8$）（核心）。

参考学时：6 学时。

知识点：

Classification of receivables.

Internal control.

Uncollectible receivables.

Notes receivable.

Receivables on the balance sheet.

Financial analysis and interpretation.

学习目标：

（1）Understand classification of receivables and internal control about it.

（2）Grasp uncollectible receivables and notes receivable.

（3）Understand report of receivables and financial analysis about it.

知识单元9：Inventories（IA_9）（核心）。

参考学时：6学时。

知识点：

Internal control of inventories.

Effect of inventory errors on financial statements.

Inventory cost flow assumptions.

Presentation.

Estimating inventory cost.

Financial analysis and interpretation of inventories.

学习目标：

（1）Understand internal control of inventories.

（2）Understand effect of inventory errors on financial statements.

（3）Grasp inventory cost flow assumptions.

（4）Grasp estimating method of inventory cost.

（5）Understand financial analysis and interpretation of inventories.

知识单元10：Fixed Assets and Intangible Assets（IA_{10}）（核心）。

参考学时：6学时。

知识点：

Nature of fixed assets.

Accounting for depreciation.

Capital and revenue expenditures.

Disposal of fixed assets.

Leasing fixed assets.

Internal control of fixed assets.

Natural resources.

Intangible assets.

Financial reporting for fixed assets and intangible assets.

学习目标：

（1）Understand nature of fixed assets.

（2）Grasp accounting for depreciation.

（3）Grasp capital and revenue expenditures and disposal of fixed assets.

（4）Understand leasing fixed assets and internal control of fixed assets.

（5）Understand natural resources.

（6）Understand intangible assets.

（7）Understand financial reporting for fixed assets and intangible assets.

知识单元 11：Current Liabilities（IA$_{11}$）（必修）。

参考学时：2 学时。

知识点：

The nature of current liabilities.

Contingent liabilities.

Payroll and payroll taxes.

Employees' fringe benefits.

学习目标：

（1）Understand the nature of current liabilities.

（2）Grasp contingent liabilities.

（3）Underst and payroll and payroll taxes and employees' fringe benefits.

知识单元 12：Corporations：Organization，Capital Stock Transaction and Dividends（IA$_{12}$）（必修）。

参考学时：2 学时。

知识点：

Nature of a corporation.

Stockholders' equity.

Issuing stock.

Stock splits.

Accounting for dividends.

Reporting.

学习目标：

（1）Understand nature of a corporation and resources of stockholders' equity.

（2）Grasp accounting entry of issuing stock.

（3）Grasp stock splits.

（4）Grasp accounting for dividends.

（5）Understand reporting of stockholders'equity.

知识单元 13：Financial Statement Analysis（IA$_{13}$）（选修）。

参考学时：2 学时。

知识点：

Basic analytical procedures.

Solvency analysis.

Profitability analysis.

Summary of analytical measures.

Corporate annual reports.

学习目标：

（1）Understand basic analytical procedures.

（2）Understand solvency analysis and profitability analysis.

（3）Understand corporate annual reports.

四、教材或参考书

[1] 中国人民大学商学院会计系. 企业会计学[M]. 北京：中国人民大学出版社，2003.

[2] 朱小平. 初级会计学 [M]. 北京：中国人民大学出版社，2002.

[3] 戴德明，林钢，赵西卜. 财务会计学 [M]. 北京：北京中国人民大学出版社，2002.

[4] 财政部注册会计师考试委员会办公室. 会计 [M]. 北京：中国财政经济出版社，2011.

[5] 冯蕾. 英汉双解会计词典 [M]. 大连：东北财经大学出版社，2008.

五、课程主要教学方式和基本要求

（一）课程主要教学内容的学时分配，见表 3-26

表 3-26　　　　　　　　　　　学时分配

学时　　　　教学方式 教学内容	学时	讲授	讨论课	习题课	实践
Introduction to Accounting and Business	6	4	2		
Analyzing Transactions	4	2	1	1	
The Matching Concept and the Adjusting Process	4	3		1	
Completing the Accounting Cycle	4	3	1		
Accounting Systems and Internal Controls	6	4	2		
Accounting for Merchandising Business	10	6	2	2	
Cash	4	4			
Receivables	6	6			
Inventories	6	4	1	1	
Fixed Assets and Intangible Assets	8	6	1	1	
Current Liabilities	2	1	1		
Corporations：Organization，Capital Stock Transaction and Dividends	2	2			
Financial Statement Analysis	2		2		
合计	64	45	13	6	

（二）课堂讲授

1. 课堂讲授内容

Introduction to Accounting and Business（涵盖知识单元 IA_1）。

Analyzing Transactions（涵盖知识单元 IA_2）。

The Matching Concept and the Adjusting Process（涵盖知识单元 IA_3）。

Completing the Accounting Cycle（涵盖知识单元 IA_4）。

Accounting Systems and Internal Controls（涵盖知识单元 IA_5）。

Accounting for Merchandising Business（涵盖知识单元 IA_6）。

Cash（涵盖知识单元 IA_7）。

Receivables（涵盖知识单元 IA_8）。

Inventories（涵盖知识单元 IA_9）。

Fixed assets and Intangible Assets（涵盖知识单元 IA_{10}）。

Current Liabilities（涵盖知识单元 IA_{11}）。

Corporations：Organization，Capital Stock Transaction and Dividends（涵盖知识单元 IA_{12}）。

2. 教学方法

Financial Accounting 课程是一门双语课程，教学中既要进行专业术语的讲解，也要进行专业知识的讲授。因此，教学方法应注重英语授课方法与专业教学方法的相互结合。

（1）采用参与式教学法。改变传统的单纯依赖教师讲授的方法，让学生参与到教学过程中，学生可以就教师的讲授内容发表自己的见解，对问题和现象表达自己的看法。教师通过让学生组织团队的方式，促进学生开展团队合作，进行小组讨论，使学生由被动听课转为主动学习，全面激发学生学习的积极性和主动性，培养学生分析问题和解决问题的能力。

（2）采用全程英语教学。由于双语课程的语言特点，该门课程教学中应充分发挥英语教学的语言特点，根据学生英语水平，充分应用英语进行授课，训练学生的听、读能力，不断提升学生英语水平，为更高层次的专业外语学习奠定基础。

（3）采用对话式教学法。对于部分难度较低的知识点可以为学生预先设定题目，指导学生通过查阅文献、小组讨论、撰写英文报告等形式开展自学。课堂中要求学生以团队方式进行全英语展示，教师和其他同学对其展示进行全英文讨论，以团队为单位给予成绩评定。通过对话式的交流和讨论，一方面可以锻炼学生的听、说能力，另一方面也体现团队合作精神和专业知识的应用。

（4）双语作业。经常要求学生完成英文作业，以达到既掌握专业知识，又锻炼英文写作。

3. 教学手段

教学手段应采取形式多样的方式，充分合理地运用多媒体等现代化教学手段。通过制作大量的幻灯片、投影片，同时充分利用网络视频，将较难理解的概念和方法直观化，将复杂的问题简明化，使学生对教学内容一目了然，促进教学效果的改善。

（三）自主学习

Financial Accounting 课程教学过程中要根据教学内容特点适当布置部分讲授内容由学生自学，并利用网络资源和图书馆提供丰富的教学资源，辅助学生开展自主学习，引导学生提高自学能力和获取知识能力。同时应加强网络课程建设，使学生可以利用网络课堂进行自学、复习和个性化学习。

（四）讨论课

Financial Accounting 课程课堂教学过程中，对部分易于理解、掌握的内容应在学生自主学习的基础上，采取小组讨论、集体讨论和学生讲授等多种方式开展讨论，通过科学设置讨论主题、有效组织前期准备，引导学生自主分析问题、解决问题，引导学生掌握自主学习的方法，体现学生为主的教学理念，丰富课堂教学形式。

六、课程考核

考核是引导学生学习、检查教学效果、保证教学质量的重要环节，也是体现课程要求规范的重要标志。应根据 Financial Accounting 课程内容建立多元化的课程教学考核方法。考核评价不仅仅考核最终结果，更注重考核学习过程。多元化的考核方法主要是指课程成绩通过过程评价、结果评价及结果反馈评价等方面来体现，而且从比例上更体现对过程的重视，注重对学生自主学习能力、发现问题及解决问题能力、创新精神、团队合作精神等的评价。具体考核形式采取闭卷考试、作业考核、专题谈论展示相结合，建议各考核方式比例为 60∶20∶20。

七、说明

在保证大纲基本要求的前提下，可根据专业方向的不同，对教学内容、教学环节、学时分配等做适当调整。

第四部分　会计学专业人才培养方案研究

第一节　人才培养目标

本专业培养适应国家和区域经济社会发展需要，掌握系统的管理学、经济学基本理论和会计学专业知识，具备较强的自信心、独立性和组织协调能力以及熟练的会计工作能力，具有高度的社会责任感、较高的科学与人文素养、突出的创业精神和团队精神，能够在企事业单位及政府部门从事核心会计岗位、会计主管直至财务总监工作的创新性应用型复合人才。

第二节　人才培养规格

一、人才培养通用规格

人才培养通用规格从思想政治素质、道德素质、身心素质、基本知识、基本能力、科学与人文素养、创新精神等七方面描述，并有相应课程或实践环节支撑，由学校负责。具体包括：

（1）思想政治素质：掌握马克思主义、毛泽东思想和中国特色社会主义理论体系，具有以爱国主义为核心的民族精神，树立正确的世界观、人生观、价值观。

支撑课程和实践环节是形势与政策、马克思主义基本原理、毛泽东思想和中国特色社会主义概论、中国近现代史纲要等必修课程，相关选修课，征文活动、演讲比赛、社会调研等社会实践活动。

（2）道德素质：具备良好的思想品德、职业道德、社会公德和法律意识。

支撑课程和实践环节是思想品德与法律基础、大学生公民素质教育等必修课程，综合教育学分制度，具有我校特色的服务民生、重大赛事、西部计划、扶危济困、社会公共事务管理、低碳环保新能源、社区服务、涉农涉医、教育帮扶等大学生志愿服务项目。

（3）身心素质：具备健康的身体素质和乐观向上的心理素质。

支撑课程和实践环节是大学体育系列课程、大学生心理健康教育系列课程和相应的实践环节。

（4）基本知识：掌握扎实的外语、计算机及信息技术应用、文献检索等工具性知识，并能在本专业学习中熟练应用。

支撑课程是大学外语系列课程、计算机及信息技术应用系列课程和文献检索公共选修课。

（5）基本能力：具有较强的学习能力、语言文字表达能力和较好的社会适应和交流合作能力。

支撑课程和实践环节包括大学生就业指导与生涯规划系列课程，大学语文与应用写作类、人际交往类与身心健康类公共选修课程，就业创业培训系列课程和相应实践活动。

（6）科学与人文素养：掌握一定的人文社会科学、自然科学、工程技术、经济管理等基础知识，具备良好的人文素质和严谨的科学素养。

支撑课程和实践环节包括大学语文与应用写作类，传统文化、西方文明与文学艺术修养类，经济管理与法律类，科学技术、环境保护与可持续发展类公共选修课课程和相应实践活动。

（7）创新精神：具有强烈的创新意识，掌握一定的创新方法并在专业学习中得到较好应用。

支撑课程和实践环节是拓展提高与创新教育类公共选修课、大学生科技创新训练和一系列大学生科技文化竞赛活动。

二、人才培养专业规格

（1）熟练掌握本专业基本的理论、方法及专业知识。

支撑课程为7门理论课程加1项实践课程：初级会计学、中级财务会计学、高级会计学、成本会计学、财务管理学、管理会计学、审计学、专业认知实习。

（2）掌握本专业相关知识体系。

支撑课程为6门理论课程：应用统计学、经济法、税法、会计理论、资产评估学、Financial Accounting。

（3）熟练掌握本专业岗位操作技能，具备较强的岗位实践工作能力。

支撑课程为5项实践课程：计算技术、会计信息系统、课程实验、ERP沙盘模拟实训、企业会计综合模拟实训。

（4）具有分析和解决企（事）业单位专业问题及参与本单位经营管理决策的能力。

支撑课程从方向模块中任选1~2个模块：每个模块4门课程。

（5）具有一定的获取知识、运用知识和发展创新的能力。

支撑课程为2项实践课程和系列学术活动：毕业论文与设计、专业创新设计、系列学术报告。

（6）达到专业岗位工作需求的其他能力和素质。

支撑课程为2项实践课程：企业会计岗位实训、调查报告。

（7）熟悉文献检索、资料查询的基本方法，具备经济管理文案写作能力。

支撑课程为1项实践课程和1门写作课程：毕业论文与设计、经济应用写作。

第三节　主干学科

（1）应用经济学。

（2）工商管理。

第四节　主要理论课程

（1）管理学。

（2）管理经济学。

（3）经济法概论。

（4）税法。

（5）初级会计学。

（6）中级财务会计学。

（7）高级会计学。

（8）成本会计学。

（9）管理会计学。

（10）财务管理学。

（11）会计信息系统。

（12）审计学。

（13）财务会计（Financial Accounting）。

第五节　主要实践环节

（1）职业生涯设计。

（2）专业创新设计。

（3）ERP 沙盘模拟实训。

（4）综合会计模拟实训。

（5）会计职业素质实训。

（6）毕业实习。

（7）毕业论文与设计。

（8）系列学生活动。

第六节 主要课程实验

(1) 管理学课程实验。
(2) 管理经济学课程实验。
(3) 初级会计学课程实验。
(4) 中级财务会计学课程实验。
(5) 成本会计学课程实验。
(6) 会计信息系统课程实验。
(7) 税法课程实验。
(8) 财务管理学课程实验。
(9) 审计学课程实验。

第七节 修业年限及毕业最低修读学分

标准学制为四年，弹性学制为三至八年，毕业最低学分155学分。

第八节 授予学位

授予学位：管理学学士学位。

第九节 相近专业

(1) 财务管理。
(2) 工商管理。

第十节 个性化培养方案

根据人才成长规律和经济社会发展对人才的不同需求，以本专业通识课程和专业核心课程为基础课程平台，根据部分学生个性特长或特色（如应用型、基础型、国际型、创业型、特长型、复合型等），适应学生个性发展对培养方案多类型、个性化的需求，在不违反本方案培养目标和规格前提下，本专业可以接受学生申请，由专业教研室和学生以及学生家长共同、分别编制相应的个性化人才培养方案，报学校批准后执行。个性化人才培养方案仅适用于有针对性地、符合条件的学生。

第十一节 专业教学计划安排表

表1　　　　　　　　　　　　教学活动时间分配表　　　　　　　　　　单位：周

学年	一		二		三		四		合计
学期	1	2	3	4	5	6	7	8	
入学教育、军训	2								2
课堂教学	15	16	17	16	17	17	5		103
复习考试	2	2	2	2	2	2	2		14
专业实践教学		(2)	(2)	(2)	(2)	(2)	12	12	24
社会实践		1		1					2
机动	1	1	1	1	1	1	1	6	13
合计	20	20	20	20	20	20	20	18	158

表2　　　　　　　　　　课程类型、学时、学分及比例分配表

课程类型	学时学分及比例	学时数	学时比例（%）	学分数	学分比例（%）
基础平台课程	公共基础平台课程	720	27.86	39	25.16
	学科基础平台课程	528	20.43	25	16.13
	专业基础平台课程	640	24.77	30	19.35
选修模块课程	专业选修模块课程	536	20.74	25	16.13
	公共选修模块课程	160	6.19	10	6.45
专业实践教学		34 周	—	26	16.77
合计		2584	100	155	100

表3　　　　　　　　会计学（本科）专业实践教学计划总表

实践教学内容	学分	实践教学每学期周数分配								替代学分
		一	二	三	四	五	六	七	八	
职业生涯设计（暑假）	2		2							职业生涯设计比赛校级以上获奖
专业创新设计（暑假）	2			2						省级以上科技文化竞赛获奖
ERP 沙盘模拟实训	2				2					省级以上科技文化竞赛获奖
综合会计模拟实训	2					2				省级以上科技文化竞赛获奖
会计职业素质实训	2						2			企业表彰证明
毕业实习	8							12		
毕业论文与设计	8								12	
合计	26		2	2	2	2	2	12	12	

表4

会计学（本科）专业教学计划总表

课程类别	课程编号	课程名称	学分	总学时	讲授	实验上机	其他	1	2	3	4	5	6	7	8	考核方式	替代学分
公共基础平台课程	240013	马克思主义基本原理	3	48	32		16			3						考试	
	240014	毛泽东思想和中国特色社会主义理论体系概论	3	48	32		16				3					考试	
	240012	中国近现代史纲要	2	32	32				2							考试	
	240015	思想道德修养与法律基础	3	48	32		16	3								考查	
	240011	形势与政策	2	32	16		16									考查	
	230005	大学英语	16	256	192		64	4	4	4	4					考试	英语四级、六级、托福，雅思成绩
	130055	公共体育	4	128			128	2	2	2	2					考试	按照学校规定执行
	100039	计算机文化基础	3	64	32	32			4							考试	计算机初级证书
	100062	计算机技术基础	3	64	32	32				4						考试	计算机二级证书
		合计	39	720	400	64	256	9	12	13	9						
学科基础平台课程	190013	政治经济学	3	48	48			3								考试	
	070068	高等数学Ⅲ	6	128	128			4	4							考试	
	070002	线性代数	2	48	48					3						考试	理工科公选课
	070007	概率论与数理统计	2	48	48						3					考试	理工科公选课
	190092	管理学（含实验）	3	64	48	16			4							考试	
	190027	管理经济学（含实验）	3	64	48	16					4					考试	
	190049	经济法	3	64	64					4						考试	
	190066	应用统计学	3	64	64							4				考试	
		合计	25	528	496	32		7	8	7	7	4					

课程类别	课程编号	课程名称	学分	总学时	讲授	实验上机	其他	1	2	3	4	5	6	7	8	考核方式	替代学分
				学时分配				第一学年		第二学年		第三学年		第四学年			
专业基础平台课程	190043	初级会计学（含实验）	4	96	64	32		6								考试	
	190076	中级财务会计（含实验）	6	128	112	16			4	4						考试	
	190127	成本会计学（含实验）	3	64	48	16					4					考试	
	190401	高级会计学	2	32	32						2					考试	
	190090	财务管理学（含实验）	3	64	48	16						4				考试	
	190129	管理会计学	3	64	64							4				考查	
	190184	会计信息系统（含实验）	3	64	32	32						4				考查	
	190094	审计学（含实验）	3	64	48	16							4			考试	
	190064	税法（含实验）	3	64	48	16					4					考试	
		合计	30	640	496	144		6	4	4	10	12	4				
专业限选课	190010	Financial Accounting	3	64	64							4				考查	公开发表相关论文
	190040	会计理论	2	32	32								2			考查	
	190077	资产评估学	2	64	64							4				考查	资产评估师证书
	190009	计算技术	2	32	32			2								考查	珠算技能证书
		小计	9	192	192			2				8	2				
专业选修模块 行业会计模块	190071	非盈利组织会计	2	64	64								4			考查	公开发表相关论文
		银行会计	2	64	64								4			考查	公开发表相关论文
		酒店会计（1～5周）	2	30	30									6		考查	公开发表相关论文
		医院会计（1～5周）	2	30	30									6		考查	公开发表相关论文
		小计	8	188	188								8	12			

课程类别		课程编号	课程名称	学分	学时分配			各学期周学时分配								考核方式	替代学分
					总学时	讲授	实验上机	其他	第一学年		第二学年		第三学年		第四学年			
									1	2	3	4	5	6	7	8		
会计控制模块		190064	会计制度设计（1－5周）	2	30	30									6		考查	公开发表相关论文
			审计案例（1－5周）	2	30	30									6		考查	公开发表相关论文
			职业道德与行业规范	2	32	32								2			考查	会计从业资格证书
			内部控制	2	64	64								4			考查	公开发表相关论文
			小计	8	156	156								6	12			
专业选修模块	专业任选课	190048	金融学	2	32	32											考查	公开发表相关论文
		190006	市场营销学	2	32	32											考查	省级以上科技文化竞赛
		190091	财政学	2	32	32											考查	公开发表相关论文
		190099	管理信息系统	2	32	32											考查	公开发表相关论文
		190417	证券投资学	2	32	32											考查	省级以上科技文化竞赛
			财务报表分析	2	32	32											考查	公开发表相关论文
		190065	税务会计	2	32	32											考查	公开发表相关论文
		190042	计算机财务管理	2	32	32											考查	公开发表相关论文
		190422	信息系统审计	2	32	32											考查	公开发表相关论文
		190423	会计信息系统设计	2	32	32											考查	公开发表相关论文
			ERP资源计划	2	32	32											考查	省级以上科技文化竞赛
			企业战略管理	2	32	32											考查	公开发表相关论文
		190021	电子商务	2	32	32											考查	省级以上科技文化竞赛
		190424	财务审计学	2	32	32											考查	公开发表相关论文
		190425	管理审计学	2	32	32											考查	公开发表相关论文
		190426	审计理论	2	32	32											考查	公开发表相关论文

课程类别	课程编号	课程名称	学分	总学时	讲授	实验上机	其他	1	2	3	4	5	6	7	8	考核方式	替代学分
					学时分配			各学期周学时分配									
								第一学年		第二学年		第三学年		第四学年			
专业选修模块（专业任选课）	190416	国际会计学	2	32	32											考查	公开发表相关论文
		国际税收	2	32	32											考查	公开发表相关论文
	190421	国际财务管理	2	32	32											考查	公开发表相关论文
	190098	国际金融	2	32	32											考查	公开发表相关论文
	190031	国际结算	2	32	32											考查	公开发表相关论文
	190419	税务筹划	2	32	32											考查	公开发表相关论文
	190056	人力资源管理	2	32	32											考查	公开发表相关论文
	190058	生产与运作管理	2	32	32											考查	公开发表相关论文
		合计（规定选修）	25	536	536			2				8	16	24			
公共选修课	1	应用写作（限选）	2	32	32			2									
	2	自然科学类	4	64	64												
	3	人文社会科学类	4	64	64												
		合计（规定选修）	10	160	160												
专业实践教学			26	34周			256		2周	2周	2周	2周	2周	12周	12周		
总计			155	2584	2088	240	256	24	24	24	26	24	20	24			

第五部分 会计学专业育人指南研究

第一节 培养目标与要求、条件

一、培养目标

本专业培养适应国家和区域经济社会发展需要，掌握系统的管理学、经济学基本理论和会计学专业知识，具备较强的自信心、独立性和组织协调能力以及熟练的会计工作能力，具有高度的社会责任感、较高的科学与人文素养、突出的创业精神和团队精神，能够在企、事业单位及政府部门从事核心会计岗位、会计主管直至财务总监工作的创新型、应用型复合人才。

二、培养要求

（一）素质

1. 自然素质

具有健康的体魄和健康的心理。包括先天身心素质和后天培养能力，其中后天培养能力包括体育锻炼能力、情操陶冶能力、心理稳定能力和心理承受能力。

2. 社会素质

具有优良的道德品质和自觉地运用辩证唯物主义分析问题的能力。能适应科技进步和社会发展的需要。具有较强的法制观念，对党和国家的战略、方针和政策能够理解贯彻。掌握一定程度的人文知识，并能运用人文知识进行审美。

3. 职业素质（专业素质）

具备会计学的专门知识和技能，具有创新意识以及分析和解决相关实际问题的基本能力。具有高尚的职业道德情操，包括较强的事业心和责任感，严谨的、一丝不苟的工作态度，以及遵纪守法、诚实守信的意识和勇于奉献的精神。

（二）能力

1. 人际关系（交际）能力

具有一定协作能力和沟通能力，具有良好的人际关系、团队精神，能与组织内的部门和其他人员以及其他组织协调合作。

2. 沟通与信息获取能力

具有较强的语言与文字表达能力，能掌握文献检索、资料查询的基本方法以获取和分析会计与财务信息，具有一定的国际交流能力。

3. 发现问题、分析问题和决策的能力

具有敏锐的洞察力，能发现企业管理中的问题，能对会计等信息资料进行加工整理，对企业的人、财、物运行状况进行深入分析，具备在关键时进行合理选择以求得最佳效益的本领。

4. 终身学习和不断创新的能力

有较强的自学能力和追求新知识的热情和习惯，了解本学科的理论前沿和发展动态，并能运用实施新知识、新技术，富有创造性和实践能力。具备职业转换的适应能力和持续发展的潜在能力。

5. 专业技术能力

能简要、深入、准确地陈述会计与财务管理事项、问题和观点，撰写工作总结和财务分析报告等。

（三）知识结构

1. 专业知识和理论知识

掌握管理学、经济学、会计学以及相关法律的基本理论和基本知识，具备会计学专门知识和技能。

2. 社会人文知识

具备一般社会学、心理学、历史学、政治学和哲学等方面的知识，具有一定的人文素质修养，善于认识世界，正确处理个人与群体的关系、个人发展与社会发展的关系。

3. 政策、法规和惯例知识

熟悉和掌握国家法律法规，包括《中华人民共和国会计法》《两则》（包括会计准则和财务通则）《中华人民共和国税法》《中华人民共和国经济法》等；了解国际会计准则和商业惯例。

4. 数理、计算机和外语基础知识

掌握并运用数理、外语、计算机等多方面的知识，以便从事会计学的量化推理与分析工作，能够进行相关的预测和决策，处理相关会计和财务业务。

5. 技术知识

掌握并能熟练运用常用会计与财务软件进行会计业务处理、财务报表的编制和分析；能编写财务分析报告以及草拟各种会计与财务规章制度等。

三、培养条件

（一）师资队伍

（1）总体素质。理论课程教师须具有硕士以上学位；双师型教师须具备一定的企业会计实践经验；外聘实践教学教师须具有中级以上职称。教师要有能力激发学生的创新意识，培养学生的创业能力、管理能力和自信心。

（2）师资结构。教师年龄结构、职称结构和学缘结构要合理；师生比要合理；该专业 13 门核心课程要配备完整、优秀的教师团队，团队中要有高级职称教师作为课程负责人；课程实验和实习要聘请实践经验丰富的校外企业管理人员参与教学和实习指导。

（3）教师能力。所有教师都要掌握管理学基本理论，熟练掌握所承担课程的知识体系、专业方法和专业工具，具有较强的教学能力、科研能力、学习能力和实践能力，对专业前沿和管理实践热点具有较强的敏感性，能够清楚地表达讲授内容，能够有效地指导学生的管理与创业实践。

（二）实践基地

（1）建立双向的对外交流机制，形成比较完善的校内校外互动的实践教学平台。

（2）实习基地能够为学生提供了解社会、了解企业的机会。

（3）与国内外著名大学合作，为学生提供考研、出国的机会，使学生能够从其他学校获得更多的知识。

（4）聘请有实践经验的会计人员、企业管理人员参与实践教学和实习指导，使学生把会计学理论知识与现实有机融合。

（5）定期邀请国内外专家学者来校讲学，吸收国内外大学会计学最新教学和研究成果。

（三）硬件设施

（1）教室。

（2）案例讨论室。

（3）实验室。

（4）书刊与电子资源。

（5）互联网接入教师和实验室。

（6）教学用多媒体设施。

（7）计算机模拟企业管理决策网络。

（8）其他教学设施。

第二节　培养内容

会计学专业培养内容由理论教学和实践教学两部分构成，其中理论教学包括公共基础平台课程、学科基础平台课程、专业基础平台课程、专业选修模块课程、公共选修课程五部分内容；实践教学包括实验教学模块、实习教学模块和毕业论文（设计）三部分内容。

一、理论教学模块

（一）理论课程体系

理论课程体系包括公共基础平台课程、学科基础平台课程、专业基础平台课程、专业选修模块课程、公共选修课程五部分，共安排 129 学分。其中专业核心理论课程设置 5 门，包括管理学、中级财务会计学、会计信息系统、财务管理学、审计学。专业主干课程设置 8 门，包括管理经济学、初级会计学、经济法概论、税法、成本会计学、高级会计学、管理会计学、Financial Accounting。

1. 公共基础平台课程

公共基础平台课程安排 39 学分，占理论课程体系学分的 30.23%。

语言类课程：大学语文、大学英语（或其他外语）等；

政治理论类课程：毛泽东思想和中国特色社会主义理论体系概论、中国近现代史纲要、形势与政策等；

计算机类课程：计算机文化基础、计算机技术基础等；

人文素质类课程：马克思主义基本原理、思想品德修养与法律基础、公共体育等。

2. 学科基础平台课程

学科基础平台课程安排 25 学分，占理论课程体系学分的 19.38%。

管理学类课程：管理学等；

经济学类课程：政治经济学、管理经济学、应用统计学等；

数学类课程：高等数学、线性代数、概率论与数理统计等；

法律类课程：经济法等。

3. 专业基础平台课程

专业基础平台课程安排 30 学分，占理论课程体系学分的 23.26%。

包括初级会计学、中级财务会计、高级会计学、财务管理学、成本会计学、管理会计学、会计信息系统、税法、审计学等。

4. 专业选修模块课程

专业选修模块课程安排 25 学分，占理论课程体系学分的 19.38%。

（1）专业限选课程：Financial Accounting、会计理论、资产评估学、计算技术等。

（2）行业会计模块课程：非盈利组织会计、银行会计、酒店会计、医院会计等。

（3）会计控制模块课程：会计制度设计、内部控制、职业道德与行业规范、审计案例等。

（4）专业任意选修课程：金融学、市场营销学、财政学、管理信息系统、证券投资学、财务报表分析、税务会计、计算机财务管理、信息系统审计、会计信息系统设计、ERP 资源计划、企业战略管理、电子商务、财务审计学、管理审计学、审计理论、国际会计学、国际税收、国际财务管理、国际金融、国际结算、税务筹划、人力资源管理、生产与运作管理等。

5. 公共选修课程

公共选修课程课程安排 10 学分，占理论课程体系学分的 7.6%。

公共选修课程包括应用写作（限选）、自然科学类课程、人文社会科学类课程等。

（二）课堂教学流程

课堂教学流程如图 5-1 所示。

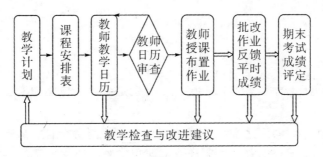

图 5-1　课堂教学流程

（三）教学大纲

（1）课程性质与教学目的。说明本课程是通识教育类课程、学科基础类课程、学科专业课程，还是公共选修课程、专业选修课程；本课程在人才培养计划中的地位和作用；本课程的授课对象；学生学习本课程在理论知识、能力等方面应当达到的目标。

（2）课程内容摘要。说明本课程各个部分、各章节的主要内容、重点、难点，按照了解、理解、熟悉、掌握和重点掌握五个层次写明各章节主要内容以及应达到的要求。

（3）课程教学安排。对课堂讲授、案例教学、实验教学、实习教学、作业与考试等各教学环节的主要内容及学时分配作出规定。

（4）课程与其他课程的联系。说明先修课程和后续课程的名称以及与本课程的关系。

（5）建议教材以及教学参考文献。

（四）教学日历

教学日历的内容包括各章节教学内容的时间安排、教学方式（讲课、实验、实习、辅导、习题等）的说明及执行情况。教学日历的基本格式如表 5-1 所示。

表 5-1　　　　　　　　　　　　　教学日历

课程名称：＿＿＿＿＿＿＿＿　　课程代码：＿＿＿＿＿＿＿＿＿＿＿＿

专业：＿＿＿＿＿　　年级：＿＿＿＿＿　　班：＿＿＿＿＿　　学年：＿＿＿＿＿

第＿＿＿＿＿学期　　学分：＿＿＿＿＿　任课教师：＿＿＿＿＿　修课人数：＿＿＿＿＿

讲课学时：＿＿＿＿＿　实验学时：＿＿＿＿＿　实习学时：＿＿＿＿＿　总学时：＿＿＿＿＿

授课时间：＿＿＿＿＿　授课地点：＿＿＿＿＿＿＿＿

周次	日期	学时	教学内容	教材章节	讲课方式	备注
1	日/月	2			讲授	
2		…			…	
3						
4		3			实验	
5		…			…	
6						
7		4			实习	
8		…			…	
9						
10						

教研室主任（签字）：

二、实验教学模块

（一）实验教学的目标

会计学专业实验教学目标有两个层次，分别是会计岗位能力实验和综合财务管理能力实验。

（1）会计岗位能力实验：通过初级会计学、中级财务会计、成本会计学、财务管理学实验、会计信息系统、税法、审计学等课程实验，使学生了解每个会计工作岗位的工作流程、业务操作内容，并能熟练模拟每个工作岗位的实际操作，掌握必备的专业知识和实务操作能力。

（2）综合财务管理能力实验：通过对制造、服务、商业等基本行业中一个典型企业会计系统的综合财务运作训练，使学生全面掌握各行业会计信息系统整体财务运作管理的方法体系和应用技能，提升学生的综合财务管理能力。

（二）实验教学体系内容

（1）会计岗位能力实验课程共6门，包括初级会计学实验、中级财务会计实验、成本会计学实验、财务管理学、审计学实验、纳税实务实验。具体内容见图5-2所示。

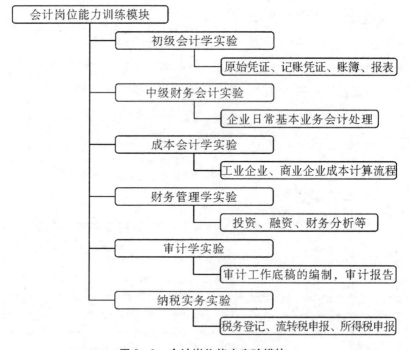

图5-2 会计岗位能力实验模块

（2）综合财务管理能力实验课程共2门，包括会计信息系统实验（用友ERP财务软件实验）和企业经营实战沙盘演练课程。具体内容见图5-3。

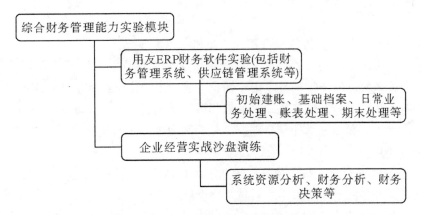

图 5-3　综合财务管理能力实验模块

（三）实验教学组织

（1）初级会计学实验在手工模拟实验室进行。由教师指导学生进行并完成手工建账、会计凭证填制、会计账簿登记、会计报表编制等实验内容。

（2）中级财务会计实验、成本会计学实验、财务管理学、审计学实验和纳税实务实验均在电子实验室进行。由教师根据相应的实验教学软件内容指导学生上机操作，完成相应的实验内容。

（四）实验指导教师的职责与要求

（1）具备严谨的科学态度，尤其是对待原始数据的严肃性。

（2）按照教学大纲要求确定实验方案，编写实验讲义、实验指导书。

（3）做好实验前的准备工作，解决实验中出现的问题。

（4）认真授课，耐心指导，注意培养学生独立思考、分析问题和解决问题的能力。

（5）填写实验记录，批改实验报告，对实验进行成绩考核。

（6）更新实验内容，改革教学方法，协助实验设计，改进实验装置，提高实验质量。

三、实习教学模块

（一）实习教学目标

实习是会计学专业本科教学中的一个重要环节。实习教学的目的在于通过理论与实际的结合、学校与社会的沟通，进一步提高学生的思想觉悟、业务水平，尤其是观察、分析和解决问题的实际工作能力，以便把学生培养成为能够主动适应社会需要的、高素质的创新型应用型会计人才。

（1）通过实习，使学生进一步了解企业，增强会计职业感。

（2）培养学生解决企业会计业务处理、财务管理方面的实际问题的能力。

（3）培养学生的团队精神和创新创业理念，全面训练社会交往、语言表达、组织管理和沟通协调能力。

（二）实习教学类型

（1）职业生涯设计。包括学科基础认知和专业认知。

①学科基础认知。通过管理学、管理经济学理论课程学习和实验课程学习，学生应系统了解管理学、经济学的基本理论知识并能应用于企业经济事务认知中。

②专业认知实习。安排在第二学期末和第三学期初进行。要求学生在认识、了解、定位本专业培养目标和教学计划基础上，对自己大学四年乃至毕业后 3～5 年的发展进行职业生涯规划。

（2）专业创新设计。安排在第三学期末和第四学期初进行。旨在要求学生利用所学专业知识开展多种多样的大学生科技文化设计和参加创新创业设计竞赛活动。

（3）会计综合模拟实训。安排在第五学期进行。以会计职业的素质、知识和能力为依据，强调会计综合职业技能的实训与掌握，重在对学生会计核算方法和全面技能的训练。

（4）会计职业素质实训。安排在第六学期进行。安排学生在兼职教师所在单位进行真实会计业务的处理，由兼职社会实践教师"一对一"进行专业技能指导和职业素质培养，为学生将来进入社会工作搭起一道桥梁，实现无缝连接。

（5）毕业实习。安排在第七学期进行。旨在运用专业知识分析现实问题、解决现实问题，是一项综合性实践锻炼。

（三）实习教学内容

（1）职业生涯设计。通过管理学实验、管理经济学实验和会计专业认知，重点解决学生对企业经济环境、管理环境以及会计职业缺乏认识和体验不足的问题。通过对会计业务流程、会计基本岗位及岗位工作流程的认知和理解，了解会计岗位和会计系统在不同行业中的基本特征，感悟和理解会计业务处理的基本知识与方法。

（2）专业创新设计。通过专业创新创业设计和大学生科技文化竞赛等各种形式，由学生自选作品、自组团队、设计作品，可进行企业会计岗位工作流程创新设计（例如酒店出纳工作流程）、企业会计业务工作流程创新设计（例如医院药品采购业务流程），也可设计某产品供应链运作流程战略和财务管理流程（例如某食品企业产品研发、原材料供应、生产、销售、回款等一系列流程的创新创业设计），也可全面设计某公司创业计划，模拟企业从注册创建到实际经营运作的全过程，培养学生的创业能力。通过以上各种形式的创新创业训练，提高学生的创新能力，培养学生的创业意识和创业素质，使学生了解财务规划在企业创业中的作用，并能把会计理论知识切实运用到实际企业运作中。

（3）会计综合模拟实训。通过对制造、服务、商业等基本行业中一个典型企业会计系统的综合运作训练，使学生全面掌握各行业会计信息系统整体运作管理的方法体系和应用技能，提升学生的综合财务管理能力，为培养企业未来"卓越会计师"打下良好基础。具体做法如下：以一家企业的特定会计期间为背景，进行企业会计操作的全部基本技能训练，即从建账、填制和审核原始凭证、编制和审核记账凭证到登记账簿，从日常会计核算、成本计算到编制财务会计报告、年终结算并结账。

（4）会计职业素质实训。根据学生未来职业规划，将学生分配给校外兼职实践教师，在企业相应的特定会计岗位上进行实际工作训练。具体岗位如出纳，稽核，资本核算，收入、支出、债权债务核算，工资核算，成本费用核算，财务成果核算，财产物资的收发、增减核算，总账核算、会计电算化、会计档案管理等。具体做法如下：聘请企事业单位会计主管或中级会计师职称以上企事业单位精英会计人员作为兼职社会实践教师，安排学生在兼职教师所在单位进行真实业务的处理，由兼职社会实践教师对学生进行"一对一"的专业技能和职业素质的培养。

（5）毕业实习。学生具体参与实习单位的会计核算工作，包括填制会计凭证、登记账簿等工作；参与实习单位的财务管理工作；评价实习单位会计核算和财务管理的优劣，并能提出合理的改进建议；完成某一企业的会计证、账、表的设计或会计制度设计方案。提高专业动手能力、分析和解决问题的能力、语言文字表达能力、团结协作和社会活动能力、创新能力等。在完成上述实习任务的同时，针对自己的毕业论文（设计）选题收集有关信息资料。

（四）实习教学组织

（1）拟订实习教学大纲。

（2）制订实习计划。

（3）落实实习单位。

（4）做好实习准备。

（5）指导实习过程。

（6）实习考核与成绩评定。

（7）做好实习工作总结。

（五）实习指导教师的职责与要求

（1）提前按照教学大纲制订实习计划。

（2）提前了解企业情况，做好实习准备。

（3）及时掌握学生实习情况，指导学生及时完成实习报告。

（4）负责学生考勤和成绩评定，认真完成实习工作总结。

（5）加强纪律、安全、保密等工作，防止发生意外事故。

四、毕业论文（设计）

（一）毕业论文（设计）教学目的和要求

培养学生综合运用所学基本理论、基本知识和基本技能的能力，提高分析与解决实际问题的能力，完成本科阶段培养计划所规定的基本训练；增强学生创新意识、创新能力和获取新知识的能力；培养学生严谨、求实的研究态度和刻苦钻研、勇于探索的科学精神；培养学生运用所学知识独立研究与论证的能力，培养学生团结协作的精神。

（二）毕业论文（设计）教学流程

毕业论文（设计）安排在第八学期进行，具体流程如图5-4所示。

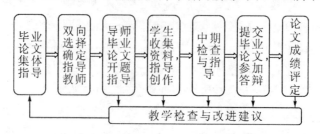

图5-4　毕业论文（设计）教学流程

（三）毕业论文（设计）一般结构样例

毕业论文（设计）文字一般为6 000～10 000字，一般不得少于6 000字，也不宜超过15 000字。一般结构如下：

（1）标题。标题要直击论文的主旨，简短明了，浓缩精华。

（2）摘要。摘要是全文核心观点的浓缩，概括性强，字数控制在300字以内为宜。

（3）正文。正文包括三个部分：引言、本论和结论。

①引言：引言是文章的开头，主要用于作选题的说明，介绍论文的背景、研究设想、研究方法以及已有的研究成果和研究动态。引言本身并不是论文的必需部分，作者认为不需要时可以简略，但从规范化要求出发，学生的毕业论文一般要求保留此部分的书写。

②本论：本论是论文的主体部分，该部分主要用于提出论点，列举论据，进行论证等。本论可以由若干相互联系的小部分组成，每一小部分均用小标题标明，其核心是问题的提出、分析，问题的展开，问题的解决及作者给出的解决方案或建议。

③结论：简明扼要地列出本篇论文的核心观点，要求针对性强，具有对实践的普遍指导意义。

注意：本部分为论文的核心部分，要求资料数据来源清楚，引用恰当，具有一定的逻辑性。

（4）参考文献：在参考文献中需列明参考文献的作者、论文（或著作）题目、杂志（或出版社）名称、发表（或出版）时间。

（5）结束语：结束语包括对论文的独到之处、不足之处的综合述评，对形成论文相关单位或个人的感谢等。

（四）毕业论文（设计）成绩评定

毕业论文（设计）成绩按三个部分评定，即学生毕业环节进行情况分（占30%），由指导老师根据学生的完成情况确定，并必须在学生参加答辩前给出；毕业设计（论文）质量分（占30%），由毕业设计（论文）评阅教师在学生参加答辩前给出；学生答辩情况分（占40%），由答辩小组根据学生答辩的情况给出。

在确定毕业论文（设计）成绩时应着重考虑以下几个方面的内容：

1．外观

（1）论文的形式是否规范；

（2）论文的结构是否完整。

2．内容

（1）论文内容与题目是否相符；

（2）论文论点是否正确、鲜明；

（3）论文论据是否准确、可靠、恰当；

（4）论证的方法是否适当，逻辑性如何。

3．质量

（1）论文的科学性、科学原理是否恰当合理；

（2）是否具有一定的实践指导性。

4．态度

（1）接受教师指导论文写作是否虚心、诚恳；

（2）答辩时是否应对自如；

（3）对待错误的态度。

5．具体标准。

毕业论文（设计）评分标准见表5-2。

表5-2　　　　　会计学专业毕业论文（设计）参考评分标准表

姓名		学号		专业			
评分等级 系数 项目	A 100～90	B 89～75	C 74～60	D 59～0		最高分	得分
1	论文选题	中心论题明确，有一定的理论水平和应用价值，体现本专业培养目标，难度适中，工作量饱满	中心论题基本明确，能结合专业理论学习和社会实践，体现本专业培养目标，难度适中，工作量合适	论文选题与专业基本相关，能够体现本专业培养目标，难度、工作量一般	论文选题缺乏理论意义和应用价值，不符合专业培养目标	15	
2	文献资料	有比较丰富的文献材料和较充足的理论依据，能独立检索文献，运用贴切	持论有据，能较好阅读老师指定的文献，运用较贴切	理论依据和客观资料有少部分欠缺，能阅读老师指定的文献，运用稍差	文献阅读量少，资料少，运用或综合分析能力差	10	
3	综合知识与技能的运用	有运用专业理论以及英语等各方面的能力。有较好的理论基础和专业知识	基础知识和综合能力一般，但能独立完成论文	基础知识和综合能力较差，经过努力能在指导教师的指导下完成论文	缺乏应有的专业基础知识和综合能力，不能独立完成论文	20	
4	写作水平	理论分析准确，逻辑严密，层次清楚，结构合理，文笔流畅，符合技术规范	条理清楚，有一定的分析能力和说服力，结构合理，符合技术规范	材料陈述较为清楚，但分析能力略差，个别语句不通顺，基本符合技术规范	分析能力差，论证不准确，材料简单堆砌，语言不准确，不符合技术规范	20	

表 5 - 2（续）

项目	评分等级系数	A 100~90	B 89~75	C 74~60	D 59~0	最高分	得分
5	学术水平	有一定的个人见解和学术性	能从个人角度分析和解决问题	能较清楚地阐明问题，但缺乏明显的个人见解	结论观点有错误	15	
6	格式规范化	论文格式符合要求，图表规范，打印清晰	论文格式符合要求，图表基本规范，打印清楚	论文格式基本规范，打印较清晰	论文的格式不规范，打印不清楚	10	
7	态度纪律	工作严谨认真，积极进取，具有较高的科学探索精神，能和指导教师及时沟通，保质保量完成工作任务	工作严谨认真，具有一定的科学探索精神，能和指导教师沟通，按时完成工作任务	工作基本认真，基本能按时完成各阶段的工作任务	工作不认真，未能完成规定的任务	10	
合计：		分	折合：	×30% =		分	
指导教师签字：						年　月　日	

第三节　案例教学

一、案例教学的目标

（1）加深学生对企业会计岗位工作流程、会计业务处理流程的理解。

（2）使学生了解不同行业的会计环境及财务管理中面临的问题，加深对实际会计处理和财务管理情景的理解。

（3）检验学生对所学理论知识的应用能力，提高学生的分析能力。

（4）给予学生实战演习机会，使之能发现问题、分析问题、提出解决方案、评价解决方案、制定可行的行动计划，提高其会计职业判断力。

（5）培养学生独立思考能力和创新意识。

二、案例的要素与类型

（1）案例的构成要素。包括主题、背景、事件与情景描述、学习指导。

（2）案例的类型。按照学习功能划分为评价性案例和分析决策性案例；按照案例的内容划分为专题性案例和综合性案例；按照案例的要素划分为有背景材料、无决策目标和行动方向的案例，有背景材料和决策目标、无决策方案的案例，有背景材料和决策目标、有多个决策方案的案例，有背景材料和无决策目标，有决策方案的案例。

三、案例的编写与选用

（1）案例的编写要求：编写目的明确；能体现理论分析框架或分析工具；要真实、客观；要具有一定的复杂性，以表现难度、困境、冲突以及解决方案的争议性；要体现时效性。

（2）案例的选用要求：应体现课程的特点；应与理论知识有一定的深层次联系；要体现教学进度要求；要真实、新颖、详尽；要注意中外结合。

四、案例教学的组织

（1）案例的布置与要求：要认识到信息的局限性，要做好合理的假设，并作出恰当、实际的分析与决策；论据要充足，要尽可能地多运用学习过的战略理论与工具；方案要现实，不能超过企业能力；要拿出具体的行动建议，要说明做什么、为什么做、何时做、如何做、何处做以及由谁做等具体问题；行动建议要与组织的行动计划进行比较，方案要有独创性；对他人的观点要保持开放、包容的态度，要做一个好的倾听者和贡献者。

（2）案例的分析与书面报告：阅读案例，对案例中的情景有一个总体性的认识；再次阅读案例，对照理论知识仔细考察；收集补充信息；尽可能提出解决问题的不同方案；提出最终建议。

（3）案例的讨论与引导：课堂讨论以前，每个成员都要把自己的分析结果与小组成员分享，合并为一个小组结果并达成共识；准备讨论的有关材料；课堂陈述；教师以鼓励为主、集体参与为原则引导案例讨论。

（4）教师总结及成绩评定：教师要对整个案例讨论进行有效的控制；对于正确的观点给予肯定，对有争议的观点要分析、启发、诱导，而不是公布最终答案；成绩评定应参考以下标准：观点是否正确，解决方案是否创新、全面、可行，逻辑结构是否合理，论据和论证是否充分。

第四节　教材的选用与编写

一、教材的选用原则

（1）权威性。要选择国家级出版社出版的教材。

（2）时效性。要选择近五年内出版的教材。

（3）通用性。要选择国家级精品课程立项教材、普通高等教育国家级规划教材、教育部面向 21 世纪课程教材、教育部普通高校优秀教材评比获奖教材。

二、案例与实训教程编写的规范和要求

《案例与实训教程》整体结构、规范和要求如下：

（1）教学案例。旨在提出问题，引起学生求知欲。在每章讲授开始前，要求任课教师进行案例布置，学生针对案例进行问题思考，组织学生小组讨论，开课时代表发言。

（2）作业与思考题。要求学生课后完成，作为平时成绩进行考核。

（3）实训教程。平均每六节课拿出两节课组织学生进行课程实训。及时完成专业知识学习向实践能力锻炼的转化，把感性认识与实务操作有机结合起来。

（4）作业与思考题参考答案。简明扼要，帮助学生发现问题、纠正错误。为限制部分学生偷懒行为，单独编纂，安排在本书最后。

三、教学指导书编写的规范和要求

指导书整体结构、规范和要求如下：

（1）本章结构图。旨在开章明义，一目了然。

（2）本章学习目标。通过了解、理解、深刻理解、掌握、重点掌握等关键词，对教学内容进行指导，同时约束课后作业和试题库建设。

（3）学习导航。以贴近本章内容的名人名言、经典著作、经典案例、诗词歌赋等引导学生涉猎相关书籍、杂志。

（4）教学安排。要求明确每一个时间段要做什么。总体上约定：讲授时间掌握在60%左右，要保证40%左右的时间由学生发言、互动或讨论。

（5）深度研读。收集整理有关本章内容研究的高水平综述性文章，作为深化教学内容、提升教师教研与科研素质的指导。

（6）原创文章。要求教师每章公开发表一篇与本章内容相关的教研或科研文章。

（7）参考文献。为学生的知识拓展提供指导。

第五节　大学生科技文化竞赛

会计学专业学生参加大学生科技文化竞赛获奖，可作为替代学分替代人才培养方案中部分选修课程学分和实践教学学分。

一、组织领导与管理

（1）成立由系书记、主任和分管教学副主任组成的大学生科技文化竞赛领导小组（以下简称领导小组），负责我系大学生科技文化竞赛活动的整体规划和宏观领导、科技文化竞赛项目认定、资金使用审批等，并协调与教务处等相关部门的工作。

（2）领导小组下设大学生科技文化竞赛办公室（以下简称竞赛办公室），由主任助理任办公室主任，协助副主任开展大学生科技文化竞赛活动的日常工作。

二、竞赛项目内容

（一）综合类竞赛项目

综合类竞赛项目主要包括中国大学生职业生涯设计大赛、中国大学生公共关系策划大赛、中国大学生公益创意大赛、"调研山东"大学生社会调查活动、山东省"三下乡"大学生暑期社会调查报告、德州学院大学生教学技能比赛以及其他系、部承办的各级各类科技文化竞赛等。

（二）创新、创业类竞赛项目

创新、创业类竞赛项目主要包括"挑战杯"全国大学生课外学术科技作品竞赛、"挑战杯"全国大学生创业计划竞赛、"挑战杯"山东省大学生创业计划竞赛、"挑战杯"山东省大学生课外学术科技作品竞赛、全国大学生电子商务"创新、创意及创业"挑战赛、金蝶杯教育部全国大学生创业大赛、全国大学生优秀创业团队大赛、中国大学生创意创业大赛暨知识产权教育活动、全国大学生管理决策模拟大赛、中国大学生"明日网商"挑战赛、中国大学生策划大赛、全国高职高专大学生企业经营管理沙盘模拟大赛、全国高职高专大学生管理创意大赛等。

（三）财会技能、知识类竞赛项目

财会技能、知识类竞赛项目主要包括"用友杯"全国大学生沙盘模拟经营大赛、"用友杯"全国大学生会计信息化技能大赛暨 ERP 技能大赛、全国会计知识大赛、"中华会计网校杯"财会知识大赛、全国商科院校技能大赛财会专业竞赛等。

（四）市场营销类竞赛项目

市场营销类竞赛项目主要包括全国商科院校技能大赛市场营销专业竞赛暨（新加坡）国际市场营销大赛中国区选拔赛、全国高校市场营销大赛、全国高职高专市场营销案例大赛、"电信杯"山东省大学生营销大赛、现代汽车大学生营销创意大赛、全国商科院校技能大赛市场调查分析竞赛、全国商科院校技能大赛现代物流专业竞赛、品牌策划大赛、（网络）销售管理竞赛、全国商科院校技能大赛会展专业竞赛、全国大学生会展策划技能大赛、全国大学生职商挑战赛、全国商科院校技能大赛企业行政管理专业竞赛等。

（五）金融贸易类竞赛项目

金融贸易类竞赛项目主要包括全国商科院校技能大赛国际贸易专业竞赛、全国外经贸院校学生外贸技能竞赛、全国大学生电子商务竞赛、山东省电子商务专业大赛、全国商科院校技能大赛移动商务专业竞赛、全国大学生金融法知识竞赛、山东省大学生证券模拟大赛、全国大学生金融投资模拟交易大赛、"汇通杯"大学生外汇黄金模拟交易大奖赛、"同花顺"杯全国大学生模拟炒股大赛等。

三、大学生科技文化竞赛组织程序

（1）项目组长填写《大学生科技文化竞赛活动参赛申请表》，起草竞赛教务通知，报领导小组审批后交竞赛办公室。

（2）竞赛办公室审核《参赛申请表》和竞赛通知后，报送教务处实践教学科。

（3）竞赛办公室负责接收学生竞赛报名，并于报名截止日将《学生竞赛报名表》交项目组长。

（4）项目组长负责将报名学生分组，拟定各组指导教师，报领导小组审批后报办公室备案。

（5）竞赛指导教师开始指导学生准备作品或开展赛前训练。

（6）项目组长负责按照比赛条件要求组织选拔，并将选拔结果报领导小组审批后报办公室备案。

（7）经领导小组批准带队的教师带领学生参加比赛。

（8）比赛结束后，带队教师负责起草参赛活动简要总结，并填写《德州学院大学生科技文化竞赛成绩统计表》报系竞赛办公室，办公室负责将相关信息上传学校大学生科技竞赛网。

四、大学生科技文化竞赛获奖替代学分范围

（一）职业生涯设计课程

学生参加职业生涯设计00比赛获得校级以上奖励，可替代实践教学课程"职业生涯设计"2学分。

（二）专业创新设计课程

学生参加创新、创业类大学生科技文化竞赛项目，获得省级以上奖励，可替代实践教学课程"专业创新设计"2学分。

（三）ERP沙盘模拟实训课程

学生参加全国大学生沙盘模拟经营大赛项目，获得省级以上奖励，可替代实践教学课程"ERP沙盘模拟实训"2学分。

（四）综合会计模拟实训

学生参加财会技能、知识类全国大学生科技文化竞赛项目，获得省级以上奖励，可替代实践教学课程"综合会计模拟实训"2学分。

（五）专业选修课程

学生参加全国大学生文化竞赛项目，获得省级以上奖励，可替代相关专业选修课程2学分。

图书在版编目(CIP)数据

地方本科高校会计学专业规范与人才培养模式研究/杨颖,张玉红主编.—成都:西南财经大学出版社,2013.6

ISBN 978 - 7 - 5504 - 1067 - 1

Ⅰ.①地…　Ⅱ.①杨…②张…　Ⅲ.①地方高校—会计学—专业人才—人才培养—研究—中国　Ⅳ.①G649.2②F230

中国版本图书馆 CIP 数据核字(2013)第 120109 号

地方本科高校会计学专业规范与人才培养模式研究

主　编:杨　颖　张玉红

责任编辑:孙　婧
助理编辑:李　筱　郑　佳
封面设计:墨创文化
责任印制:封俊川

出版发行	西南财经大学出版社(四川省成都市光华村街55号)
网　　址	http://www. bookcj. com
电子邮件	bookcj@ foxmail. com
邮政编码	610074
电　　话	028 - 87353785　87352368
照　　排	四川胜翔数码印务设计有限公司
印　　刷	四川森林印务有限责任公司
成品尺寸	185mm×260mm
印　　张	20
字　　数	445 千字
版　　次	2013 年 6 月第 1 版
印　　次	2013 年 6 月第 1 次印刷
书　　号	ISBN 978 - 7 - 5504 - 1067 - 1
定　　价	38.00 元

1. 版权所有,翻印必究。

2. 如有印刷、装订等差错,可向本社营销部调换。